KB090703

고등학교 진로교육의 실제

한국생애개발상담학회
진로진학상담총서 09

고등학교 진로교육의 실제

2020년 3월 2일 초판 1쇄 인쇄
2020년 3월 9일 초판 1쇄 발행

지은이 유현실·강성현·안진아·이아라·이은설·이항심
펴낸이 윤철호·고하영

책임편집 임현규
편집 최세정·장원정·고인욱·정세민·김혜림
디자인 김진운
본문조판 토비트
마케팅 최민규

펴낸곳 ㈜사회평론아카데미
등록번호 2013-000247(2013년 8월 23일)
전화 02-2191-1126(편집), 02-2191-1187(영업)
팩스 02-326-1626
주소 03978 서울특별시 마포구 월드컵북로12길 17
이메일 academy@sapyoung.com
홈페이지 www.sapyoung.com

ISBN 979-11-89946-50-0 93180

고등학교 진로교육의 실제

유현실·강성현·안진아·이아라·이은설·이항심

사회평론아카데미

차례

서문

지난 수년 사이에 우리나라 진로교육의 현장은 많은 변화를 겪고 있다. 2015년 「진로교육법」이 시행된 후 초·중·고 각급 학교에 진로전담교사가 배치되고 자유학기제와 같은 진로교육 집중학년·학기제가 실시되고 진로체험 프로그램 및 진로교육 콘텐츠를 개발·운영하는 기관들이 빠르게 성장하고 있다. 국가진로교육센터를 비롯하여 각 지역에 진로교육 프로그램을 지원하는 기관들이 속속 설립·운영되고 있다. 교육계 전체에서 일어나고 있는 이러한 다급한 발걸음의 배경은 무엇보다도 21세기 직업세계가 너무나도 빠르게 변하고 있다는 점이다. 4차 산업혁명의 도래, 인공지능에 의한 전통적인 일자리의 소멸, 인구절벽과 고령화 등 21세기 사회는 십 년 후를 예측하기 힘들 정도로 빠르게 달라지고 있다. 이러한 시대적 위기 속에서 미래를 향한 준비를 도모해야 하는 진로교육이 어느 때보다도 어렵게 느껴진다. 그런 의미에서 지금 우리의 진로교육은 그 어느 때보다도 실제적일 필요가 있다.

이 책은 고등학교 진로교육의 실제를 다루고 있다. 앞서 언급했듯이 이미 2015년 「진로교육법」의 시행에 따라 각급 학교에는 진로수업, 진로심리검사, 진로상담, 진로정보 제공, 진로체험, 취업지원 등 다양한 진로교육 활동들이 이루어지고 있다. 그럼에도 진로교육의 현장에서는 학생과 학부모들이 보다 섬세한 진로·진학상담을 요구하고 있고, 엄청난 속도로 변하고 있는 산업구조와 직업세계, 고등교육기관의 상황을 학교 진로교육이 제대로 따라가지 못하고 있다고 호소한다. 문제의 해결은 학교 진로교육이 실제 얼마나 생생한 내용과 방법을 담고 있느냐에 있다. 이러한 문제의식에 기초하여 우리 집필진은 고등학교 현장에 보다 도움이 될 수 있는 실제적인 내용으로 책을 써 보고자 의기투합하였다.

이 책은 모두 3부 12장으로 구성되어 있다. 1부는 고등학교 진로교육에 관한 전반적인 이론 및 실제적인 내용을 포괄하며 다섯 개의 장으로 구성되어 있다. 구체적으로

1장에서는 고등학교 진로교육이 지향하는 교육목표와 핵심역량, 진로교육의 주요 내용과 성취기준을 다루었다. 2장에서는 고등학교 진로교육의 현장에서 주로 활용할 수 있는 이론적 틀로 홀랜드의 진로흥미이론, 사회인지진로이론, 구성주의 진로이론을 소개하고 이들 이론을 고등학생 진로상담과 교육에 적용할 수 있는 방법을 제안하였다. 3장은 고등학생의 진로의사결정에 관한 내용을 집중적으로 다루어, 진로의사결정 이론, 고등학생 진로의사결정 유형, 각 유형별 지도방법 등을 구체적으로 살펴보았다. 4장에서는 고등학교 진로교육에서 중요하게 다루어져야 할 진로정보에 관한 내용으로, 진로정보 탐색과 관련된 주요 이슈, 진로정보 탐색 방법, 고등학교 진로교육에 진로정보를 활용하는 방법, 진로정보 활용 시 주의해야 할 사항 등을 구체적으로 다루었다. 5장에서는 고등학생을 위한 진로 관련 심리검사에 대하여 집중적으로 다룬다. 이를 위해 진로교육에 활용되는 심리검사의 다양한 목적, 고등학교 진로교육에서 활용 가능한 주요 진로검사의 종류와 내용, 고등학교 진로교육에서 검사를 선정·실시·해석하는 과정과 방법, 검사 활용 시 주의사항 등에 대하여 구체적으로 살펴보았다.

2부는 교육과정으로서의 진로교육에 관한 내용으로 두 개의 장으로 구성되어 있다. 먼저 6장은 2015 개정 교육과정에서의 고등학교 진로와 직업 교과에 관한 내용을 담고 있다. 특히 차시의 구성과 교과운영 및 수업활동에 관한 실제 사례를 소개하여 현장의 교과 수업 장면에 활용하는 데 도움을 주고자 하였다. 7장은 창의적 체험활동과 진로교육에 관한 내용으로 고등학교 창의적 체험활동을 진로교육의 실제에 활용하는 구체적인 방법과 실제 진로지도 사례를 소개하였다.

3부는 진로상담과 진로교육의 실제에 관한 내용으로 모두 다섯 개의 장으로 구성되어 있다. 특히 이 영역에서는 기존의 진로교육 이론서에는 담지 못했던 진학상담과 지도, 취업상담과 지도, 진로지도 프로그램, 직업현장 체험 등에 대한 고등학교 진로교육 현장의 요구를 적극 반영함으로써 고등학교 진로교육의 실제를 '실제적으로' 반영하고자 노력하였다. 구체적으로 8장은 진학상담에 관한 내용으로 진학상담의 목표와 과정, 진학상담 모델을 소개하고, 각 대학 전형 등 진학정보를 수집·활용하는 방법과 진학상담 시 고려해야 할 사항까지 상세하게 서술하였다. 9장에서는 고등학교 진학지도 활동으로 진학상담 외에 수행해야 할 학과 및 학교 선택, 입시전형 선택, 진학 관련

의사결정, 진학준비 과정을 상세하게 다루었고, 이러한 진학지도 활동을 실제 학생지도에 적용한 사례를 소개하였다. 10장에서는 고등학교 졸업 후 진학이 아닌 취업을 고려하는 학생들을 위해 취업상담에 관한 내용을 다루었다. 구체적으로는 고등학교 취업진로지도의 기본 요소, 고등학생 취업 유형에 관한 소개와 각 유형별 지도방법, 취업지도 시 고려해야 할 진로장벽 개입방법, 창업에 대한 진로지도 방안 등을 제안하였다. 11장에서는 고등학교 진로 프로그램에 관한 내용으로 고등학교 진로교육에서 활용할 수 있는 진로 프로그램의 주요한 주제와 실제 개발된 유용한 진로지도 프로그램들을 소개하였다. 더불어 진로 프로그램을 계획·진행하는 구체적인 과정과 방법, 각 과정 시 고려해야 할 내용들을 담았다. 12장에서는 고등학교 직업현장 체험에 관한 내용으로 직업현장 체험의 목표와 내용, 현장 체험의 구체적인 절차, 고등학교 진로지도에 직업현장 체험을 활용하기 위한 구체적인 과정과 방법 등을 소개하였다.

이 책은 한국상담학회 산하 생애개발상담학회에서 기획하고 추진하는 진로진학상담총서의 하나로, 이 책이 세상의 빛을 보기까지 집필진을 비롯하여 많은 분들의 헌신이 있었다. 무엇보다도 고등학교 현장의 실제적인 요구와 내용을 담기 위한 수차례의 집필 회의와 수백 건의 온라인 토론이 오늘의 결실을 낳을 수 있었다. 매 회의에서 원고의 방향에 참신한 의견을 나눠 주시고, 여러 가지 업무로 바쁘신 일정에도 장거리 출장의 수고까지 기꺼이 감수해 주신 집필진 선생님들의 열정에 깊이 감사드린다. 아울러 이 책의 편집 진행을 세심히 도와주신 사회평론아카데미의 편집부에도 진심으로 감사의 말씀을 드린다.

2020년 1월
대표저자 유현실

1부

고등학교
진로교육
개요

1장

고등학교 진로교육의 방향과 목표

유현실

학습목표

1) 고등학교 진로교육의 목표를 이해할 수 있다.

2) 고등학교 진로교육의 핵심역량을 이해할 수 있다.

3) 일반고등학교와 특성화고등학교의 진로교육 내용체계 및 성취기준을 이해할 수 있다.

고등학교 시기는 연령으로는 대개 17~19세에 해당하며 20대 청년기로의 진입을 목전에 두고 청소년기의 많은 발달과업들을 완수해야 하는 시기이다. 고등학교를 졸업하기 전까지 학생들은 대학 진학이나 취업과 같은 자신의 진로와 진학의 방향을 설정해야 하고 청년기의 구체적인 진로계획을 추진하기 위한 지적·신체적·심리적 역량을 배양해야 한다. 또한, 고등학교 시기는 흔히 질풍노도의 시기라고 불리는 10대 후반부를 관통하는 기간으로 이차성징의 급격한 신체적 변화뿐만 아니라 자신에 대한 정체성과 가치관에 있어서도 다른 어떠한 시기보다 많은 혼란을 경험하는 때이기도 하다. 즉, 부모를 비롯한 기성 가치관에 대한 도전의식과 더불어 부모로부터의 심리적 독립이 활발히 일어나며 자기 스스로의 가치관과 삶의 방향을 찾고자 하는 때이다. 이 시기의 학생들은 부모의 보호를 벗어나서 스스로의 인생을 책임지고 삶을 꾸려 가야 하는 필요성을 인식하고 삶의 방향에 대한 진로 고민을 진지하게 탐구하게 된다. 따라서 고등학교 학습자에게 제공해야 하는 진로교육은 위와 같은 학습자의 생애 특성과 발달과업을 토대로 학생들이 삶에 대한 보다 폭넓은 관점을 갖추고 스스로의 자기주도적 진로개발 역량을 함양하며, 이를 기반으로 진로 방향의 설정, 진로계획과 준비 등의 진로발달과업을 실행해 갈 수 있도록 도와야 한다.

1   국가 교육과정의 배경과 진로교육의 방향

고등학교 학습자의 발달 특성을 고려함과 동시에 21세기 사회적 변화를 선도할 수 있는 고등학교 진로교육의 기본 방향을 보다 명확하게 정립하고 진로교육의 목표를 구체적으로 설정하기 위해서는 국가 교육과정에 기반한 고등학교 진로교육의 기본 방향과 목표를 충분히 이해할 필요가 있다. 국가 교육과정은 한 국가의 일반 시민교육의 방향이라고 할 수 있는 초·중등 교육의 일반적이며 공통된 방향을 제시하는 교육의 기본 설계도라고 할 수 있다(김경자 외, 2015). 국가 교육과정은 당대의 과학기술을 비롯한 사회 및 교육 여건의 변화를 학교 교육과정에 반영하고 학교 현장에서의 다양한 문제점들에 대한 개선 방안을 제시한다. 따라서 현재 고등학교에서 적용되고 있는 진로교육의 기반인 2015 개정 교육과정의 방향을 명확히 이해할 필요가 있다.

2015 개정 교육과정의 특징은 무엇보다도 '창의융합형 인재 양성'이 중심이다. 4차 산업혁명이 과학기술의 변화를 이끌 것이라는 전망과 더불어 인문사회와 과학기술의 경계를 허무는 창의적 인재 양성이 미래사회를 대비하기 위한 방안으로 부상하면서 2008년에는 국가과학기술위원회에서 '국가융합기술발전계획'을 발표하고, 2014년에는 당시 미래창조과학부에서 '국가융합기술발전전략'을 발표하며 그 추진전략의 중요한 한 방향으로 창의융합형 인재 양성을 제시하였다. 이를 반영하여 2015 개정 교육과정은 '문·이과 통합'을 필두로 한 창의융합형 인재 양성을 주요한 개선 방향으로 삼았다(김경자 외, 2015, pp. 15-16).

2015 개정 교육과정의 특징을 좀 더 구체적으로 살펴보면(교육부, 2017), 첫째 공통 기초 소양을 함양하기 위하여 사회교과와 과학교과에서 '통합사회'와 '통합과학' 등 융합적인 과목을 개발하여 분과 학문적인 지식을 넘어 다양한 형태의 통합을 통한 융복합적인 사고력을 신장할 수 있도록 하였다. 둘째, '일반선택 과목'과 '진로선택 과목'을 구분하여 개발함으로써 공통과목에 의한 공통기초 소양 교육 이후 학생 각자의 적성과 진로에 따라 맞춤형 교육을 지원하도록 하였다. 특히 진로선택 과목의 경우 교과 융합학습, 진로 안내학습, 교과별 심화학습, 실생활 체험학습 등이 가능한 과목으로 구성하고 진로선택 과목을 3개 이상 이수하도록 하였고, 진로에 따라 다양한 선택 과목을 조합한 '맞춤형 과정' 이수가 가능하도록 과목 선택에 대한 진로지도를 강화하는 지침을 신설하였다. 셋째, 기초 교과 영역 이수 단위를 교과 총 이수 단위의 50%를 넘을 수 없도록 함으로써 국어, 수학, 영어 학습의 비중을 적정화하여 다양한 교과에 대한 균형학습이 이루어지도록 하였다. 특히 자율형 사립고등학교에 대해서는 권장사항이었던 것을 2015 개정 교육과정에서는 의무사항으로 제시하였다(교육부, 2015). 넷째, 특성화고 등학교의 직업교육과정을 국가직무능력표준(National Competency Standards, NCS)에 기반하여 편성 및 운영하도록 함으로써 학교 교육 내용과 산업계의 요구 역량 간 불일치를 해소하고자 하였다.

이상에서 서술한 바와 같은 2015 개정 고등학교 교육과정의 주요한 특징이 고등학교 진로교육에 시사하는 함의를 정리해 보면, 개정 교육과정에서는 학습 영역의 균형과 통합을 통한 창의융합적 역량의 배양과 동시에 학생의 선택과 가능성을 바탕으로 학생 개인의 진로발달을 촉진하기 위한 자기주도적인 진로교육의 중요성이 어느 때보다 강조되고 있다. 다음에서는 2015 개정 교육과정에서 제시한 고등학교 진로교육의 목표에 대해 설명하고자 한다.

2 고등학교 진로교육의 목표

고등학교 진로교육의 목표를 잘 이해하는 일은 진로교육이 궁극적으로 무엇을 달성해야 하는지에 관한 지향점을 확인한다는 점에서 학교 현장에서 학생의 진로교육에 참여하는 모든 구성원이 충분히 숙지해야 할 일이다. 특히 학교 진로교육은 학생 본인을 비롯하여 진로진학상담교사뿐만 아니라 담임교사, 각 교과목 교사, 학교의 각 운영부서, 학부모 등 진로교육에 관여하는 다양한 교육 주체들이 참여하는 종합적인 교육 활동이다. 이들이 공통된 방향의 진로교육 목표를 지향하지 않고 각자 서로 엇갈리는 방향으로 진로교육을 행한다면, 학생의 입장에서는 매우 불행한 교육 결과를 얻을 수 있다. 따라서 교육 주체들은 합의된 공통 방향에 따라 진로교육의 목표를 공유하고 같은 지향점으로 진로교육에 참여해야 한다. 2015년 개정 교육과정의 학교 진로교육의 목표는 다음과 같이 정의되어 있다(교육부, 2015).

- **학교 진로교육의 목표**: 학생 자신의 진로를 창의적으로 개발하고 지속적으로 발전시켜 성숙한 민주시민으로서 행복한 삶을 살아갈 수 있는 역량을 기른다.

또한 고등학교 '진로와 직업' 교육과정의 목표는 일반고등학교와 특성화고등학교를 구분하여 다음과 같이 규정하고 있다.

- 일반고등학교 진로교육 목표: 미래 직업세계 변화에 대한 이해를 바탕으로 자신의 진로목표를 세우고 구체적인 정보탐색을 통해 고등학교 이후의 진로계획을 수립하고 실천하기 위한 역량을 개발한다.
- 특성화고등학교 진로교육 목표: 산업수요와 미래 직업세계 변화에 대한 이해를 바탕으로 자신의 진로목표를 세우고 구체적인 정보탐색을 통해 고등학교 이후의 진로계획을 수립하고 실천하기 위한 역량을 개발한다.

그리고 이와 같은 고등학교 진로교육의 목표를 달성하기 위하여 다음과 같은 세부목표를 설정하였다. 아래 내용은『2015 학교 진로교육 목표와 성취기준』(교육부, 2016, p. 896, p. 127)에서 발췌하였다.

■ 일반고등학교 · 특성화고등학교 진로교육 목표

가. 자신에 대한 종합적인 이해를 통해 긍정적인 자아정체감을 형성하고 직업생활에 필요한 대인관계 및 의사소통 역량을 발전시킨다.

나. 미래 직업세계의 변화가 자신의 진로에 미치는 영향을 파악하여 대비하는 역량을 기르고 건강한 직업의식과 태도를 갖춘다.

다. 자신의 관심 직업, 전공 또는 취업 기회,'고등교육 기회 또는 평생학습의 기회에 대한 구체적인 정보를 탐색하고 체험하며 활용하는 역량을 기른다.

라. 자신의 진로 목표를 바탕으로 고등학교 이후의 진로에 대하여 체계적인 계획을 수립하고 상황 변화에 대응하는 역량을 기른다.

---

1   일반고등학교의 세부목표에는 '전공 또는 취업 기회'로, 특성화고등학교의 세부목표에는 '전공 또는'이 생략된 '취업 기회'만 언급되어 있다.

가. **자아이해와 사회적 역량**은 자신에 대한 이해 및 이에 기반하여 타인, 환경과의 관계를 발전시킬 수 있는 역량이다. 이 역량을 갖추게 되면 학생은 자아존중감을 갖고 스스로를 관리할 수 있는 능력을 향상시키고, 자신의 장·단점과 능력에 대한 바른 이해를 바탕으로 꿈과 비전을 설정할 수 있으며, 상황에 따라 효과적인 의사소통능력을 갖추어 자신의 대인관계능력을 발전시켜 나갈 수 있다.

나. **일과 직업세계 이해 역량**은 직업세계의 다양함과 역동적인 변화의 모습을 이해할 수 있는 역량이다. 이 역량을 갖추게 되면 직업세계의 다양한 영역별로 어떠한 직업활동들이 이루어져 있고, 서로 어떻게 상호 관련되어 있는지를 이해함으로써 직업생활에서 성공적이며 만족스러운 삶을 영위할 수 있다.

다. **진로탐색 역량**은 고등학교 졸업 후 진학하려는 대학 또는 졸업 이후의 진로, 직업 선택까지 고려하여 중·장기적으로 자신의 진로에 태해 탐색할 수 있는 역량이다. 이 역량을 갖추기 위해 학생들은 자기주도적으로 직업세계를 탐색하는 다양한 방법을 학습해야 하며, 다양한 정보원으로부터의 직업정보를 수집하고 분석하기 위한 정확성, 신뢰성, 시의성, 포괄성, 구체성 등의 판단 기준도 갖추어야 한다.

라. **진로 디자인과 준비 역량**은 자신과 진로-직업 및 교육 세계에 대한 탐색을 바탕으로 고등학교 졸업 이후의 진로를 다양하고 창의적으로 설계하고 이를 실천하기 위한 역량이다. 진로를 계획하고 준비하기 위해서는 진로의사결정 과정의 중요성을 인식하고, 합리적인 진로결정을 위해 활용할 수 있는 다양한 방법과 전략이 있음을 이해해야 한다. 또한, 진로계획과 준비 과정에서 만나게 되는 진로장벽을 찾아보고 현재 단계에서 극복할 수 있는 문제해결역량을 함양하여야 한다.

1) 2015 개정 교육과정 진로교육 내용체계

2015 개정 교육과정에 따르면 고등학교 진로교육의 내용은 자아이해와 사회적 역량 개발, 일과 직업세계 이해, 진로탐색, 진로 디자인과 준비 등 진로교육이 지향하는 네 가지 핵심역량을 주요 영역으로 한다. 표 1-1에서는 일반고등학교와 특성화고등학교에 공통으로 적용되는 진로교육의 내용체계를 보여 주고 있다.

표 1-1 2015 개정 교육과정 고등학교 진로교육 내용체계

영역	핵심 개념	일반화된 지식	내용 요소	기능
자아 이해와 사회적 역량 개발	자아이해 및 긍정적 자아개념 형성	자아이해가 긍정적 자아개념 형성의 토대가 된다.	자아정체감과 자기효능감	사고 기능, 조직 기능
			자신의 강점과 능력	사고 기능, 조직 기능
	대인관계 및 의사소통 역량 개발	사회적 역량은 대인관계 및 의사소통 역량을 통해 형성된다.	자신의 대인관계능력	사회적 기능
			상황에 따른 의사소통능력	사회적 기능, 문제해결 기능
일과 직업 세계 이해	변화하는 직업세계 이해	직업세계의 변화는 자신의 진로에 영향을 미칠 수 있다.	미래 직업세계와 인재상	사고 기능, 조직 기능
			직업세계 변화에 따른 자신의 진로	사고 기능, 문제해결 기능
			창업과 창직	문제해결 기능
	건강한 직업의식 형성	건강한 직업생활에는 건강한 직업의식이 필요하다.	직업 선택에 필요한 태도	사고 기능
			직업인으로서의 윤리와 권리	사고 기능

영역	핵심 개념	일반화된 지식	내용 요소	기능
진로 탐색	교육 기회의 탐색	개인의 진로개발을 위해 교육 기회를 제공하는 교육기관들이 다양하게 존재한다.	진로에 대한 자기주도적 학습	사고 기능
			대학 진학정보	사고 기능, 조직 기능
			지속적인 진로개발을 위한 평생학습	문제해결 기능, 조직 기능
	직업정보의 탐색	직업정보를 탐색하는 것은 직업이해에 필요하다.	관심 직업에 관련된 정보	조직 기능
			직업정보의 활용	사고 기능, 조직 기능
진로 디자인과 준비	진로의사결정 능력 개발	진로의사결정능력은 장애가 되는 요인을 해결함으로써 길러진다.	상황에 맞는 진로의사결정	사고 기능, 문제해결 기능
			진로장벽 요인의 해결	문제해결 기능
	진로설계와 준비	진로준비는 진로계획에서 시작된다.	진로목표에 따른 구체적인 진로계획 수립	사고 기능, 조직 기능
			진학계획의 점검과 보완	조직 기능
			고등학교 이후의 진로계획 수립 및 실천	문제해결 기능, 조직 기능

출처: 김진숙 외(2015), 2015 개정 교과 교육과정 시안 개발 연구 II: 진로와 직업과 교육과정, p. 42.

2) 2015 개정 교육과정 학교 진로교육 목표와 성취기준

2015 개정 교육과정의 진로교육 체계의 내용은 일반고등학교와 특성화고등학교에 공통으로 적용되지만, 성취기준은 두 학교 유형을 구분하여 제시하고 있다. 학교 진로교육의 세부목표 수는 일반고등학교 19개, 특성화고등학교 19개이며, 성취기준의 수[2]는 일반고등학교 47개, 특성화고등학교 49개이다(교육부, 2016).

---

2   한편 「진로와 직업」 교육과정의 성취기준 수는 일반고등학교와 특성화고등학교 모두 19개이다.

① 자아이해와 사회적 역량 개발 영역

진로발달에서 가장 기초적인 토대는 자기에 대한 올바른 이해와 이의 적극적인 활용이다. 고등학교 시기에는 대개 대학 전공이나 졸업 후 직업 분야를 선택해야 하는데도 많은 학생들이 고3이 되어서도 전공이나 진로를 선택하기 어려워한다. 이러한 학생들을 살펴보면, 이들은 자신이 어떤 일에 흥미를 느끼는지, 무엇을 잘하는지, 어떠한 특성의 일에 보람과 만족을 느끼는지, 자기 성격의 장점과 단점은 무엇인지를 명확하게 이해하지 못하는 경우가 많다. 자기에 대한 이해가 부족하다 보니, 어떠한 직업이 자기에게 어울릴지 결정하지 못하고, 주변의 권유로 특정한 진로를 선택했다고 하더라도 그 분야에서 자신이 성공할 수 있을지 또는 만족할 수 있을지 확신하지 못한다. 한편, 어떤 특정한 계기를 통해 어느 분야의 직업에 관심이 생겨 이를 자신의 진로목표로 삼았다고 하더라도 자기에 대한 이해가 부족한 상태에서 이루어진 진로결정이라면 이 또한 적절하다고 볼 수 없다. 진로에서의 성공은 진로목표를 결정한 것만으로 완성되는 것이 아니라 목표를 달성하기 위한 현실적인 계획과 부단한 실천 노력이 함께해야 한다. 따라서 목표달성을 위한 계획을 수립하고 이를 실천함에 있어서 자신의 강점이 무엇이며 이를 어떻게 활용할 수 있을지를 충분히 고려해야 한다. 그리고 진로목표를 수립하고 계획을 실천하는 과정에서 보완하고 극복해야 할 자신의 단점을 명확하게 파악하고 이를 교정하려는 노력이 뒤따라야 할 것이다. 다시 말해, 자신의 특성에 대한 균형 있고 올바른 이해를 통해 긍정적인 자아정체감을 형성하고, 자신의 강점을 발전시키고 약점을 보완하는 작업은 삶의 비전을 설계하는 데 중요한 토대가 된다는 점에서 매우 중요하다.

고등학교 진로교육의 세부목표로서 자아이해와 더불어 달성해야 할 중요한 진로목표는 사회적 역량 개발이다. 사회적 역량이란 구체적으로 대인관계능력과 의사소통능력을 뜻하는 이 둘은 모두 국가직무능력표준(NCS)에 규정된 10개 영역의 직업기초능력에 제시된 기초역량으로 모두 직업인으로서 사회적 관계를 맺을 때 기본적으로 필요한 역량이다(한국산업인력공단, 2019). NCS에 따르면 의사소통능력은 업무를 수행함에 있어 말과 글을 듣고 씀으로써 다른 사람이 뜻하는 바를 파악하고, 자기가 뜻한 바를

표 1-2 일반고등학교 진로교육 목표와 성취기준: 자아이해와 사회적 역량 개발 영역

대영역	중영역	세부목표	성취기준
자아이해와 사회적 역량 개발	자아이해 및 긍정적 자아개념 형성	자아정체감을 갖고 자기효능감과 자신감을 향상시킨다.	자신의 특성을 이해하고 긍정적 자아정체감을 가질 수 있다.
			자신의 진로목표를 성공적으로 이루어 나갈 수 있다는 자신감을 가질 수 있다.
		관심 진로에 대한 자신의 강점과 능력을 평가하고 향상시키려고 노력한다.	자기 평가와 타인 평가를 종합하여 자신의 강·약점과 능력을 객관적으로 알 수 있다.
			자신의 강점을 발전시키고, 약점을 보완하는 방법을 찾아 노력할 수 있다.
	대인관계 및 의사소통 개발	자신의 대인관계 능력을 점검하고 향상시킨다.	친구, 가족, 지인, 동료 등 주변 사람을 대하는 자신의 태도와 관계를 성찰하고, 부족한 부분을 개선할 수 있다.
			사회생활에서 대인관계의 중요성을 인식할 수 있다.
			진로체험이나 협동과제 수행에서 다른 사람들과 협력적인 관계를 맺을 수 있다.
		직업생활에서 의사소통의 중요성을 이해하고 효과적인 의사소통 능력을 향상시킨다.	직업생활에서 팀워크와 의사소통의 중요성을 이해할 수 있다.
			상황(사적 대화, 발표, 회의 등)에 맞는 의사소통 방법을 알고 활용할 수 있다.

정확하게 말하거나 쓰는 능력을 의미하며, 문서이해능력, 문서작성능력, 경청능력, 의사표현력, 기초외국어능력을 포함한다. 한편 대인관계능력은 업무를 수행하면서 접촉하는 사람들과 원만하게 지내는 능력으로 정의되며, 팀워크능력, 리더십능력, 갈등관리능력, 협상능력, 고객서비스능력을 포함한다. 고등학교 진로교육에서는 NCS에서 규정한 직업기초능력으로서의 사회적 역량의 기본을 다지는 것이 목표라고 할 수 있다. 특히 고등학교 시기에는 가족, 친구, 선생님 등 사회적 관계와 상황적 특성에 적합한 의사소통 방법을 구사할 수 있어야 하고, 타인과의 관계에서 경청하고 협력하는 태도를 갖추어야 한다.

직업기초능력은 대부분의 직업에 공통적으로 필요한 능력(진미석 외, 2007)으로 10개의 영역과 34개의 하위능력으로 구성된다.

- **의사소통능력**: 업무를 수행함에 있어 글과 말을 읽고 들음으로써 다른 사람이 뜻한 바를 파악하고, 자기가 뜻한 바를 글과 말을 통해 정확하게 쓰거나 말하는 능력

- **수리능력**: 업무를 수행함에 있어 사칙연산, 통계, 확률의 의미를 정확하게 이해하고, 이를 업무에 적용하는 능력

- **문제해결능력**: 업무를 수행함에 있어 문제 상황이 발생하였을 경우, 창조적이고 논리적인 사고를 통하여 이를 올바르게 인식하고 적절히 해결하는 능력

- **자기개발능력**: 업무를 추진하는 데 스스로를 관리하고 개발하는 능력

- **자원관리능력**: 업무를 수행하는 데 시간, 자본, 재료 및 시설, 인적자원 등의 자원 가운데 무엇이 얼마나 필요한지를 확인하고, 이용 가능한 자원을 최대한 수집하여 실제 업무에 어떻게 활용할 것인지를 계획하고, 계획대로 업무 수행에 이를 할당하는 능력

- **대인관계능력**: 업무를 수행함에 있어 접촉하게 되는 사람들과 문제를 일으키지 않고 원만하게 지내는 능력

- **정보능력**: 업무와 관련된 정보를 수집하고, 이를 분석하여 의미 있는 정보를 찾아내며, 의미 있는 정보를 업무 수행에 적절하도록 조직하고, 조직된 정보를 관리하며, 업무 수행에 이러한 정보를 활용하고, 이러한 제 과정에 컴퓨터를 사용하는 능력

- **기술능력**: 업무를 수행함에 있어 도구, 장치 등을 포함하여 필요한 기술에는 어떠한 것들이 있는지 이해하고, 실제로 업무를 수행함에 있어 적절한 기술을 선택하여 적용하는 능력

- **조직이해능력**: 업무를 원활하게 수행하기 위해 국제적인 추세를 포함하여 조직의 체제와 경영에 대해 이해하는 능력

- **직업윤리**: 업무를 수행함에 있어 원만한 직업생활을 위해 필요한 태도, 매너, 올바른 직업관

출처: 국가직무능력표준(www.ncs.go.kr).

② 일과 직업세계의 이해 영역

고등학교 진로교육에서 매우 중요하게 성취해야 하는 목표는 학생들이 일과 직업세계에 대해 포괄적이고 구체적으로 이해할 수 있어야 한다는 점이다. 특히 학생들은 고등학교 졸업 후에 대학 등 상급학교로 진학하여 학업을 연장하는 경우뿐만 아니라 졸업 이후 직업세계로 바로 진출하는 경우도 많기 때문에 일과 직업세계에 대한 이해는 고등학교 졸업생들의 직업 및 사회적응에 절대적으로 필요한 지식이라고 할 수 있다. 일과 직업세계에 대한 이해는 다음과 같은 두 가지 학습요소로 대별될 수 있다.

먼저, 학생들은 미래 직업세계의 변화를 비롯하여 미래사회에서 요구되는 핵심역량을 이해해야 한다. 과학기술의 발전에 따른 산업구조의 변화로 인해 일련의 직업들은 역사 속으로 사라지고 또 이전 시대에는 들어보지 못했던 새로운 직업이 등장한다. 고등학교 학생들이 본격적으로 직업인으로 생활하는 시기는 적어도 수년 이후라는 점을 감안할 때 미래사회에서 유망한 직업과 도태될 직업을 이해하고 그와 관련하여 미래사회에서 요구되는 역량에 관한 충분한 지식을 갖추어야 한다. 각 고등교육기관에서 전문인력에 대한 사회적 수요의 변화에 부응하여 학과 통폐합이나 학과 구조조정이 빈번하게 일어난다는 점을 고려해 보면, 학생들은 미래 산업구조의 변동과 그로 인한 직업세계의 변화에 대해 충분히 이해하고 있어야 하며, 이에 따르는 장기적인 관점에서의 진로지도가 교육현장에서 이루어질 필요가 있다. 특히 입직 시기가 늦은 전문직종의 경우 교육에 투자하는 시간이 길고 그만큼 진로선택으로 인한 기회비용이 크며 한번 선택한 진로를 되돌리기 쉽지 않다는 점을 고려할 때, 고등학교 시기에 미래 직업세계에 대한 구체적인 정보탐색능력을 갖추는 것은 매우 중요한 과업이다.

고등학교 진로교육에서는 미래 직업 전망에 대한 이해뿐만 아니라 건강한 직업의식과 직업인으로서 갖추어야 하는 윤리의식 및 사회적 책임감도 함양해야 한다. 우리들이 사회적 존재로서 직업생활에 참여하는 이유에는 단순한 경제적 이득뿐만 아니라 자기발전과 자아실현의 목적을 위해, 안정적인 일상생활의 유지를 위해, 다른 사람으로부터 인정과 존경을 받기 위해, 국가와 사회에 봉사하기 위해, 다른 사람들에게 도움을 주기 위해, 타인에게 영향력을 발휘하기 위해서 등 다양한 직업 가치가 존재할 수 있다. 진로교육에서는 이러한 다양한 가치들 중에서 학생들에게 의미 있는 긍정적인 가치가

표 1-3 일반고등학교 진로교육 목표와 성취기준: 일과 직업세계의 이해 영역

대영역	중영역	세부목표	성취기준
일과 직업세계의 이해	변화하는 직업세계 이해	미래 직업세계의 변화와 인재상을 탐색한다.	미래 사회의 모습과 변화를 상상하여 설명할 수 있다.
			미래 직업세계의 변화에 따른 새로운 직업과 인재상을 탐색한다.
		직업세계의 변화가 자신의 진로에 미치는 영향을 파악한다.	직업세계의 변화가 자신의 진로 선택에 미치는 영향을 설명할 수 있다.
			직업세계의 변화에 맞추어 자신과 관련된 학과, 전공 및 자격의 변화를 예측하고 탐색할 수 있다.
		창업과 창직의 필요성을 이해하고 관련 계획을 세워본다.	다양한 진취적 역량(창의성, 협업능력, 창업가정신 및 리더십 등)의 의미와 중요성을 설명할 수 있다.
			관심 분야의 동향 및 전망을 파악하고 관련 창업·창직 사례를 탐색할 수 있다.
			관심 있는 분야의 직업이나 사업을 구상하고 계획하는 모의 활동을 할 수 있다.
	건강한 직업의식 형성	직업생활에서 의사소통의 중요성을 이해하고 효과적인 의사소통 능력을 향상시킨다.	직업생활에서 팀워크와 의사소통의 중요성을 이해할 수 있다.
			상황(사적 대화, 발표, 회의 등)에 맞는 의사소통 방법을 알고 활용할 수 있다.
		직업 선택을 위한 바람직한 가치관을 형성한다.	직업이 자신에게 주는 긍정적 가치(자아실현, 보람, 경제적 독립 등)를 우선순위에 따라 설명할 수 있다.
			직업생활을 통한 개인적 독립의 중요성을 인식하고 주체적인 삶의 자세를 가질 수 있다.
		직업 생활에 필요한 직업윤리 및 관련 법규를 파악한다.	자신이 관심을 가지고 있는 분야에서 갖추어야 할 직업윤리와 중요성을 설명할 수 있다.
			근로자의 법적 권리와 관련 제도 및 기관을 알아보고 활용할 수 있다.

내면에서 성장할 수 있도록 지도할 필요가 있다.

한편, 직업인으로서의 윤리의식은 일반적인 도덕론이 아니라 유능한 직업인으로서 갖추어야 하는 핵심역량이라고 할 수 있다. 특히 치덤과 치버스(Cheetham & Chivers,

1996)는 전문가 윤리는 전문가의 역량을 구성하는 지식, 기술, 개인 특성과 더불어 핵심 역량 요소 중 하나라고 제시한 바 있다. 전문가가 직무와 관련된 수행을 할 때 그 행위가 사회적 규범에 비추어 윤리적이지 못하다면, 이는 전문가의 직무 수행이 존재하는 사회적 근거를 상실하게 되어 전문성 자체의 상실을 초래하고 궁극적으로 해당 전문 분야 전체에 해악을 끼칠 수 있다는 것이다. 따라서 대부분의 전문직업 분야에서는 전문직 윤리강령을 제정하여 그 전문직의 전문성과 사회적 책무성을 제고하려는 노력을 기울인다. 따라서 직업윤리는 고등학교 진로교육에서 그 기본을 다루어야 하는 중요한 목표라고 할 수 있다.

③ 진로탐색 영역

고등학교 진로교육에서는 학생들이 졸업 후 진학하고자 하는 대학과 전공학과를 선택하거나 졸업 이후에 나아가고자 하는 진로나 직업을 고려하여 장기적으로 자신의 진로에 대해 탐색하도록 도와야 한다. 진로탐색 과정에서 유념해야 할 점은 무엇보다도 학생들이 자기주도적으로 진로탐색 활동을 하도록 지도해야 한다는 점이다. 진로는 한 사람의 전생애 경험이 미래 삶의 방향으로 이어지는 과정이므로 자기 삶에 대한 책임 있는 태도가 무엇보다도 중요하다. 따라서 학생들은 스스로의 삶에 대한 책임감을 수용하고 주도적으로 생애 진로계획에 임해야 한다. 이러한 주체적인 태도는 진로탐색 과정을 자기주도적으로 수행하게 하고, 진로목표와 진로계획이 내면에 좀 더 의미 있는 경험으로 수립될 수 있도록 돕는다.

진로탐색은 고등학교 졸업 후 상급학교와 관련된 교육 기회에 대한 탐색과 직업과 보다 긴밀하게 관련된 직업정보에 대한 탐색으로 나뉠 수 있다. 먼저 학생들은 고등학교 졸업 이후에 진학하고자 하는 대학 및 전공 계열을 선택할 때에 자신의 학업성취 수준과 학업특성, 진로목표 등을 고려하여 상급학교 진학정보를 합리적이고 현실적으로 활용할 수 있어야 한다. 예를 들어 중증외상 전문 의사가 되고 싶어 의대에 진학하고 싶지만, 고3 학업성적이 의대에 진학할 수 있는 수준이 아니라면 학생의 진로목표는 단기적으로는 실현하기 불가능할 것이다. 고등학교 진로교육은 대학 진학지도와 긴밀하게 연결되어 있으며 자신의 학업성취 수준을 객관적으로 점검할 수 있고, 자신에게 적합

표 1-4 일반고등학교 진로교육 목표와 성취기준: 진로탐색 영역

대영역	중영역	세부목표	성취기준
진로탐색	교육 기회의 탐색	진로에서 학습의 중요성을 이해하고 자기주도적 학습 태도를 향상시킨다.	진로 목표를 위해 자신의 학업성취 수준을 점검하고, 향상의 동기를 가질 수 있다.
			자신의 학습방법을 점검하고 효과적인 학습방법을 찾을 수 있다.
			자기주도적 학습계획을 세우고 지속적인 실천 노력을 할 수 있다.
		대학 및 전공에 대한 다양한 정보를 탐색한다.	다양한 방법으로 대학의 유형 및 전공 계열에 대한 정보를 탐색할 수 있다.
			대학과 전공 계열을 선택하기 위한 합리적 기준을 제시할 수 있다.
		지속적인 진로개발을 위한 평생학습의 중요성을 이해하고 여러 기회를 탐색한다.	지속적인 진로개발을 위한 평생학습의 의미와 중요성을 이해할 수 있다.
			자신의 진로개발과 관련 있는 평생학습의 기회를 탐색할 수 있다.
	직업 정보의 탐색	관심 직업에 대한 구체적인 직업 정보와 경로를 탐색한다.	관심 직업의 현황, 전망, 산업구조 등 구체적인 정보를 수집할 수 있다.
			관심 직업의 직무, 직업경로, 학업 및 자격조건 등을 구체적으로 설명할 수 있다.
			취업과 학업을 병행하거나 선취업 후진학하는 방안을 탐색할 수 있다.
		수집한 직업 정보를 선별하고 활용할 수 있다.	수집한 정보를 분석하고 평가하여 자신의 진로설계에 필요한 정보를 선별할 수 있다.
			체험활동을 통해 관심 직업 및 학과에 대한 이해를 심화할 수 있다.
			관심 진로(학과, 직업)와 자신의 특성을 비교·분석할 수 있다.

한 학습방법을 계발함으로써 진로목표의 실현 가능성을 촉진할 필요가 있다. 또한 대학과 전공 계열을 선택할 때에도 객관적인 학업성취도뿐만 아니라 자신의 직업가치와 환경적 지원 가능성을 포괄적으로 탐색할 수 있어야 한다. 성적에만 맞춰 대학과 전공

을 선택하고 적성과 흥미를 고려하지 않는다면, 대학 진학 후 전공 공부에 적응하지 못할 가능성이 있다. 예를 들어, 실용적인 분야에 관심이 많은 이과생의 경우에는 기초학문 전통이 강한 학교보다는 재학생에 대한 창업지원 프로그램이 풍부한 학교가 더 잘 맞을 것이다. 가정의 경제적 형편도 고려해야 한다. 이를 충분히 고려하지 않고 과도하게 학비가 많이 드는 대학으로 진학할 경우 경제적 어려움이 닥쳤을 때 이에 대해 적절히 대응하지 못하고 중도에 학업을 포기해야 하는 사태가 발생할 수도 있다. 가정의 경제적 형편이나 자신의 학업성취도 수준을 고려해 볼 때 일반적인 대학교 진학이 어려울 경우에는 자신의 진로목표를 포기하기보다는 직장생활과 학업을 병행할 수 있는 대안적인 교육 기회를 찾아볼 수 있다. 이렇듯 교육 기회에 대한 효과적인 탐색을 위해서는 현실적이면서도 풍부한 교육정보와 더불어 자기주도적이고 긍정적인 진로탐색 태도가 필요하다.

또한, 학생들은 관심 있는 직업에 대한 다양한 정보를 자기주도적으로 수집하고 이를 진로와 관련된 의사결정에 활용할 수 있어야 한다. 직업에 대한 정보를 수집하기 위해 인터넷이나 신문, 도서 검색과 같이 수동적인 방법뿐만 아니라 관련 직업 종사자를 직접 인터뷰하거나 관심 있는 대학의 학과를 탐방하는 활동처럼 보다 적극적인 진로탐색 활동을 수행할 필요가 있다. 최근에 각 대학에서는 고등학생들을 대상으로 하는 전공 체험 캠프를 실시하기도 하고, 각종 공공기관이나 기업체에서도 청소년들에게 현장체험학습의 기회를 제공하기도 한다. 학생들은 직업체험 활동들을 통해 직접 직업현장에 종사하는 사람들의 직무 수행 과정을 관찰할 수 있고, 이들 직업인과 직접 대면할 수 있는 기회를 얻을 수 있다. 실제적인 직업체험 활동은 직업세계에 대한 막연한 동경을 넘어서 해당 직업에 종사하는 사람들이 현장에서 일상으로 마주하는 생생한 직업세계의 어려움과 보람을 학생들이 직접 접할 수 있도록 한다는 점에서 매우 귀중한 학습의 시간이 될 수 있다. 이러한 직접적인 체험활동을 통해 학생들은 직업에 대해 보다 깊이 있고 현실적으로 이해하게 되고, 직업인들과의 면담을 통해 모델링과 미래의 진로 비전을 구체화할 수 있다.

④ 진로 디자인과 준비 영역

고등학교 시기는 진로목표를 수립하고, 진로목표의 실현을 위한 구체적인 실행계획을 세우고, 이를 실천해 가는 시기이다. 학생들은 자신의 진로목표가 자신의 가치관, 개인 특성, 현실적 여건, 미래 전망 등과 적절히 부합하는지를 점검해 볼 필요가 있다. 진로목표를 합리적인 의사결정 과정을 통해 수립하게 되면, 지속적으로 실천 가능한 구체적인 실행계획을 도출할 수 있고, 진로목표에 몰입하는 동기를 꾸준히 유지하여 진로목표의 실현 가능성을 높일 수 있다. 따라서 진로목표를 수립하는 과정에서 발생 가능한 진로장벽을 현실적으로 고려하는 능력과 더불어 자신이 처한 상황에 맞게 진로목표를 수정하고 변경하는 진로 타협 능력을 길러야 한다. 아무리 잘 세워진 진로목표라고 하더라도 이를 추진하는 과정에서 어느 정도의 진로장벽은 피할 수 없다. 오히려 진로목표를 실현하는 과정에서 발생할 수 있는 진로장벽을 사전에 충분히 현실적으로 고려할 수 있을 때 진로장벽에 효과적으로 대응할 수 있게 되고 무엇보다도 구체적이고 실현 가능한 실행계획을 세울 수 있다. 진로장벽은 일종의 심리적 인식으로 개인의 진로성취를 방해할 것으로 지각되는 개인의 내적 및 외적 조건을 의미한다. 따라서 개인 특성에 따라 진로장벽을 과도하게 또는 과소하게 지각할 수 있다. 진로장벽과 관련한 교육적 개입에서 보다 중요한 점은 진로장벽을 크게 혹은 적게 지각하느냐 자체보다는 진로장벽을 극복할 자신감을 충분히 가지고 있느냐의 여부이다. 따라서 진로목표를 수립하기 위한 의사결정 과정에서 진로장벽을 현실적으로 고려하되 이를 극복할 수 있는 적절한 방안을 탐색하고 이를 실천하는 노력이 더욱 중요하다.

본격적인 진로준비는 구체적인 진로계획의 수립과 이의 실천으로부터 시작된다. 특히 고등학교 시기는 대학 진학을 본격적으로 준비하는 시기로 진로목표에 희망 대학 및 학과 목표가 적절히 부합하는지 점검하고, 희망하는 대학 및 학과에 합격하기 위해 필요한 교과성취도가 충분히 확보되었는지 그리고 관련한 비교과 활동이 적절히 이루어지고 있는지 수시로 검토할 필요가 있다. 그런 의미에서 교과성취도, 진로 관련 각종 비교과 활동이 수록된 생활기록부는 고등학교 진로교육에서 개인지도를 위한 가장 기본적인 자료로서 체계적으로 관리하고 실제 진로지도 활동에 적극적으로 활용할 필요가 있다.

표 1-5 일반고등학교 진로교육 목표와 성취기준: 진로 디자인과 준비 영역

대영역	중영역	세부목표	성취기준
진로 디자인과 준비	진로의사 결정능력 개발	자신의 진로의사결정 방식을 점검하고 개선한다.	자신의 진로의사결정 방식과 과정을 점검한다.
			잠정적인 진로의사 결정의 결과를 점검하고 자신이 처한 상황에 맞게 수정·변경할 수 있다.
		자신의 진로장벽 요인을 해결하기 위해 노력한다.	자신의 진로목표를 이루는데 영향을 미치는 진로장벽 요인을 이해할 수 있다.
			진로장벽을 해결한 사례를 알아보고 자신의 진로장벽 요인을 해결하기 위해 적절한 방안을 찾아 노력한다.
	진로 설계와 준비	진로목표를 세우고, 구체적인 계획을 수립한다.	자신의 진로목표를 구체화할 수 있다.
			자신의 진로 목표와 관련 있는 직업·대학·학과를 탐색할 수 있다.
			자신의 진로목표를 이루기 위한 중·장기적인 계획을 수립할 수 있다.
			자신의 진로목표와 관련된 학교 활동을 계획하고 참여할 수 있다.
		상황변화에 맞추어 진로계획을 재점검하고 보완한다.	개인 및 직업세계의 변화를 검토하여 자신의 진로계획을 재점검하고 수정할 수 있다.
			진로계획 수정 시 결과보다 과정이 중요함을 인식하고 실패에서도 진로대안을 찾을 수 있다.
		고등학교 이후의 진로계획을 수립하고 실천하도록 노력한다.	진로목표와 관련된 대학, 학과(전공)를 선택할 수 있다. (일반고에만 해당)
			관심 있는 대학의 입학정보를 알아보고 필요한 조건을 갖출 수 있다.
			취업과 관련된 다양한 진로대안을 탐색하고 취업에 필요한 정보를 수집할 수 있다. (일반고에만 해당)
			자기관리능력을 갖고 생활에 적용할 수 있다.

(2) 특성화고등학교 진로교육 목표와 성취기준

특성화고등학교의 진로교육에서 목표로 하는 성취기준은 대체로 일반고등학교와 유사하지만, 일반계고등학교 졸업자의 상당수가 대학 진학을 목표로 삼는 반면 특성화

고등학교 졸업자들은 취업 등 직업세계 진출을 목표로 한다는 점에서 직업세계 입문을 위한 진로교육을 보다 강화할 필요가 있다. 아래 내용은 진로교육 성취기준 중에서 일반고등학교와 다른 부분에 초점을 맞춰 설명하고 있다.

먼저 일과 직업세계에 대한 이해와 관련하여 특성화고등학교에서는 직업세계에 바로 진출하는 경우가 많기 때문에 고등학교 진로교육에서 근로자로서의 법적 권리와 관련 제도 및 기관에 대해 숙지하고 이러한 정보에 대한 활용 능력을 갖출 필요가 있다. 특히 상당수의 특성화고등학교 학생들이 재학 중에도 현장실습생, 인턴, 단기계약직 등으로 노동현장에 참여한다는 점을 고려할 때 학생들이 노동 약자로서 법적으로 보호받을 수 있도록 최저임금제를 비롯한 근로시간, 근로계약 등 근로기준법과 산업안전 등을 위한 각종 법적 제도와 노동자 권익 보호를 위한 각종 상담기관에 대한 정보를 제공할 필요가 있다.

또한 진로탐색과 관련해서는 특성화고등학교 졸업자로서 취업과 학업을 병행할 수 있는 각종 평생학습의 기회를 탐색할 필요가 있다. 특히 많은 대학이 특성화고등학교 졸업자를 위한 입학전형을 시행하고 있다. 따라서 종합대학교 진학 외에도 학점은행제, 독학사제도, 사이버대학교, 산업체 위탁교육, 사내대학 등 일과 학습을 동시에 수

표 1-6 특성화고등학교 진로교육 목표와 성취기준

대영역	중영역	세부목표	성취기준
자아이해와 사회적 역량 개발	대인관계 및 의사소통 개발	직업생활에서 의사소통의 중요성을 이해하고 효과적인 의사소통 능력을 향상시킨다.	직업생활에서 문서, 메일 등을 정확하게 읽고 작성하며, 자신의 의견을 명확하게 제시하고, 타인과 의견을 조율할 수 있다.
진로 디자인과 준비	진로 설계와 준비	고등학교 이후의 진로계획을 수립하고 실천하도록 노력한다.	자신의 진로목표를 고려하여 취업 또는 진학여부를 선택할 수 있다.
			희망 직종의 구인정보를 찾고, 희망 취업처의 근로조건, 해당 직무 등을 이해할 수 있다.
			이력서 및 자기소개서 쓰기, 면접 등 구직기술과 방법을 알고 자신에게 알맞게 적용할 수 있다.

비고: 위의 내용은 특성화고의 진로교육 성취기준 중 일반고의 내용과 다른 내용만을 수록하였음.

행할 수 있는 직장인 대상 평생학습자를 위한 각종 교육기관에 관한 정보도 제공할 필요가 있다. 또한 특성화고등학교의 장점을 살려 고등학교 재학 중 각종 현장실습과 체험활동을 통해 보다 직접적으로 관심 직업과 전공에 대한 이해를 심화할 수 있다.

진로 디자인 및 준비와 관련해서는 졸업 후 직업세계로 바로 진출할 경우 고려해야 할 관심 직종과 직무를 선택하고 취업하고자 하는 기관과 직무의 급여조건, 근무시간, 근무환경 등을 구체적으로 탐색할 필요가 있다. 또한 현장실습 경험으로 얻은 직업세계에 대한 현실적인 이해와 직업 전망을 통해 자신의 진로계획을 재점검하여 좀 더 구체화하고, 필요할 경우 진로대안을 탐색하도록 도울 필요가 있다.

더 생각해 보기　　　　　　　　　　　　　　**4차 산업혁명 시대의 진로교육 방향**

　　4차 산업혁명의 기술혁신은 과학기술 분야뿐만 아니라 사회 전반에 엄청난 변화를 몰고 온다. 특히 빅데이터에 기반한 인공지능 기술은 전통적인 육체노동자뿐만 아니라 전문직업인들의 일자리까지 소멸시키고 있다. 기술의 혁신과 생산의 고도화를 통해 소멸된 노동의 시간은 여가와 휴식의 시간으로 대체되고 사람들은 원하든 원치 않든 일과 여가가 공존하는 생애를 꾸려 가야 하고, 개인은 급변하는 미래사회의 불확실함과 모호함을 견디며 삶을 영위해야 한다. 4차 산업혁명이 몰고 오는 이러한 사회 변화 속에서 진로교육 또한 새로운 패러다임으로 혁신을 거듭해야 한다. 직업세계와 개인 특성에 대한 풍부한 지식을 기반으로 하는 매칭 중심의 직업 가이던스는 인간보다 훨씬 방대한 데이터를 보유하고 훨씬 정확하게 분석할 수 있는 인공지능에게 그 역할을 내어 주어야 하는 시기에 도래하였다. 또한 진로교육자는 학습자가 미래사회의 불확실성에 건설적으로 대응하기 위한 진로적응성을 배양하는 데 촉진적이고 지지적인 역할을 수행할 필요가 있다. 더불어 진로교육자는 내담자가 급변하는 사회 속에서 분절적인 삶의 경험에 의미를 재부여하고 자신의 일과 생애를 이끄는 핵심적인 삶의 주제를 되찾을 수 있도록 함으로써 학습자가 삶에 대한 주체적 정체성을 재정립할 수 있도록 도와야 할 것이다.

출처: 유현실(2018) 발췌·수정.

요약

　　현재 고등학교에서 적용되고 있는 진로교육은 2015 개정 교육과정에 기반을 두고 있다. 2015 개정 교육과정은 학습 영역의 균형과 통합을 통한 창의융합적 역량의 배양을 목표로 한다. 동시에 학생의 다양한 선택과 가능성을 촉진하기 위해서 학생 개인의 진로발달을 촉진하기 위한 자기주도적인 진로교육의 중요성이 어느 때보다 강조되고 있다. 이에 따라 학교 진로교육의 목표는 학생이 자신의 진로를 창의적으로 개발하고 지속적으로 발전시켜 성숙한 민주시민으로서 행복한 삶을 살아갈 수 있는 역량을 기르는 것에 두고 있다. 특히 일반고등학교 진로교육 목표는 미래 직업세계 변화에 대한 이해를 바탕으로, 특성화고등학교 진로교육 목표는 산업수요와 미래 직업세계 변화에 대한 이해를 바탕으로, 자신의 진로목표를 세우고 구체적인 정보탐색을 통해 고등학교 이후의 진로계획을 수립하고 실천하는 역량을 개발하는 것이다. 이러한 고등학교 진로교육의 목표를 달성하기 위해 자아이해와 사회적 역량, 일과 직업세계 이해 역량, 진로탐색 역량, 진로 디자인과 준비 역량 등 네 가지 진로교육 핵심역량 영역이 설정되어 있고, 각 진로교육 영역별로 일반고등학교와 특성화고등학교에 적용하는 진로교육 내용 체계와 성취기준이 마련되어 있다.

생각해 볼 문제

1. 국가 교육과정에서 제시한 진로교육 목표와 교사 자신의 진로교육에 대한 가치관이 합치하는지 여부에 대하여 토론해 본다.

2. 산업구조와 사회문화가 빠르게 변하는 21세기에는 일과 직업에 대한 가치가 어떻게 변할지 예상하고 그에 따르는 진로교육의 방향에 대하여 토론해 본다.

참고문헌

교육부(2016). 2015 학교 진로교육 목표와 성취기준.

교육부(2017). 2015 개정 교육과정 총론해설: 고등학교.

김경자, 곽상훈, 백나진, 송호현, 온정덕, 이승미, 한혜정, 허병훈, 홍은숙(2015). **2015 개정 교육과정 총론 시안 [최종안] 개발 연구.** 교육부

김진숙, 김승보, 이수용, 송병철, 김윤정, 최일동(2015). 2015 개정 교과 교육과정 시안 개발연구 II: 진로와 직업과 교육과정. 한국교육과정평가원.

유현실(2018). 제53차 한국카운슬러협회 연차대회, 강연.

진미석, 이수영, 채창균, 유한구, 박천수, 이성, 최동선, 옥준필(2007). 대학생 직업기초능력 선정 및 문항 개발 연구. 한국직업능력개발원.

한국산업인력공단(2019). **국가직무능력표준.** www.ncs.go.kr

Cheetham, G., & Chievers, G. (1996). Towards a holistic model of professional competence. *Journal of European Industrial Training, 20*(5), 20-30.

2장

진로이론을 통한 고등학생 진로발달의 이해

이은설

학습목표

1) 홀랜드의 성격이론 혹은 진로흥미이론의 내용을 이해하고 고등학생 진로상담 및 교육에서의 적용방법을 고찰한다.

2) 사회인지진로이론의 진로모형들을 토대로 고등학생 진로발달에서 고려해야 하는 요인들을 이해하고 진로상담 및 교육에서의 적용방법을 고찰한다.

3) 구성주의 진로이론의 내용을 이해하고 고등학생 진로상담 및 교육에서의 적용방법을 고찰한다.

진로이론은 내담자의 진로발달 과정을 이해하고 동시에 진로상담을 어떻게 하면 좋을지에 대한 체계적이고 효과적인 틀을 제공해 준다. 이 장에서는 고등학생의 진로발달에 대한 이해 및 진로지도·상담을 할 때 상담자가 참고하면 좋은 세 가지 이론적 관점을 알아보고 이러한 이론을 진로 및 진학상담의 장면에서 어떻게 적용할 수 있는지 생각해 보고자 한다. 이러한 목적을 달성하기 위해 각 이론에서 강조하는 주요 개념, 상담목표, 진로상담 도구 및 기술 등을 살펴보도록 하겠다.

진로 및 직업상담 분야에는 수많은 진로이론이 있으나 이 장에서는 고등학생의 진로상담 및 지도에 가장 적절하다고 판단되는 세 가지 이론, 즉 홀랜드의 성격이론, 렌트 등의 사회인지진로이론, 사비카스의 구성주의 진로이론을 설명하고자 한다. 이러한 이론적 관점은 다양한 내담자와의 상담 장면에 단독으로 혹은 연합하여 적용할 수 있다.

1　홀랜드의 성격이론

홀랜드(John L. Holland, 1919~2008)의 성격이론은 지금까지 진로상담 및 직업심리학 분야에서 가장 큰 영향을 미치고 있는 이론으로, 진로흥미(career interest)가 개인이 지닌 성격의 일부라고 가정하고 개인의 성격과 일치하는 직업 환경을 선택했을 때 높은 직업만족도와 직업성취와 같은 긍정적인 결과가 초래된다고 주장한다. 홀랜드는 "직업적 흥미는 일반적으로 성격이라고 불리는 것의 일부분이기 때문에 개인의 직업적 흥미에 대한 설명은 곧 개인의 성격에 대한 설명이다"(Holland, 1997, p. 3)라는 가정에 기초하여 성격이론을 발전시켰는데, 이 이론의 핵심은 다음의 네 가지의 기본 가정이다.

① 대부분의 사람들은 여섯 가지 성격 유형, 즉 실재형(realistic), 탐구형(investigative), 예술형(artistic), 사회형(social), 진취형(enterprising), 관습형(conventional) 중 하나로 분류될 수 있다.

② 사람을 둘러싼 환경(예: 특정한 직업, 여가활동, 교육에 대한 계획) 역시 위의 여섯 가지 성격 유형, 즉 실재형, 탐구형, 예술형, 사회형, 진취형, 관습형 중 하나로 분류될 수 있으며, 일반적으로 각 환경에는 그 성격 유형에 일치하는 사람들이 머물고 있다.

③ 사람들은 자신의 성격과 유사한 성격을 가진 환경에 관심을 보인다. 즉, 사람들은 자신의 능력과 기술을 발휘하고 태도와 가치를 표현하며 자신에게 맞는 역할을 수행할 수 있는 환경을 찾는다.

④ 개인의 직업 관련 행동은 개인의 성격과 환경의 상호작용에 의해서 결정된다. 사람들이 자신의 성격과 유사한 성격을 가진 직업을 선택하고자 하고, 그러한 직업 환경에 종사하고 있을 때 직업만족도가 높아질 뿐 아니라 직업과 관련된 성취와 직업을 유지하는 기간이 증가한다.

성격이론은 여섯 가지 성격 유형을 강조하기 때문에 각 유형의 앞 글자를 따서 RIASEC 이론이라고도 불리는데, 홀랜드는 개인의 성격 유형별로 흥미, 직업, 선호하는 취미, 목표, 신념, 가치, 기술이 다르다고 주장했다. 각 유형에 대한 간단한 설명은 다음과 같다. 첫째, 실재형(realistic)은 도구나 물건 다루기 혹은 기계와 동물에 관한 체계적인 조작활동을 좋아한다. 이 유형에 속하는 전형적인 직업은 자동차정비사와 같은 기술자이다. 둘째, 탐구형(investigative)은 분석적이고 호기심이 많고 조직적이며 정확하다. 대표적인 직업은 과학자이다. 셋째, 예술형(artistic)은 창의적인 활동을 좋아하며 표현이 풍부하고 독창적이며 비순응적이다. 음악가와 미술가가 예술형에 속하는 대표적인 직업이다. 넷째, 사회형(social)은 다른 사람을 이해하고 가르치고 상담하고 안내하는 활동, 다른 사람과 함께 일하거나 다른 사람을 돕는 것을 즐긴다. 대표적인 직업으로 사회복지사, 교사, 상담가가 사회형에 속한다. 다섯째, 진취형(enterprising)은 조직의 목적을 달성하기 위해 다른 사람들을 설득하고 지휘하며 관리하는 활동을 즐긴다. 기업경영인, 정치가가 여기에 속한다. 여섯째, 관습형(conventional)은 체계적으로 자료를 기록하고 정리하며 조작하고 관리하는 활동을 즐긴다. 이 유형의 대표적인 직업으로는 경리사원, 사서 등이 있다.

표 2-1 RIASEC 흥미 유형

흥미 유형	특징	선호 직업활동	대표 직업
R(실재형)	• 실제적이며 단순함 • 여러 사람들과 함께 일하는 것보다 혼자 일하는 것을 선호	• 기계나 도구, 사물을 조작하는 활동 • 사람이나 아이디어를 다루는 일보다는 사물을 다루는 일 선호	농부, 경찰관, 소방수, 기술자, 목수, 운동선수 등
I(탐구형)	• 지적이고 분석적임 • 호기심이 많고 개방적임	• 과학적이고 학문적인 활동 • 문제해결을 위해 아이디어를 사용하고 정보를 분석하는 일 선호	물리학자, 의학자, 수학자, 컴퓨터 프로그래머 등
A(예술형)	• 상상력이 풍부하고 직관적임 • 개방적이며 독창적임	재능을 가지고 창의적인 작업을 수행하는 활동 선호	교사, 상담자, 사회복지사, 성직자 등
S(사회형)	• 명랑하고 사교적임 • 친절하고 이해심이 있음	개인적인 교류를 통해서 타인을 도와주고 가르치고 상담하고 봉사하는 활동 선호	교사, 상담자, 사회복지사, 성직자 등
E(진취형)	• 권력지향적이며 지배적임 • 야심이 많고 외향적임	타인을 설득하고 지시하며 관리하는 활동 선호	경영인, 관리자, 언론인, 판매인 등
C(관습형)	• 보수적이고 실용적임 • 변화를 싫어하고 안정 추구	고정된 기준 내에서 일하고 관례를 정하고 유지하는 활동 선호	사무직 종사자, 사서, 비서 등

출처: 고용노동부 워크넷(work.go.kr), 직업심리검사 안내.

홀랜드는 초기에 사람이 여섯 가지 유형 중 한 가지 유형에 속한 것으로 특징지을 수 있다고 가정했으나, 추후 이론을 확장 및 수정하면서 여섯 가지 유형 중 하나가 우세할 수 있으나 두세 번째로 우세한 유형과의 조합에 따라 하위 유형이 있을 수 있음을 제안하였다. 현재 홀랜드 이론은 개인의 성격을 여섯 가지 성격 유형 중 우세한 유형 두 가지 혹은 세 가지에 기반하여 분류하며 이를 2개 코드 혹은 3개 코드로 지칭한다. 예를 들면, 한 개인의 진로흥미 혹은 성격의 RIASEC 프로파일 중 가장 우세한 유형이 사회형이고, 그다음으로 우세한 유형이 예술형일 때 이 개인의 홀랜드 코드는 SA, 즉 사회형-예술형으로 분류한다.

홀랜드는 성격 유형론을 다음의 그림과 같이 육각형 모형에 기초하여 설명했는데, 각 유형은 육각형 모형의 모서리에 각각 위치하며, 위치한 순서, 즉 R-I-A-S-E-C의 순

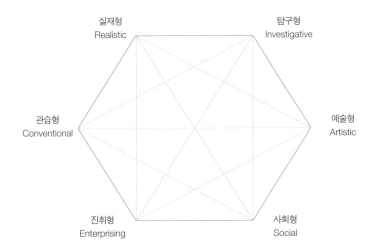

그림 2-1 홀랜드의 육각형 모형

서로 서로 인접한 유형들이 거리상 떨어진 유형보다 더 유사함을 나타낸다. 예를 들어, 실재형(R)은 가장 근접해 있는 탐구형(I)과 특성과 업무 수행 방식이 유사하지만, 반대편에 위치한 사회형(S)과는 매우 다르다.

홀랜드는 이런 육각형 모형을 사용하여 여섯 가지 성격 유형을 설명하면서 유형들 간의 관계에 기초하여 일관성(consistency)과 변별성(differentiation)의 정보를 알아낼 수 있다고 보았다. 일관성은 육각형 모형에서 인접해 있는 유형들이 개인의 2개의 코드 혹은 3개의 코드로 나타날 때(예: CR, SAI) 높은 일관성 수준을 보인다고 할 수 있다. 예를 들면, a학생의 성격 코드가 IA이고, b학생의 코드가 IE일 때, a학생의 성격이 b학생보다 일관성이 높다고 할 수 있다. 일관성 수준이 높다는 것은 학생의 진로흥미나 진로결정의 수준이 안정적임을 의미한다. 한편 변별성은 개인 혹은 환경이 가지고 있는 성격 유형이 얼마나 뚜렷하게 구별되는지를 의미한다. 예를 들어, 어떤 개인은 RIASEC 유형 중 한두 개의 유형이 나머지 유형에 비해 뚜렷이 우세하게 나타나는가 하면, 다른 개인은 여섯 가지 유형의 특징이 모두 비슷한 수준에서 높거나 낮게 나타날 수 있다. 한 개인에게서 한두 개의 유형이 두드러지게 높은 수준으로 나타날 때 변별성이 높다고 할 수 있다. 반면, 개인이 여섯 가지 성격 유형 모두에서 유사한 수준을 보이는 경우 변별성이 낮다고 볼 수 있다. 개인의 RIASEC 성격 유형 모두에서 우세한 프로파일을 가질 때, 여섯 개 영역 모두에서 유사한 수준으로 강한 흥미를 가지고 있음을 의미하는데, 이 사람은 다방면에 흥미 혹은 재능이 있거나 다양한 직업활동 영역에 흥미를 나타낸다고 볼 수 있다. 한편, 개인의 RIASEC 성격 유형 프로파일이 모든 유형에서 골고루 낮은 수준으로 나타날 때 이러한 프로파일은 어떤 영역에 대해서도 뚜렷한 흥미가 없거나 자신에 대한 이해가 충분하지 않음을 의미할 수 있다.

1) 홀랜드 이론의 적용

홀랜드 이론은 진로상담 및 진로-직업 심리 분야에서 다양하게 적용되어 왔다. 이러한 적용은 크게 홀랜드 이론을 바탕으로 한 진로흥미검사 혹은 성격유형검사의 개발과 RIASEC 유형을 이용한 직업분류체계의 확장으로 나누어 살펴볼 수 있다. 우선 홀랜드의 RIASEC 유형에 기반한 성격유형검사에 대해 살펴보도록 하겠다.

(1) 성격유형검사

홀랜드 이론에 기반하여 개인의 성격 유형 혹은 진로흥미 유형을 측정하는 여러 가지 검사가 개발되었는데, 대표적으로 홀랜드가 개발한 자기탐색검사(Self-Directed Search: Holland, 1987, 1994)와 직업선호도검사(Vocational Preference Inventory: Holland, 1985) 및 홀랜드의 성격 유형을 차용한 스트롱 흥미검사(Strong Interest Inventory: Harmon, Hansen, Borgen, & Hammer, 1994), 캠벨 흥미기술검사(Campbell Interest and Skill Survey: Campbell, 1992) 등이 있다. 또한 미국노동부(Department of Labor)에서 개발하여 일반인에게 무료로 제공하는 O*Net 흥미 프로파일러(O*NET Interest Profiler: Rounds, Su, Lewis, & Rivkin, 2010; Rounds, Mazzeo, Smith, Hubert, Lewis, & Rivkin, 1999; Rounds, Walker, Day, Hubert, Lewis, & Rivkin, 1999) 검사 역시 홀랜드가 제시한 RIASEC 흥미 유형에 기반한 개인의 직업성격·진로흥미 유형에 대한 분석을 제공한다.

홀랜드가 개발한 자기탐색검사와 직업선호도검사뿐 아니라 스트롱 흥미검사를 포함하여 앞에 제시한 심리검사들은 한국어로 번역되고 한국인을 대상으로 타당화되어 진로상담 장면에서 내담자의 진로흥미를 측정하는 데 유용하게 사용되고 있다. 또한, 한국직업능력개발원에서 운영하는 커리어넷(CareerNet)과 한국고용노동부에서 운영하는 워크넷(WORKNET) 역시 온라인을 통해 실시 가능한 청소년 대상의 진로흥미검사를 제공하고 있다. 이러한 진로흥미검사를 통해 개인의 흥미 유형뿐 아니라 흥미 유형에 상응하는 기초흥미 분야 직업 및 학과 목록에 대한 정보를 얻을 수 있어 진로상담의 기초 자료로 사용할 수 있다. 더불어 진로흥미검사의 결과에서 제시하는 RIASEC 각 유형 프로파일에서 나타나는 일관성·변별성의 차원을 고려하여 진로지도 및 탐색을 할 수 있다.

(2) 직업분류체계

앞서 언급한 바와 같이 홀랜드 이론에서는 개인의 성격이 RIASEC의 6가지 유형으로 분류될 뿐 아니라 직업 환경도 RIASEC의 6가지 유형으로 분류된다고 가정한다. 홀랜드는 이러한 가정을 기초로 하여 다양한 직업을 RIASEC 유형에 상응하여 분류했는데, 특히 미국의 직업사전(Dictionary of Occupational Title)을 홀랜드 직업코드사전으로 번안하였다. 이러한 작업의 결과, 미국노동부에서 운영하는 O*NET OnLine 사이트에서는 홀랜드의 실재형, 탐구형, 예술형, 사회형, 진취형, 관습형(RIASEC)의 상위 첫 번째 혹은 두세 번째 유형을 입력했을 때 입력한 코드에 적절한 직업 목록을 제공한다. 이와 유사하게 한국고용노동부에서 운영하는 워크넷에서도 흥미 유형을 선택하여 유형에 해당하는 직업명을 검색하고 직업명에 대한 직업정보를 찾을 수 있는 검색 프로그램을 운영 중이다. 이런 흥미 유형에 따른 직업분류체계는 직업탐색 및 직업정보의 탐색을 시작하는 학생들에게 유용한 정보를 제공한다.

2) 홀랜드 이론의 평가

홀랜드의 성격이론과 이에 바탕을 둔 진로흥미검사 및 직업분류체계는 실제 진로상담에서 활발히 적용되고 있다. 홀랜드의 성격이론은 진로상담이나 교육의 초기에 유용하게 사용될 수 있는데, 내담자들이 자신의 진로흥미 영역을 구체적으로 탐색할 수 있도록 도와주고, 특히 진로문제가 전공이나 직업을 탐색하고 결정하는 데 초점이 맞춰져 있는 내담자에게 적절하게 활용될 수 있다. 예를 들어, 중고등학생 시기에 진로탐색 과정에서 미래의 전공 탐색 및 선택, 새로운 직업의 탐색이나 직장을 결정하는 데 도움이 필요한 내담자에게 진로흥미검사를 실시하거나 흥미 유형에 따른 직업 목록을 탐색하도록 안내할 수 있다. 그러나 홀랜드 이론은 개인의 성격, 즉 진로특정적 흥미만을 강조하기 때문에 개인의 인지·행동적 특성이나 다양한 환경·맥락적 요인이 간과된다는 점에서 한계가 있다(Osipow, 1983; Osipow & Fitzgerald, 1996). 특히 내담자가 진로의사결정에 있어 비합리적인 사고 패턴을 보이거나, 왜곡된 자기개념이나 낮은 자기효능감을 가지고 있을 때, 혹은 진로장벽을 높은 수준으로 지각하고 있는 경우 홀랜드 이론만으로는 이러한 진로 관련 어려움을 다루는 데 한계가 있다.

또한 홀랜드의 성격이론에서는 개인이 선호하는 흥미 영역, 즉 상위 유형 하나 혹은 두세 번째 유형의 조합을 통해 개인의 성격을 설명하고 이러한 흥미 유형의 조합에 상응하는 환경을 가진 직업을 선택했을 때 개인의 직업적 성취나 만족도 수준이 높아지고 해당 직업에 종사하는 기간이 길어질 것이라고 가정하지만, 이러한 가정은 선호하는 활동이나 환경에 초점을 두고 진로선택을 하는 것이 아니라 싫어하는 활동이나 환경을 피해서 진로 및 직업 선택을 하는 개인의 상황을 설명하지 못한다는 비판을 받고 있다.

마지막으로 홀랜드의 이론은 개인의 성격으로서의 흥미를 중요시하지만 성격 및 흥미의 발달 과정에 대해 설명하지 못한다는 한계를 가지고 있다. 또한 개인의 흥미나 환경이 변화할 가능성이 있음에도 불구하고 개인과 환경 특성 모두를 지나치게 특질적인 것으로 접근하여 개인이 자신의 특성을 수정하거나 직업 환경을 개선하는 방식으로 직업적 역할을 수행해 나갈 수 있다는 점을 간과했다는 비판을 받고 있다.

2 　사회인지진로이론

　　진로에 대한 인식과 발달이 구체화되는 청소년기의 진로선택은 다른 발달 시기보다 중요한 의미를 가진다(Luzzo, 1993). 특히 고등학교 시기는 대학으로의 진학 및 취업 등 진로선택의 문제에 실질적으로 직면하는 시기이므로 자신에게 적합한 진로를 선택하는 것이 더욱 중요한 과업으로 대두된다. 렌트, 브라운, 해켓(Lent, Brown, & Hackett, 1994)이 제안한 사회인지진로이론(social cognitive career theory, SCCT)은 반두라(Bandura, 1986)의 사회인지이론을 진로발달에 적용한 이론으로, 개인의 흥미발달(interest development), 진로선택(career choice), 수행(performance)에 대한 통합적인 관점을 제시한다.

　　이 이론의 관점에서 보면 홀랜드 이론은 비교적 단순한 형태의 이론이라고 할 수 있다. 홀랜드 이론은 개인과 환경이 각각 고유한 특징(예: 성격)을 가지고 있고 이러한 특징이 잘 변하지 않는다고 간주하며, 개인의 특성으로서의 흥미 혹은 성격 유형과 이에 상응하는 특성을 가진 환경에 개인이 매치되었을 때 진로–직업 만족이나 직업성취의 향상과 같은 긍정적 결과를 기대할 수 있다고 가정하였다. 반면, 사회인지진로이론은 개인의 성격 변인뿐 아니라 개인의 사회인지적 기제인 자기효능감(self-efficacy), 결과기대(outcome expectations), 목표(personal goals)의 역할을 강조하면서, 한 개인의 사회인지적 측면들이 성격 특성 및 행동과 같은 다른 개인 내적 변인들 그리고 개인을 둘러싼 환경적 맥락과 어떻게 상호작용하여 개인의 흥미가 발달 및 구체화되고, 목표 추구행동을 이루어내며, 진로선택이 이루어지는지 등에 대한 이론적 틀을 제시한다. 구체적으로는 개인이 유사한 학습 경험을 하더라도 개인의 사회인지체계(social cognitive mechanism)에 따라 진로선택과 결정 과정 및 행동이 달라질 수 있음을 가정하는데, 이는 반두라(Bandura, 1986)의 개인의 특질, 환경적 요인 및 행동 간의 역동적인 인과관계를 설명하는 삼원 상호작용 모형(triadic reciprocal model)에 바탕을 두고 있다(Lent, Brown, & Hackett, 2002). 사회인지진로이론은 개인의 진로발달에서 환경·맥락적 요소에 관심을 두기 때문에 인종이나 민족의 차이, 성별의 차이에 따른 진로행동을 설명하는 데 유용하다는 점에서 주목을 받아 왔다. 이 이론은 처음 소개된 이후 국내외 여러 나라 고등학생을 포함한 다양한 집단에 적용되어 이론의 유용성이 입증되었고, 이후 점차 확장되어 삶의 만족(well-being)을 설명하는 모형(Lent & Brown, 2006, 2008)과 진로자기관리(career self-management)를 설명하는 모형(Lent & Brown, 2013)이 추가되었다. 사회인지진로이론이 진로발달 과정에서 고려하는 핵심 개념인 개인의 사회인지 요인(예: 자기효능감, 결과기대, 목표)에 대해 우선 살펴본 후 진로선택 모형, 삶의 만족 모형, 진로자기관리 모형을 소개하도록 하겠다.

사회인지진로이론은 반두라의 사회인지이론에서 제시하는 자기효능감의 개념을 강조하는데, 자기효능감은 "개인이 주어진 상황에서 주어진 과업을 수행하고 성취하는 데 필요한 일련의 행동을 조직하고 수행하는 자신의 능력에 대한 믿음"(Bandura, 1986, p. 391)을 뜻한다. 단편적인 예로, '나는 수학을 잘한다' 혹은 '나는 영어를 잘한다' 등 특정 과목에 대한 자신의 능력에 대한 판단이나 믿음이 있을 수 있는데, 이러한 자기효능감은 개인의 행동이나 환경에 대한 선택뿐 아니라 상황에 대한 판단, 사고방식, 정서적 반응, 동기 수준, 노력을 기울이는 정도와 지속성을 결정하는 요인이 된다. 실제로 여러 연구들에서 자기효능감이 학업 및 진로와 관련된 결정이나 수행에 중요한 역할을 한다는 것이 밝혀진 바 있다. 사회인지이론에 따르면, 자기효능감은 주어진 과제와 관련하여 과거의 성공 경험, 자신과 유사한 타인의 수행을 관찰하여 이루어지는 대리학습, 격려와 칭찬과 같은 사회적·언어적 설득, 해당 영역을 경험하거나 과제를 수행할 때 느끼는 불안과 같은 생리적·정서적 경험에 의해 생성되고 변화한다. 특히 특정 영역의 과제 수행에서의 성공 경험은 그 영역에 대한 개인의 자기효능감을 높이는 한편, 반복적인 실패 경험은 자기효능감을 낮추는 경향이 있다.

사회인지진로이론에서 강조하는 또 다른 변인인 결과기대는 특정 행동을 수행했을 때 어떤 결과가 나타날지에 대한 개인의 믿음이다(Bandura, 1986). 자기효능감이 개인의 능력(예: 내가 할 수 있을까?)에 대한 믿음이라면 결과기대는 개인이 특정 과업을 수행한 후에 어떤 일이 벌어질지에 대한 예상과 관련된다(예: 내가 이 직업을 갖게 되면 안정적인 생활을 할 수 있을 것이다). 결과기대 역시 자기효능감과 마찬가지로 이전의 학습 경험에 영향을 받는데, 개인이 과거 수행에서 결과로 받은 보상, 타인이 생성해 내는 결과에 대한 관찰, 과제 수행 시 경험한 정서적 각성이나 만족감 등과 같은 신체적 경험 등을 통해 발달한다.

마지막으로, 목표는 특정 행동을 하겠다는 결정이나 혹은 특정한 결과를 도출하고자 하는 개인의 의도로 정의된다(Bandura, 1986). 개인은 목표를 설정함으로써 단기적·장기적으로 자신의 행동을 조직하고, 실행하며, 유지하게 된다. 진로발달 과정, 특히 중고등학생 연령대에서의 목표는 진로포부나 장래희망 등으로 표현될 수 있다. 사회인지진로이론에서는 자기효능감, 결과기대, 목표가 서로 영향을 주고받음을 가정한다. 예를 들어, 자기효능감과 결과기대는 개인이 설정하는 목표와 목표를 추구하는 데 영향을 주는데, 이러한 목표는 또한 도달해 가는 과정에서 자기효능감과 결과기대를 강화하게 된다.

사회인지진로이론에서는 앞서 설명한 개인의 인지적 요인과 더불어 개인의 특성 요인과 개인을 둘러싼 환경 맥락 요인이 강조되는데, 개인의 특성 요인은 정서상태, 성격특질, 신체적 특징(예: 성별, 인종, 건강상태) 등을 포함하고, 환경 맥락 요인은 개인을 둘러싼 다양한 물리적·정서적 요소(예: 원가족의 사회경제적 지위, 문화적 배경)들을 포함한다. 이러한 요인들 간의 관계는 반두라가 제안한 삼원 상호작용 모형을 바탕으로 작동한다고 가정된다. 즉, 개인이 가지고 있는 정서 혹은 성격과 같은 특질과 인구사회학적 변인들(성별, 인종, 사회경제 계층 등)의 영향을 받아 진로특정적인 인지적인 요인들, 즉 자기효능감이나 결과기대가 형성되고, 이러한 개개인마다 독특한 진로특정적·사회인지적인 요인들의 영향으로 서로 다른 진로발달과 진로선택을 한다고 가정한다. 앞으로 살펴볼 진로선택모형, 삶의 만족 모형, 진로자기관리 모형의 개념을 도식화한 그림에서는 일방 관계로 화살표가 사용되었으나, 실제 이론에서는 각 모형에 포함된 변인들이 서로 영향을 주고받으며 변화되는 관계임을 가정한다.

1) 사회인지진로이론의 진로선택 모형

사회인지진로이론의 진로선택 모형(Lent, Brown, & Hackett, 1994)은 진로흥미뿐 아니라 학문적 흥미의 발달과 진로선택을 예측하는 통합적인 모형을 제시한다. 진로선택모형은 사회인지진로이론의 핵심 기제인 자기효능감과 결과 기대를 비롯하여 개인의 특성요인, 환경요인, 이전의 학습 경험, 흥미, 진로포부(목표선택), 행동선택, 수행과 같은 다수의 변인과 이러한 변인들 간의 관계에 대한 예측으로 구성된다. 우선, 자기효능감과 결과기대는 흥미를 예측하는데, 이러한 자기효능감과 결과기대는 이전의 학습 경험에 영향을 받아 형성된다. 이전의 학습 경험이 형성되는 데 있어서 개인의 특성 (예: 성격특질, 정서 상태, 성별, 인종, 신체·건강 상태)과 환경·맥락 요인은 중요한 역할을 한다. 개인의 성격특질은 내향성과 외향성 등과 같이 타고난 선호를 의미하는데, 이러한 성격특질에 따라 선호하는 활동이 달라지게 되며(예: 실내활동, 야외활동, 지적활동, 신체활동, 혼자서 하는 활동, 사람들과 어울려 하는 활동) 이는 학습 경험에 영향을 준다. 개인의 성별 역시 학습 경험에 주요한 영향을 미치는데, 예를 들어 부모들이 자녀의 성별에 따라 어린 시절부터 노출시키는 학습활동의 내용이나 빈도가 달라진다(예: 태권도, 피아노). 이와 유사하게 신체 및 건강 상태 요인 역시 개인이 신체 혹은 지적 활동을 선택하는 데 영향을 주어 이전 학습 경험의 형성에 밀접한 관련을 맺는다. 환경·맥락 요인에는 개인이 속한 가정의 사회·경제적 지위, 부모의 양육태도, 문화, 지역 요인 등이 있다. 가정의 사회경제적 지위는 개인이 어린 시절부터 노출되거나 선택하게 되는 학습활동의 종류에 영향을 주는데, 예를 들어 부모가 미술이나 음악과 같은 분야에 관심을 가지고 있으며 지역 사회에 미술이나 음악과 관련된 풍부한 자원이 있는 경우 아동은 이와 관련된 학습 경험을 하게 될 가능성이 높다. 마찬가지로 부모가 자녀의 외국어 학습에 관심이 많아 어린 시절부터 자녀가 외국어를 배우도록 장려한다던지 외국에서 거주한 경험이 있는 경우 아동은 외국어와 관련된 학습 경험을 하게 될 것이다. 이와 같이 개인의 특성과 관련된 요인과 환경·맥락적 요인은 개인이 성장과정에서 접하고 선택하게 되는 학습의 범위, 종류, 빈도에 중요한 영향을 미치고 이러한 학습경험은 자기효능감과 결과기대의 발달, 흥미의 발달과 밀접한 관련을 맺는다. 흥미는 진로포부와 같은 진로선택에 결정적인 영향을 주고, 이러한 관계는 선택과 관련된 행동 및 실질적인 수행과 성취로 이어진다. 이렇게 흥미는 자기효능감 및 결과기대와 함께 행동의 선택과 수행으로 이어지는 목표를 예측하고, 이러한 일련의 과정은 개인에게 성취감을 경험하게 하거나(목표달성과 성취), 다양한 활동을 시도하면서 성공을 느끼는 것으로 연결될 수 있다. 이와 같은 변인들 간의 인과관계는 순환적으로 작용하는데, 개인이 성취감을 느끼는 경험은 그 영역이나 활동에 대한 학습 경험으로 작용하여 해당 영역에 대한 자기효능감을 높이고, 이어서 그 영역에 대한 흥미를 강화하게 된다.

사회인지진로이론의 진로선택 모형에 기초하여 진로상담자는 내담자들이 그들의 현재 진로를 형성하는 데 도움이 되었던, 특히 흥미의 발달에 영향을 준 학습 경험이나 학습 과정의 중요성 및 의미를 탐색해 볼 수 있도록 도와준다. 구체적으로는 이전의 학습 경험이 어떻게 내담자의 진로계획이나 진로포부에 대한 자기효능감, 결과기대, 흥미 형성으로 연결되었는지를 탐색해 봄으로써 진로발달 과정에 대한 개인의 지각을 높일 수 있다. 또한 진로와 관련된 다양한 경험을 통해 확신이 커질 수도 있지만 장벽을 지각할 수도 있기 때문에 이전의 경험에서 지각한 장벽의 내용을 확인하고 이러한 장벽이 자기효능감, 결과기대, 흥미 형성에 어떠한 영향을 주었는지 검토할 필요가 있다. 진로장벽이 진로결정과 관련된 자기효능감과 흥미에 미치는 영향은 사회인지진로이론의 진로선택 모형을 청소년에게 적용한 다수의 경험적 연구에서 검증되었다. 중고등학생이 경험할 수 있는 진로장벽의 예로는 자기이해의 부족, 자신감의 부족, 성역할 갈등 및 성차별의 경험, 진로선택에 있어서 부모·가족·친구와 같은 중요한 타인과의 갈등, 미래에 대한 불확실성, 경제적 어려움, 진로정보의 부족 등이 있는데, 자기효능감과 결과기대에 영향을 주는 구체적인 진로장벽에 대한 내용을 확인하고 지각한 장벽의 내용을 점검함으로써 이전의 학습 경험을 교정하고 진로포부 및 선택의 폭을 넓힐 수 있다. 이렇게 사회인지진로이론의 진로선택 모형을 진로상담에 적용할 때 중요한 점 중 하나는 내담자로 하여금 현실적이고 긍정적인 기대를 스스로 검토하게 하고 기대에 부응하기 위한 구체적인 목표를 발달시키도록 돕는 것이다.

2) 사회인지진로이론의 삶의 만족 모형

개인이 진로 혹은 직업을 어떻게 선택하고 추구해 나가느냐의 문제는 진로만족도 뿐 아니라 삶의 만족과도 결부되는 중요한 문제라고 볼 수 있다. 사회인지진로이론의 삶의 만족 모형(social cognitive career theory of well-being)은 렌트와 브라운(Lent & Brown, 2006, 2008)이 기존의 사회인지진로이론(Lent et al., 1994)을 안녕감(subjective well-being)에 대한 이론과 통합시킴으로써 개인의 삶의 만족도에 영향을 미치는 내적 요인(예: 개인, 특성 변인, 사회인지 변인)과 환경·맥락 변인 간의 관계를 이론적으로 제시한 이론이다. 이 이론은 개인의 안녕감, 즉 삶에 대한 전반적인 혹은 주관적인 만족이 진로 혹은 직업에 대한 만족과 상호 연관됨을 가정한다. 기존의 사회인지진로이론의 흥미, 선택, 수행 모형과 더불어 삶에 대한 주관적이고 전반적인 평가로 정의되는 삶의 만족(Diener, Suh, Lucas, & Smith, 1999)에 이론적 기초를 두고 있다. 앞서 설명한 바와 같이, 사회인지진로이론은 개인이 유사한 학습 경험을 하더라도 각자 가지고 있는 정서·성격과 같은 특질과 인구사회학적 변인들(성별, 인종, 사회경제 계층 등)의 영향을 받아 사회인지적 기제, 즉 자기효능감이나 결과기대가 형성되고, 이에 따라 다양한 진로특정적·사회인지적인 요인들의 영향으로 서로 다른 진로발달과 진로선택을 한다고 가정한다.

사회인지진로이론을 개인의 주관적인 안녕감과 연결시켜 삶의 만족에 대한 설명으로 확장시킨 사회인지진로이론의 삶의 만족 모형은 영역특수적 만족(예: 학업 만족, 진로 만족, 직업 만족)과 전반적인 삶의 만족이 상호 밀접한 관련을 맺음을 가정한다. 또한 직업 만족과 같은 영역특수적 만족감과 전반적인 삶의 만족, 두 요인에 영향을 주는 개인의 성격·정서적 요인, 인지적 요인(예: 직업 관련 자기효능감, 결과기대), 행동적 요인(예: 목표 수행 행동), 환경적 요인(예: 사회적 지지, 환경적 장벽)을 설정하고 각 요인들 간에 가정된 경로를 제시한다. 구체적으로, 사회인지진로이론의 삶의 만족 모형은 그림 2-2에 나타난 것처럼 전반적인 삶에 대한 만족과 영역특수적 만족인 진로 혹은 직업 만족 모두 개인의 내적 특성인 성격이나 특질적 정서(예: 긍정 정서, 부정 정서, 외향성, 신경증)에 직접적인 영향을 받음을 가정한다. 이와 동시에 개인의 특성이 진로 혹은 직업 관련 업무들을 효과적으로 처리해 낼 수 있는 자신의 능력에 대한 믿음인 자기효능감 및 그러한 일들을 수행해서 얻을 수 있는 다양한 결과들에 대한 기대와, 이러한 자기효능감이나 결과기대를 포함한 진로 관련 개인 내 신념체계에 영향을 미치는 환경적인 요인들의 상호작용을 통해 학업 혹은 진로만족과 전반적인 삶의 만족에 영향을 미친다고 제안한다. 이러한 사회인지진로이론의 삶의 만족 모형을 고등학생에게 적용하면, 고등학생들이 삶의 다양한 사건에서 긍정적인 정서를 경험하게끔 이끄는 성향과 더불어 진로 및 학업 활동에 대한 환경적인 지지를 받을 때, 자신의 학업 수행이나 진로탐색 영역에 대한 효능감이 높아지고, 환경을 긍정적으로 지각하거나 보상에 대한 기대가 생기며, 스스로가 진로와 학업 관련 목표에 도달하고자 하는 행동을 하고, 이로 인해 진로에 대한 만족도가 높아진다고 가정한다. 진로만족도가 높은 고등학생은 전반적인 삶에 대해서도 높은 수준의 만족감을 경험할 것으로 예측한다.

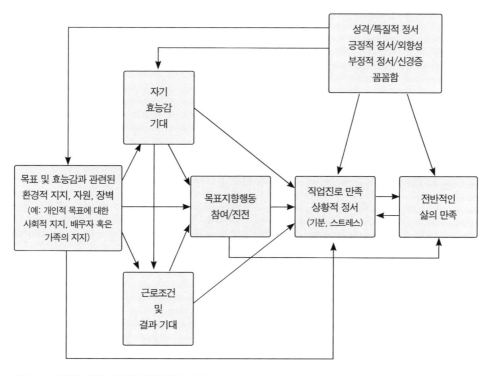

그림 2-2 사회인지진로이론의 삶의 만족 모형

출처: Lent & Brown(2008).

사회인지진로이론의 삶의 만족 모형이 처음 소개된 이후 지속적으로 국내외 여러 나라 및 다양한 인종의 대학생, 직업에 종사하는 성인들을 대상으로 모형의 타당성에 대한 검증이 이루어졌는데, 국내에서도 고등학생 및 대학생의 진로 및 삶의 만족에 대해 타당하게 설명하는 모형으로 지지받고 있다(예: 김수정, 장경아, 이지연, 2016; 장경아, 이지연, 2014; 정미예, 조남근, 2011, 2012). 이러한 결과들은 고등학생들에게 진학이나 진로결정과 관련한 지도 및 상담, 교육프로그램 적용의 필요성을 제안하며, 이러한 개입이 단순히 진로 및 학업 만족의 수준을 높이는 데 그치는 것이 아니라 주관적 안녕감 혹은 삶에 대한 만족의 수준을 높이는 데에도 기여할 수 있다는 것을 내포한다. 국외의 연구와 비교했을 때 국내의 연구 결과에서 두드러지는 점은 환경적 변인, 특히 부모의 지지, 부모와의 정서적 관계가 고등학생의 진로 만족과 삶의 만족에 직·간접적 영향을 모두 준다는 점이다. 이러한 연구 결과들은 우리나라 고등학생을 대상으로 진로상담 및 교육에 대한 개입을 계획하고 실시할 때, 학생이 주어진 학업 환경을 어떻게 지각하고 있는지, 특히 가정 환경에서 경험하는 지지 혹은 장벽의 내용이 어떠한지에 대한 평가의 필요성을 제기한다. 또한 학생을 대상으로 개입할 뿐 아니라 학생들이 좀 더 지지적으로 느낄 수 있게 학교 환경을 변화시키고 학부모에게 진로상담 및 의사소통의 기술을 교육할 필요가 있다.

3) 사회인지진로이론의 진로자기관리 모형

인공지능, 3D 프린팅 기술, 머신러닝 등 새로운 기술을 필두로 하는 4차 산업혁명의 도래로 직업 시장, 즉 일의 세계가 빠르게 변화하는 가운데 개인은 전 생애에 걸쳐 여러 차례 진로탐색과 선택·적응을 반복해야 하는 상황에 처해 있다. 진로 심리 및 상담 분야에서는 이러한 변화에 부응하여 개인이 자신의 진로를 관리해 나가는 데 통합적 이해를 도와줄 수 있는 모형의 필요성이 제기되고 있다. 렌트와 브라운(Lent & Brown, 2013)은 사회인지진로이론의 진로자기관리 모형(social cognitive model of career self-management)을 제안하여 개인이 진로탐색, 진로의사결정, 진로장벽 등 진로 관련 주요 발달과제들을 다루어 나가는 과정에서 마주치는 불확실성 및 위기상황에 대처하는 방법에 대해 설명한다.

사회인지진로이론의 진로자기관리 모형은 진로-직업 탐색 장면에 적용될 수 있는데, 그림 2-3은 청소년기 주요 발달과제인 진로탐색과 진로결정행동에 자기관리 모형을 응용한 예이다. 그림 2-3에서 나타나는 것처럼 자기관리 모형에서 진로탐색과 진로결정행동은 다음과 같은 기제를 통해 나타난다고 가정한다. 즉, 개인이 탐색·결정과 관련된 기술이 있다고 믿고, 이러한 노력을 기울인 데 대한 긍정적인 보상을 기대하며(예: 여러 진로선택지를 탐색하는 것은 만족스러운 진로-직업 선택으로 연결될 것이다), 이러한 행동과 관련된 명확하고 구체적인 계획을 세울 수 있고, 적절한 환경적 지지를 받고(예: 부모·친구의 지지, 학교에서 제공하는 진로교육프로그램), 높은 수준의 근면성, 외향성, 개방성, 정적 정서와 낮은 수준의 신경증, 부정 정서와 같이 적절한 성격 특성을 가지고 있을 때 활발하게 나타날 수 있다. 진로자기관리 모형은 이렇게 진로탐색과 의사결정에 영향을 미치는 다양한 요인을 통합적으로 제시하며 각 요인이 개별적으로 작용하기보다는 서

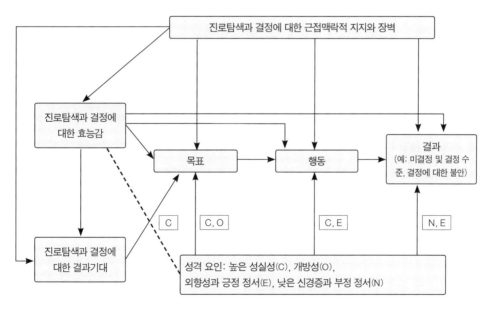

그림 2-3 사회인지진로이론의 진로자기관리 모형: 진로탐색 및 의사결정

출처: Lent & Brown(2013).

로 상호작용을 통해 영향을 준다는 것을 강조한다.

진로자기관리 모형에서는 삶의 만족 모형에 이어 진로발달에 영향을 미치는 주요 기제로 개인의 성격적 측면을 강조하고 있다. 특히 성격 5요인 중 성실성, 개방성, 외향성, 정서안정성(낮은 신경증)과 함께 긍정·부정 정서의 역할을 강조한다. 성격 요인이 진로 과업의 꾸준한 수행과 달성에 영향을 줄 수 있음이 이전의 여러 연구에서 밝혀진 바 있는데, 특히 성실성과 개방성이 목표행동에 영향을 준다고 가정한다(Lent & Brown, 2013). 진로탐색과 진로결정 과정에서 개인의 성격적 측면의 강조는 고등학생들의 성격 특성을 미리 파악하여 진로교육 및 상담의 목표와 방향을 설정하는 것이 필요함을 제안한다. 예를 들어, 성실성 혹은 개방성의 수준이 낮은 학생의 경우 다른 학생에 비해 진로탐색와 의사결정이 어려울 수 있음을 염두에 두어 상담 기간을 설정하고 목표를 설계할 수 있을 것이다. 성실성이 낮은 학생의 경우 장기적 목표 설정이나 무리한 계획을 세우기보다는 단기적이고 구체적인 목표 설정을 도와주고 단계별로 수행 상태를 점검하여 성취감과 효능감을 북돋아 주는 접근이 필요할 수 있다. 또한 개방성이 낮은 내담자의 경우 제한되고 편협한 자기이해와 직업세계의 이해를 점검하여 유연한 태도를 기를 수 있도록 하는 개입이 필요할 것이다.

한편으로, 진로자기관리 모형에서는 앞서 살펴본 진로선택 모형, 삶의만족 모형과 같이 자기효능감, 결과기대와 같은 사회인지 변인의 중요성이 강조되고 있다. 고등학생 시기의 진로결정 자기효능감은 개인의 성격, 환경의 지지에 대한 지각을 매개하여 성공적인 진로탐색과 의사결정에 영향을 미치는 주요한 변인이다. 따라서 진로탐색을 통해 결정에 도달하는 자신의 능력에 확신을 가질 수 있도록 상담과 교육에서 진로결정 자기효능감의 촉진에 초점을 둘 필요가 있다. 앞서 자기효능감의 개념에서 살펴본 바와 같이 효능감은 단순히 과거 경험의 성공 여부에 의해 결정되는 것이 아니라 과거의 학습 경험을 어떻게 해석하고 통합하느냐에 따라서 효능감의 평가가 달라진다. 학생들의 진로와 관련된 과거 행동 및 학습 경험을 해석하는 방식을 점검하여 왜곡된 지각을 교정하고 각 과정에서 긍정적인 자기평가를 할 수 있도록 도와줌으로써 고등학생들의 진로 관련 자기효능감의 수준을 높였을 때, 진로발달 과정에서의 자기관리가 용이하게 될 수 있을 것이다.

4) 사회인지진로이론의 평가

사회인지진로이론은 개인의 진로발달에 대한 구체적이며 통합적인 관점을 제시한다. 이 이론은 진로선택과 탐색, 수행에 영향을 미치는 흥미 이외의 변인, 즉 자기효능감, 신념과 같은 다양한 변인을 제시하는 데 초점을 두었으며, 이를 통해 성별, 문화 외에 여러 개인의 맥락적 다양성이 진로발달에 끼치는 영향을 설명하였다. 초기에 제안된 흥미발달, 탐색, 수행 모형에 더하여 진로-직업 만족과 삶의 만족을 설명하는 모형과 가장 최근의 진로자기관리 모형에 이르기까지, 사회인지진로이론은 변화하는 환경에 발맞추어 개인의 진로발달과 적응을 이해하는 주요한 개념적 틀이 되고 있다.

사회인지진로이론의 각 모형은 국내외 여러 나라의 청소년, 대학생뿐 아니라 성인에게도 적용되어 그 유용성을 검증받고 있다. 앞서 살펴본 바와 같이, 각 모형에서 제시하는 주요 변인과 변인 간 상호작용에 대한 가정은 진로상담과 교육에 있어 살펴보아야 할 영역(예: 환경적 지지, 지각된 장벽의 내용, 자기효능감의 평가, 결과기대, 성격 특질)을 구체적으로 제시하고, 이러한 영역을 측정할 수 있는 척도들이 선행 연구를 통해 축적되어 있기 때문에 실질적인 도움이 되는 유용한 이론이라고 할 수 있다.

3 구성주의 진로이론

21세기의 불확실한 직업 환경은 개인이 자신에 대한 깊은 이해와 높은 신뢰를 가지고 변화하는 직업세계에 자기주도적이고 능동적으로 대처할 것을 요구한다. 이러한 직업세계의 변화에 부응하여 우리나라에서는 2015년 「진로교육법」을 제정·공포하여 미래지향적 진로교육에 중점을 두어야 함을 강조하였다. 미래 인재로서 갖추어야 할 역량, 진로-직업의 의미와 개인의 삶과의 연계성, 직업세계에 대응하는 주도적이고 실천적인 태도는 구성주의 진로상담이론의 특징과 맞닿아 있다. 이 절에서는 구성주의 진로이론에서 제안하는 주요 가정 및 개념을 소개하고자 한다.

구성주의 진로이론(theory of career construction)은 진로상담의 고전적 이론인 수퍼의 생애진로발달이론(Super, 1957)에 기초를 두고 확장한 이론으로 사비카스(Savickas, 2002, 2005)에 의해 제안되었다. 구성주의 진로이론은 계속해서 정교화되고 있는데, 사비카스는 생애설계(life designing)라는 개념을 제안하며 이론의 구성요소와 개입전략을 상세히 기술한 바 있으며(Savickas, 2009, 2012), 진로적응성에 대한 이론을 제시하고 측정방법을 제안하였다(Savickas & Porfeli, 2012).

구성주의 진로이론은 고정된 진리가 있는 것이 아니라 개인이 경험하는 현실, 즉 개인의 구조와 인식이 그들의 진리와 실재를 구성한다는 구성주의 철학에 기반을 둔다. 그러므로 개인이 자신의 진로 관련 행동과 직업적 경험에 의미를 부여하면서 스스로의 진로를 구성해 가는 과정에 초점을 둔다. 구성주의 진로이론은 발달심리적 관점에서 심리사회적 적응의 과정과 개인이 어떻게 진로발달과제, 직업 전환, 직업 관련 외상을 극복하는지 점검한다. 그리고 내러티브 관점에서 어떤 생애 주제가 진로행동과 관련한 의미가 되는지에 대한 역동을 탐색하는데, 이 관점에서는 개인의 진로발달을 개인 내적 구조의 성숙보다는 환경에 대한 적응 과정을 통해 이루어지는 것이라고 본다. 즉, 개인이 자신이 속한 환경과 사회의 요구에 부응하는 과정으로서의 진로발달을 강조한다. 성별이나 문화에 따른 사회화와 그 사회화 과정에서 요구되는 다양한 역할에 개인이 어떻게 적응하느냐에 의해 개인의 삶이 구성된다는 것이다. 이와 같이 직업과 진로가 개인의 핵심적인 생애 역할이 된다고 제안하지만 동시에 개인이 환경을 만들어 가며 발달의 주체로 역할한다는 점을 강조한다. 구성주의 진로이론은 개인의 스스로에 대한 신뢰, 통제, 능력이 적응적인 진로발달을 이루어 낸다고 주장한다. 구성주의 진로이론은 16가지 가정을 통해 보다 구체적으로 개인의 진로발달에 대해 서술한다. 그 16가지 가정은 다음과 같다(Savickas, 2002, 2005).

- 사회는 사회적 역할을 통해 개인의 삶의 과정을 구성한다. 개인은 사회화 과정을 통해 핵심적·주변적 역할을 구성한다. 일·가족과 같은 핵심 역할들의 균형

은 안정감을 촉진한다.

- 직업은 개인에게 핵심적인 역할을 부여하고 성격 구조의 중심이 된다. 그러나 모든 개인에게 해당되는 것은 아니며 그런 경우 학생, 부모, 여가인, 시민 등과 같은 역할이 중심이 될 수 있다.
- 개인의 진로 유형(직업의 지위, 직업의 순서, 직업의 지속 기간, 이직의 빈도 등)은 개인의 능력, 성격, 자아개념, 진로적응성 및 부모의 사회경제적 지위 및 교육 수준에 달려 있다.
- 개인의 능력, 성격 특질, 자아개념과 같은 직업 관련 특성은 개인차가 존재한다.
- 각 직업이 요구하는 직업적 특성도 다르다.
- 개개인은 여러 다양한 직업에 적절한 자질을 가지고 있다.
- 직업적 성공은 개인의 탁월한 직업 특성이 일에서 주어지는 역할과 얼마나 일치하느냐에 달려 있다.
- 개인의 만족감 정도는 직업적 자아개념이 실현되는 정도에 비례한다.
- 진로의 구성 과정은 직업적 자아개념의 발달 및 실현의 과정이다. 자아개념은 개인의 적성과 신체적 극복, 다양한 역할을 경험해 볼 수 있는 기회, 그리고 역할의 실행에서 수퍼바이저나 동료의 평가 등이 상호작용하여 발달한다.
- 직업적 자아개념은 청소년기 후기부터 안정적인 변인이지만, 선택과 적응의 과정에서 자아개념과 직업선호는 변할 수 있는 여지가 크다.
- 진로발달은 성장, 탐색, 확립, 유지, 쇠퇴의 과정을 대순환한다.
- 성장, 탐색, 확립, 유지, 쇠퇴의 과정은 소순환하기도 하는데, 개인이 진로의 한 단계에서 다음 단계로 전환할 때와 개인이 개인적 사건(예: 질병, 부상, 해고)이나 사회경제적 사건에 의해 불안정해질 때 이러한 소순환이 일어난다.
- 진로성숙도란 심리사회적 개념으로, 사회에서 부과하는 연령대에 걸맞는 진로 관련 발달과업의 수행 정도로 정의할 수 있다.
- 진로적응성 역시 심리사회적 개념으로, 개인이 진로발달과업을 수행할 수 있는 준비도와 자원을 의미한다. 진로적응성은 태도, 신념, 능력의 조합으로, 진로에 대한 걱정, 통제, 호기심, 확신의 발달을 통해 증가될 수 있다.

- 진로구성은 진로발달과업에 의해 시작되고 발달과업에 대한 반응으로 생성된다.
- 진로구성은 진로발달과제를 설명하는 대화, 적응력을 강화시키는 훈련, 직업적 자아개념을 타당화하고 명료화할 수 있는 활동을 통해 촉진된다.

구성주의 진로상담에서 제시하는 개인의 진로발달에 대한 이러한 가정은 생애진로발달의 관점을 취하며, 개인이 진로 행동과 직업적 경험을 자아개념으로 연결하는 과정을 설명한다(Savickas, 1997, 2002, 2005). 이 이론에서 성공적인 진로발달이란 적응적 태도를 가지고 개인의 욕구와 사회적 기대를 자기개념에 성공적으로 통합해 가는 지속적인 과정이라고 할 수 있다. 구성주의 진로이론에서 제시하는 적응의 과정은 진로준비도, 진로적응성, 진로적응반응, 적응 결과의 순으로 설명이 되며, 이 과정에서의 영향을 주는 흥미, 성격과 같은 개인차 변인에 집중한다. 즉, 개인이 진로와 관련된 문제나 과제를 다루고자 하는 의지(진로준비도)와 능력(진로적응성)이 다르고, 이러한 차이는 변화하는 환경이나 상황에 대처하는 방식(진로적응반응)에 영향을 주어 결국에는 적응의 결과에 영향을 주게 된다고 가정한다(그림 2-4). 또한, 구성주의 진로이론에서 채택하는 내러티브 관점은 개인의 진로, 일과 관련된 경험이 구성 혹은 재구성되는 과정을 통해 의미를 찾고, 생애주제와 연결되는 역동적인 과정에 관심을 둔다.

1) 주요 개념

(1) 직업적 성격

구성주의 진로이론은 직업적 성격(vocational personality)을 개인의 진로와 관련된 능력, 요구, 가치, 흥미의 결합으로 정의한다. 진로구성주의의 관점은 홀랜드의 RIASEC 유형의 개념을 차용하여 개인의 성격을 논의하지만 RIASEC 성격 또는 흥미 유형을 내담자가 가진 흥미, 기술, 능력을 표현하는 어휘로서 사용하는 것이지 개인의 특질적인, 즉 잘 변하지 않는 본질이라고 간주하지 않는다. 구성주의 진로상담에서도 홀랜드 유형으로 나타나는 표준화된 진로흥미검사를 사용하지만, 그 결과로 나타난 성격 유형이 미래를 예측하는, 즉 직업 환경이 가진 성격과 적절하게 매치되었을 때 진로의 성공을 예측하는, 변하지 않는 개인의 안정적인 '진짜' 특성이라고 간주하지는 않는다. 그보다는 개인이 현재 지니고 있는 가능성을 제안하는 역동적인 과정으로 간주한다. 진로구성주의에서 흥미는 사회적으로 구성된 의미를 반영하고 개개인의 서로 다른 특성을 드러내 주는 상대적인 현상이며, 개인이 직업을 선택할 때 고려하는 여러 다른 요인 중 하나일 뿐이다. 진로와 관련된 개인의 특성이 서로 다르고 개인의 특성에 맞는 진로를 선택할 수 있도록 내담자를 돕는 과정이 진로상담의 과정이라는 점은 동일하지만, 진로구성주의는 개인차에 맞는 진로선택지들을 찾아가는 과정에서 구별된다. 진로구성주의에서는 진로적응성이라는 개념으로 개인이 사회 환경에 성격을 조절하고 확장하는 과정을 설명한다.

(2) 진로적응성

진로구성주의는 발달이 환경에 대한 적응과 통합의 과정을 통해 이루어진다고 개념화한다. 이러한 관점에서 직업은 개인을 사회와 통합하는 장치이다. 진로적응성(career adaptability)은 일이 자신에게 맞도록 개인이 스스로를 일에 맞추어 가는 과정에 적용하는 태도, 능력, 행동을 포함한다. 이러한 적응은 내적 요구와 외적 기회 간의 조화를 가져오며, 과거 경험과 미래의 포부를 연결한다. 적응은 진로발달과제의 숙달, 일 관련 트라우마의 극복, 직업 전환에의 적응과 같은 직업적 변화에의 적응과 관련된다. 진로구성주의는 변화에 대한 적응이 성장, 탐색, 확립, 유지, 쇠퇴의 단계를 통해 이루어진다고 가정한다.

진로적응성은 개인이 진로와 관련하여 현재 당면하거나 예상하는 진로발달과업, 직업의 전환, 마음의 상처 등의 문제를 수행해 나가고 이를 극복하는 데 필요한 개인의 준비도와 자원을 의미하는 심리적 구인이다. 적응성의 준비도 및 자원의 차원은 개인이 사회와 접촉하고 사회가 부과하는 과제들을 처리하기 위해 스스로의 진로 관련 행동을 조절하는 데 필요한 능력이며, 자신을 환경으로 확장해 나가는 과정에서 형성되는 것이기도 하다. 진로적응성은 개인이 자신의 자아개념을 직업적 역할을 통해 실현하는 것이고, 그것이 바로 자신의 진로를 새롭게 만드는 과정이 되기도 한다.

진로구성주의는 심리사회적 적응성의 네 가지 차원으로 관심(concern), 통제(control), 호기심(control), 자신감(confidence)을 강조한다. 진로적응성이 높은 개인은 자신의 직업적 미래에 관심을 가지고 있고, 자신의 미래에 대한 통제 수준을 높이고자 하고, 가능한 자신의 모습과 미래의 사건들에 대해 호기심을 가지고 탐색하며, 자신의 포부를 추구하며 자신감을 키워 나가는 특성을 갖는다. 이러한 진로적응성을 구성하는 요소로 태도(attitudes), 신념(beliefs), 역량(competencies)이 제시되는데 이러한 일련의 태도, 신념, 역량의 양식이 발달과업 성취, 직업 전환 수행, 마음의 상처 극복에 대한 대처행동을 조절하여 직업적 자기개념이 직업적 역할과 통합되게 한다.

개인의 진로발달 과정에서 긍정적인 역할을 주도하는 진로적응성에 대한 진로구성주의 학자들의 노력으로 인해 진로적응성의 개념이 확장되고 있다. 최근 루돌프, 라비니, 자커(Rudolph, Lavigne, & Zacher, 2017)는 적응의 진로구성 모형에 기초한 이론에서 개인이 변화하는 환경에서 스스로 의미와 가치를 추구하는 존재라고 제안했다. 즉, 성격, 자존감, 낙관성과 같은 다양한 개인 내적 변인들이 자신에 대한 관점과 직업

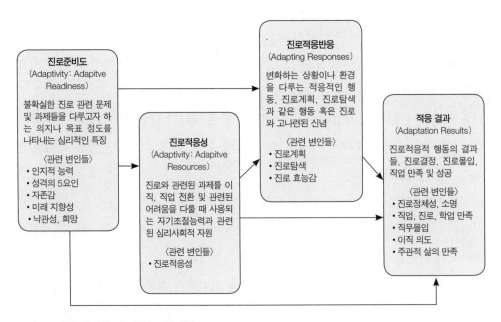

그림 2-4 적응에 대한 진로구성 모형 이론
출처: Rudolph, Lavigne, & Zacher(2017).

에 대한 이해를 형성하고 다양한 진로 관련 과제들에 잘 대처해 나가게 하는 자원인 진로적응성을 발달시키는 데 영향을 준다고 제안한다. 또한 이러한 진로적응성이 진로탐색, 계획, 실행 등 일련의 적응 행동과 그로 인한 진로 및 직업 만족, 스트레스 등의 다양한 적응 관련 결과들을 야기한다고 가정한다. 진로적응성에 대한 이론에서는 그림 2-4에 나타나는 바와 같이, 진로적응성에 선행하는 다양한 개인 내 특질 변인은 진로준비도로 명명하고, 진로계획, 진로탐색과 같은 적응적 행동들은 진로적응반응으로, 진로 및 학업 만족, 진로정체성 등을 적응 결과로 명명하여, 진로준비도, 진로적응성, 진로적응반응, 적응 결과 간의 관계를 가정하는 이론적 모형을 제안하였다.

(3) 생애주제

개인의 진로와 관련된 능력, 요구, 가치, 흥미의 결합으로 이루어진 성격의 자기 구조화와 환경에의 자기 확장은 개인이 주체적으로 구성하는 이야기를 만들어 낸다. 진로와 진로구성의 역동에 있어서 본질적 의미는 당면한 발달과제를 수행하고, 직업 전환에 적응하며, 마음의 상처를 해결하는 과정에서 드러난다. RIASEC 성격 유형이나 진로적응성의 차원과는 다르게, 진로이야기는 개개인의 시간, 공간, 역할 속에서 고유하게 구성된다. 직업적 선호를 표현하는 과정에서 개인은 자신이 어떤 사람이라고 생각하는지를 진로 관련 용어를 사용해 나타낸다. 특정 직업에 들어감으로써 자신의 자아개념을 구현하고자 노력하고, 그 직업에서 안정을 찾은 후에 자신의 잠재력을 실현하고 자기존중감을 유지하려고 한다. 각 개인은 저마다의 생애주제(life themes)를 가지고 있고, 고유한 생애주제를 활용하여 의미 있는 선택을 하고 직업인으로서의 역할에 적응해 나간다. 이러한 생애주제가 담긴 개인의 진로 관련 경험담을 진로이야기(career stories)라고 하는데, 진로이야기는 단순히 과거의 경험을 요약한 내용이 아니라 의미와 목적이 담긴 장기간의 추구와 결합된다.

이러한 이야기들은 개인을 구성하는데, 자신이 무엇을 좋아하고 어떤 사람인지를 묘사할 때 존재하게 된다. 이러한 관점에서 직업적 선호를 통해 자기개념이 표출된다. 따라서 직업을 갖는 것은 자기개념을 실행하는 것이며, 일은 개인의 생애와 발달에 중요한 환경, 즉 장소와 맥락을 제공한다.

2) 구성주의 진로상담의 적용

구성주의 진로이론은 진로상담과 교육에 적용 가능한 여러 가지 기법을 제안한다. 그중 대표적으로 사용되는 상담전략은 인터뷰를 통한 내담자 내러티브의 이해 혹은 스토리텔링이다. 앞서 설명한 바와 같이 구성주의 진로상담자들은 인간의 경험을 통해 자신의 진로를 창조해 나가는 과정에 주목하는데, 일련의 질문을 내담자에게 던져서 내담자가 자신의 진로이야기를 끌어내게 한다. 진로유형면접(career style interview)이 주로 활용되는 방법인데, 이를 통해 내담자의 생애주제를 끌어낸다. 더불어 내담자의 직업적 성격과 그동안 사용해 온 적응적인 전략들을 파악하게 된다. 상담자가 준비한 일련의 인터뷰 질문에 대답하는 과정을 통해 내담자는 자신만의 고유한 진로이야기를 만들어 나가게 된다. 이러한 인터뷰 과정에서 상담자는 내담자의 내러티브를 강화하고 발견한 생애주제들을 내담자의 현재의 호소문제 혹은 선택과 연결지을 수 있게 도와준다. 상담자는 대안적인 선택과 각각의 대안이 내담자의 이야기를 어떤 식으로 적응적으로 만들 수 있을지에 대해 이야기하며 내담자의 이야기가 적응성을 높이는 방향으로 재구성될 수 있도록 돕는다. 이러한 이야기 과정을 통해 내담자의 자기개념이 명확해

표 2-2 진로유형면접 영역

영역	설명
역할모델(role models)	내담자의 이상적 자아를 알아볼 수 있는 질문으로 역할모델 자체보다는 어떤 점을 존경했는지에 초점이 있다.
잡지, TV 프로그램(magazines/TV shows)	내담자의 생활양식에 맞는 환경에 대한 정보를 알아볼 수 있다.
책, 영화(favorite books/movies)	내담자와 동일한 문제에 당면한 주인공을 드러내고 주인공이 문제를 다루는 과정에 대해 이야기해 볼 수 있다.
여가, 취미(leisure/hobbies)	내담자의 자기표현을 다루고 겉으로 드러나는 흥미가 무엇인지를 파악하는 데 도움이 된다.
명언(favorite saying)	내담자의 생애 이야기에 제목을 제공한다.
교과목(school subjects)	내담자의 선호 직무 혹은 근로 환경이 드러날 수 있다.
초기 기억(early recollections)	내담자가 몰두하여 노력을 기울인 경험을 알아보고 어떤 영역인지에 대해 추적할 수 있다.

질 수 있는데, 상담자는 내담자가 이야기를 통해 발견한 시사점을 이해할 수 있도록 돕는다. 진로유형면접은 일종의 구조화된 면접법으로 표 2-2와 같이 내담자의 역할모델, 선호하는 잡지 및 TV 프로그램, 책·영화, 여가와 취미, 명언, 교과목, 초기 기억의 7가지 영역에 대한 내담자의 고유한 이야기를 탐색한다.

진로유형면접은 내담자의 진로준비도를 파악하고 목표 설정을 돕는 개관 질문과 더불어 7개의 질문으로 구성되는데, 사용 가능한 구체적인 질문은 다음과 같다.

진로유형면접 질문지

개관 질문 제가 혹은 이 인터뷰가 당신의 진로를 구성하는 과정에서 어떻게 하면 좀 더 도움이 될 수 있을까요?

① 당신이 자라면서 존경했던 사람은 누구인가요? 어떤 사람의 삶을 따라 살면 좋을 거라고 생각하나요? 당신에게 있어서 역할모델이 될 수 있는 사람 혹은 당신의 영웅 세 명을 알려 주세요.
   - 그 사람들의 어떤 점을 존경하나요?
   - 그 사람들은 당신과 어떤 점에서 닮았나요?
   - 당신은 그 사람들과 어떻게 다른가요?
② 어떤 잡지를 주로 (정기적으로) 읽나요? 그 잡지의 어떤 점을 좋아하나요? 어떤 TV 프로그램을 좋아하나요? 왜 그런가요?
③ 당신이 가장 좋아하는 영화나 책에 대해서 말해 주세요.
④ 당신은 여가 시간에 무엇을 하나요? 취미가 무엇인가요? 이런 활동의 어떤 점을 좋아하나요?
⑤ 당신이 좋아하는 격언이나 속담이 있나요? 당신이 기억하는 격언이나 속담을 말해 주세요.
⑥ 중고등학교 시절 당신이 좋아한 과목은 무엇인가요? 왜 좋아했나요? 어떤 과목을 싫어했고, 왜 싫어했나요?
⑦ 당신이 기억하는 가장 오래된 초기 기억은 무엇인가요? 네 살에서 일곱 살 사이에 일어난 일들 중에 기억하는 것 세 가지를 말해 주세요.

내러티브 진로상담은 "개인이 인생의 주제를 분명히 하고 목표를 향해 나아가기 위한 다음 단계에 대해 이야기함으로써 개인이 가지고 있는 개성을 정체성으로 발전시켜 진로미결정의 문제를 해결하고 주저함을 극복하도록 돕는 상담"(Savickas, 1995)이다. 지속적으로 변화하는 직업세계에서 자신에 대한 혹은 진로와 관련된 확고한 정체성 없이 진로미결정과 혼란을 경험하고 있는 고등학생들은 이러한 내러티브 방식을 통해 자신의 삶을 관통하는 주제들을 발견하게 되고, 이를 통해 정체성을 새롭게 구성하며 발달시키게 된다. 이러한 과정에서 직업적 역할의 선택 및 진로의사결정의 토대를 마련할 수 있다.

요약

진로이론은 진로상담을 운영하는 데 체계적이고 효과적인 틀을 제공해 준다. 이 장에서는 고등학생의 진로상담 및 지도에 가장 적절하다고 판단되는 세 가지 이론, 즉 홀랜드의 성격이론, 렌트 등의 사회인지진로이론, 사비카스의 구성주의 진로이론을 설명하였다. 홀랜드의 성격이론 혹은 직업흥미이론은 진로탐색을 시작하는 고등학생들이 자신의 진로흥미 영역을 구체적으로 탐색할 수 있도록 도와줄 수 있다는 점에서 진로상담이나 교육의 초기에 유용하게 사용될 수 있다는 장점이 있다. 사회인지진로이론의 경우 초기에 제시된 흥미발달, 탐색, 수행의 과정을 설명하는 통합적 모형에 더하여 진로 및 학업의 만족과 삶의 만족을 설명하는 모형과 진로자기관리 모형을 제시한다. 이러한 모형은 흥미나 성격과 같은 개인적 요인뿐 아니라 자기효능감, 결과기대, 목표추구행동을 포함하는 인지·행동적 특성과 다양한 환경·맥락적 요인을 고려하여 진로발달과 적응의 과정을 체계적이고 통합적으로 설명하기 때문에 진로상담과 교육에서 살펴보아야 할 영역을 구체적으로 제시한다. 구성주의 진로이론은 급격히 변화하는 직업환경에서 자기주도적이고 능동적으로 대처할 수 있는 진로적응성의 개념적 틀과 구체적인 측정방법을 제안한다. 또한 진로구성주의에 기반한 상담은 개인이 자신만의 생애주제가 담긴 진로이야기를 통해 자기이해를 확충하고 정체성을 확고히 하는 방안을 제시한다. 이러한 진로적응성 및 개인의 개성·정체성에 대한 고찰은 고등학생이 급변하는 환경에 부응하여 능동적으로 진로발달을 이루어 내는 데 도움을 줄 수 있는 진로상담의 가이드라인을 제공한다.

생각해 볼 문제

1. 이 장에서 검토한 각 진로이론에서 강조하는 고등학생의 진로발달과 관련하여 진로상담에서 다루어야 하는 핵심 내용에 대하여 토론해 본다.

2. 이 장에서 검토한 진로이론들을 토대로 산업구조와 직업 환경이 급변하는 시대에 고등학생들의 적응적인 진로발달을 도와주기에 적절한 개입방법이 무엇인지 토론해 본다.

참고문헌

김수정, 장경아, 이지연(2016). 고등학생의 진로변인과 삶의 만족에 관한 다집단 연구: 성별, 고교유형 별 차이 탐색. 진로교육연구, 29(3), 119-139.

장경아, 이지연(2014). 한국 고등학생의 진로변인과 삶의 만족간 구조모형 검증: 통합 사회인지 진로모 형의 적용. 한국심리학회지: 상담 및 심리치료, 26(4), 1023-1046.

정미예, 조남근(2011). 사회인지진로이론적 관점에서 본 대학생의 진로만족 모형. 청소년학연구, 18(10), 295-316.

정미예, 조남근(2012). 사회인지진로이론을 적용한 대학생의 주관적 안녕 예측모형. 상담학연구, 13(2), 401-415.

Bandura, A. (1986). The explanatory and predictive scope of self-efficacy theory. *Journal of Social and Clinical Psychology, 4*(3), 359-373.

Campbell, D. P., Hyne, S. A., & Nilsen, D. L. (1992). *Manual for the Campbell interest and skill survey: CISS*. National Computer Systems.

Diener, E., Suh, E. M., Lucas, R. E., & Smith, H. L. (1999). Subjective well-being: Three decades of progress. *Psychological Bulletin, 125*(2), 276.

Harmon, L. W., DeWitt, D. W., Campbell, D. P., & Hansen, J. I. C. (1994). *Strong interest inventory: Applications and technical guide: form T317 of the Strong vocational interest blanks*. Stanford University Press.

Holland, J. L. (1985). *Vocational preference inventory*. Consulting Psychologists Press.

Holland, J. L. (1997). *Making vocational choices: A theory of vocational personalities and work environments*. Psychological Assessment Resources.

Holland, J. L., Powell, A. B., & Fritzsche, B. A. (1994). *The self-directed search (SDS)*. Odessa, FL: Psychological Assessment Resources.

Lent, R. W., Brown, S. D., & Hackett, G. (1994). Toward a unifying social cognitive theory of career and academic interest, choice, and performance. *Journal of Vocational Behavior, 45*(1), 79-122.

Lent, R. W., Brown, S. D., & Hackett, G. (2002). Social cognitive career theory. *Career Choice and Development, 4*, 255-311.

Lent, R. W., & Brown, S. D. (2006). Integrating person and situation perspectives on work satisfaction: A social-cognitive view. *Journal of Vocational Behavior, 69*(2), 236-247.

Lent, R. W., & Brown, S. D. (2008). Social cognitive career theory and subjective well-being in the context of work. *Journal of Career Assessment, 16*(1), 6-21.

Lent, R. W., & Brown, S. D. (2013). Social cognitive model of career self-management: Toward a unifying view of adaptive career behavior across the life span. *Journal of Counseling Psychology, 60*(4), 557.

Luzzo, D. A. (1993). Value of career-decision-making self-efficacy in predicting career-decision-making attitudes and skills. *Journal of Counseling Psychology, 40*(2), 194.

Rounds, J., Su, R., Lewis, P., & Rivkin, D. (2010). O*NET® Interest Profiler short form: Psychometric characteristics. National Center for O*NET Development, Raleigh, NC. http://www.onetcenter.org/reports/IPSF_Psychometric.html

Rounds, J., Mazzeo, S. E., Smith, T. J., Hubert, L., Lewis, P. & Rivkin, D. (1999). O*NET® computerized Interest Profiler: Reliability, validity, and comparability. National Center for O*NET Development, Raleigh, NC. http://www.onetcenter.org/reports/CIP_RVC.html

Rounds, J., Walker, C. M., Day, S. X., Hubert, L., Lewis, P. & Rivkin, D. (1999). O*NET® Interest Profiler: Reliability, validity, and self-scoring. National Center for O*NET Development, Raleigh, NC. http://www.onetcenter.org/reports/IP_RVS.html

Rudolph, C. W., Lavigne, K. N., & Zacher, H. (2017). Career adaptability: A meta-analysis of relationships with measures of adaptivity, adapting responses, and adaptation results. *Journal of Vocational Behavior, 98*, 17-34.

U.S. Department of Labor. (2000). O*NETTM Interest Profiler user's guide. Retrieved from http://online.onetcenter.org

Savickas, M. L. (1995). Current theoretical issues in vocational psychology: Convergence, divergence, and schism. In W. B. Walsh & S. H. Osipow (Eds.), *Handbook of vocational psychology* (2nd ed., pp. 1-34). Mahwah, NJ: Erlbaum.

Savickas, M. L. (1997). "Constructivist career counseling: Models and methods", *Advance in Personal Construct Psychology, 4*(1): 149-182.

Savickas, M. L. (2002). "Career construction: A developmental theory of vocational behavior", In D. Brown & Associates (Eds.), *Career choice and development, 4*: 149-205, San Francisco, CA: Jossey-Bass.

Savickas, M. L. (2005). "The theory and practice of career construction", In S. Brown & R. W. Lent (Eds.), "*Career development and counseling: Putting theory and research to work*, New York, NY: Wiley.

Savickas, M. L. (2006). "Career Counseling", [DVD](Series II), Specific treatments for specific populations, Washington, DC: American Psychological Association.

Savickas, M. L.(2009). "Career style counseling", In T.J. Sweeney(Ed.), *Adlerian counseling and psychotherapy: a Practitioner approach, 5*: 183-207, New York, NY: Routledge.

Savikas, M. L. (2012). Life design: A paradigm for career intervention in the 21st centruy. *Journal of Counsleing and Development, 90*(1), 13-19.

Savickas, M. L., & Porfeli, E. J. (2012). Career Adapt-Abilities Scale: Construction, reliability, and measurement equivalence across 13 countries. *Journal of Vocational Behavior, 80*(3), 661-673.

3장

고등학생 진로의사결정

안진아

학습목표

1) 일반적인 진로의사결정 단계를 살펴본다.

2) 고등학생 시기 진로의사결정 진로 고민 및 지도 개입 방안을 살펴본다.

3) 진로의사결정 유형과 유형별 지도 개입 방안을 살펴본다.

4) 진로미결정에 대한 지도 개입 방안을 살펴본다.

선택과 결정은 일생에 걸쳐 수없이 반복된다. 특히 고등학생은 자신이 앞으로 입문하게 될 특정 분야를 좁히고, 좁힌 대안들 가운데 최선의 대안 하나를 선택한다는 점에서 진로의사결정이 보다 더 중요하게 부각되는 시기이다. 중대한 의사결정일수록 의사결정 과정과 내용이 어떠한가를 떠나서, 의사결정을 '잘'하였는가에 대한 심적 부담과 중압감이 커질 수밖에 없다. 이에 선뜻 대안을 좁히지 못하거나, 선택 자체를 보류하거나, 이미 선택한 사항에 대해 다시 고민하는 등 잘해야 한다고 생각하는 의사결정일수록 잘하기가 어렵다. 또한, 의사결정을 잘해야 한다는 부담감은 최종적으로 무엇을 선택하였는가에 해당하는 결과에만 초점을 기울이게 하여, 일련의 결정 과정이 어떠하였는가는 간과하기 쉽다. 그러나 진로의사결정은 절대적으로 완벽한 단 하나의 정답이 있는 과제라기보다는 나라는 사람을 계속 알아가면서 나를 점점 완성해 나가는 진행형 과제라고 보는 것이 타당하다.

1 고등학생 진로의사결정의 의미

고등학생은 진로와 관련된 다양한 선택 및 결정의 과정에 놓이게 된다. 2016년 통계에 따르면 13세에서 19세 청소년들 가운데 대학 이상의 교육을 원하는 주된 목적 1, 2위가 좋은 직업을 갖기 위함(54%)과 자신의 능력·소질 개발(38.6%)로 나타났다(헤럴드경제, 2017.04.18.). 즉, 본인의 적성 및 역량을 계발하여 만족스러운 직업을 갖고자 함이 청소년들이 기대하는 교육목적임을 시사하는바, 진로의사결정은 그만큼 고등학생들에게 중요한 발달과업이다. 진로결정이란 "개인이 자신의 생애 내 특정한 선택을 해야 하는 시점에서 결정 과정에 초점을 두고, 특정 직업에 입문하려는 의도의 표현"으로 정의할 수 있다(Crites, 1973). 인간은 전 생애에 걸쳐 선택·결정 과제에 지속적으로 당면한다. 때문에 고등학생이라는 생애 초기 시점에서 자신의 진로에 대한 의사결정을 어떻게 내렸는가는 앞으로 계속될 의사결정 과제에도 중요한 의미를 가질 수 있다.

이 중요성을 고려하여 의사결정의 효과를 극대화하기 위해 기존 연구에서는 의사결정 단계를 체계화하여 제시하고 있다. 보편적으로 의사결정이란 '일정 목표를 정하고, 이를 달성하기 위한 일련의 대안 및 방안들을 모색하고, 가능한 대안들 가운데 가장 만족스럽고 타당하고 실행 가능한 대안을 선택하는 과정'(지용근, 김옥희, 양종국, 2005)으로 그림 3-1의 순서로 이어진다. 즉, 목표 설정, 대안 모색, 대안 비교 및 검토, 대안 선택, 선택한 대안의 수행으로 이어지는 일련의 과정이며, 진로진학상담교사는 이러한 진로의사결정을 도모하는 촉진자의 역할을 하게 된다.

그러나 진로의사결정은 일상생활에서 하게 되는 단순한 의사결정과 다른 점이 있다. 먼저 고등학생이 하는 진로의사결정은 의사결정의 전체 과정이 한 번에 이루어지기보다는 특정 단계 사이에 상당한 시간 간격이 존재할 수 있다(방혜진, 2016). 특히 고교생의 경우 진로를 선택하였다 하더라도, 이러한 진로대안 선택과 선택한 대안의 행동화 사이에 오랜 시간의 간격이 발생한다. 따라서 실제로 직업세계로 이행하기 전까지의 유보 기간 동안 대안 선택의 수정 및 변경이 수시로 일어나거나, 선택한 대안에 대한 예기치 못한 장벽이 발생하여 결정 번복이 불가피해지기도 한다. 예를 들어, 한 고

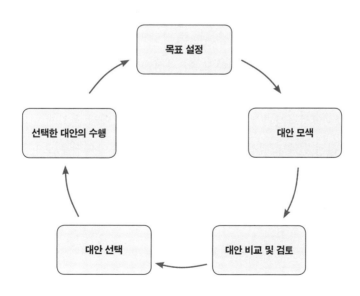

그림 3-1 진로의사결정의 일반적 과정

등학생이 자신의 흥미·적성을 점검하고, 다양한 정보를 탐색하고, 실제 의사라는 직업 군에 대한 인터뷰와 직업체험을 통해 내과의사로 목표를 정하였다고 가정하자. 그러나 실제로 의사면허를 취득하여 의사라는 직업을 수행하기까지에는 상당한 시간 간격이 존재한다. 이 시간 간격 내에 여러 현실적 요인 및 상황적 변화로 인해 의사라는 직업결 정 자체를 번복하거나 정정하거나 중단하게 되는 경우들도 있다. 이 학생은 우연히 의 학정보를 일반인에게 쉽게 풀어서 전달하는 의학전문기자라는 새로운 직업군을 알게 된 후 이 직업에 더 흥미를 느껴 진로를 정정할 수 있다. 혹은 예기치 못한 집안사정으 로 학업에 대한 경제적 지원이 어려워져서 의사결정 수정이 불가피한 경우 또한 생길 수 있다.

이에 진로의사결정을 '진로선택을 했다·안 했다'의 사건 유무로 보기보다는 다양 한 요인들이 역동적으로 작용하며 끊임없이 계속되는 '진행형 과정(on-going process)' 으로 보는 관점이 대두되고 있다(Dik & Duffy, 2009). 다시 말해, 진로의사결정이란 '결 정을 했다·안했다'가 아닌, '이 결정에 얼마나 확신이 있는가?'라는 확신 수준 혹은 '이 결정으로 얼마나 기울어져 있는가?'라는 결정 수준으로 보아야 한다는 관점이 제시되 기도 하였다(김봉환, 1997). 학령기 학생들은 이미 특정한 대안을 선택했다 하더라도 행 동화 과정까지 시간 간격이 있으므로 학생들이 진로의사결정이라는 과업에 대해 유연 한 시각을 가지도록 안내할 필요가 있다. 즉 진로의사결정은 장기간에 걸쳐 계속 진행 되는 진행형 과정으로 보도록 안내하고, 이 과정에 대한 관심과 관여를 지속하도록 독 려할 필요가 있겠다.

이 장에서는 의사결정과 관련하여 고등학생들 사이에서 흔하게 나타나는 주요 고 민을 진로의사결정 단계별(결정 이전 단계, 결정 단계, 결정 이후 단계)로 나눠 개입 방안을 살펴볼 것이다. 또한 진로의사결정 유형별 개입 방안을 살펴보고, 고등학생 시기 진로 미결정에 대해 진로진학상담교사의 지도 방안을 논의할 것이다.

진로의사결정 단계

진로의사결정을 계속되는 진행형 과제(process-oriented approach)로 보는 관점에서는 의사결정 단계를 크게 3단계로 분류한다. 질레니(Zeleny, 1982)는 크게 결정 이전 단계, (잠정적) 결정 단계, 결정 이후 단계를 연속적으로 거치며 진로결정이 이뤄진다고 보았다. 또한 의사결정자가 구체적으로 어떤 단계에 있는가에 따라 각 단계별 주요 과제들이 달라질 수 있다고 하였다. 따라서 교사는 현재 만나는 학생이 이 연속선상의 어디에 위치했는지를 먼저 살펴보고, 각 단계별 상담전략에 따라 진로상담을 진행해야 한다.

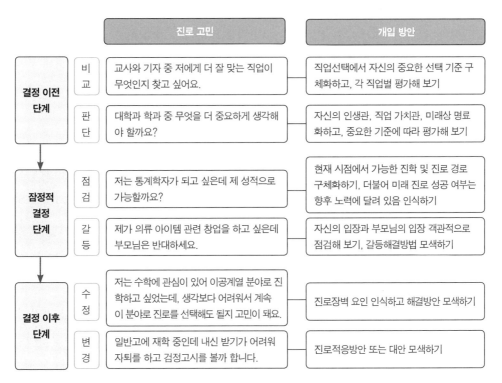

그림 3-2 의사결정 단계별 진로 고민 및 개입 방안

먼저, 결정 이전까지는 다양한 진로대안을 비교하고 평가하는 작업이 주를 이룬다. 잠정적 결정을 하는 단계에서는 최종 대안들을 마지막으로 점검하고, 수렴하게 된다. 의사결정을 한 이후에도 결정사항에 대한 수정과 변경을 고민할 수 있다. 방혜진(2016)의 의사결정 단계 분류를 참고하여, 앞의 그림 3-2는 각 단계별 진로 고민 예시와 그에 대한 개입 방안을 제시하고 있다.

1) 의사결정 이전 단계

의사결정 이전 단계는 여러 대안 가운데 '어떤 기준으로 대안들을 비교·판단하면 가장 만족스러운 결정이 될 것인가?'와 관련된다. 따라서 본격적인 선택과 결정에 앞서 둘 이상의 대안을 비교하며 하나를 취해 보는 연습을 하고, 이 비교 과정을 통해 자신에게 중요한 평가 기준들을 확인하고 우선순위를 매기는 활동을 한다.

먼저, 의사결정은 '포기' 과정을 필연적으로 수반한다. 고려하는 대안들 중 하나를 취한다는 것은 다른 말로 나머지 대안들은 버린다는 뜻이다. 모든 대안을 한 번에 동시에 취하는 것은 현실적으로 가능하지 않으며, '잘 버리는 과정'이 선택과정에 필연적으로 수반됨을 이해시키는 것이 중요하다.

'잘 버리는 과정'을 잘하기 위하여 학생들은 어떤 기준으로 대안을 비교하고 평가할 것인지, 그 기준 중 가장 중요한 기준은 무엇인지에 대한 탐색 또한 필요하다. 궁극적으로 개인에게 제일 중요한 것은 일 가치관이다. 일을 통해 얻고자 하는 보상이 무엇인지, 이 일 가치관이 나에게 왜 중요한지, 이 일 가치관이 실현되지 않으면 어떨 것 같은지 등을 탐색함으로써 각자 자신에게 중요한 일 가치관이 무엇인지 알 수 있도록 도울 수 있다.

이때 '나머지 대안들을 버린다'가 영구적으로 이 진로대안을 포기하거나 가질 수 없다는 것으로 학생들이 받아들이지 않도록 주의를 환기할 필요가 있다. 어떤 학생의 경우, 대안들을 계속 비교하기만 하며, 최종적으로 대안 하나를 선택하지 못하고 주저하는 경우가 종종 있다. 이는 선택하는 대안에 대한 확신보다도 버리는 대안에 대한 아쉬움에 더 집중하는 경우일 수 있다. 이러한 경우 '버리는 대안 B에 대해 아쉽더라도 굳이 선택을 해야 한다면 최종적으로 A를 선택해야 하는 이유'를 환기시켜야 한다. 이 버리는 대안은 나중에라도 원할 경우 다시 취할 수 있음을, 그때는 보다 더 분명한 확신으로 B를 취할 수 있음을 안내할 수 있다. 한 연구에서는 자신이 원하는 진로로 이직을 한 성인들에게 '어떻게 해서 본인이 원하는 이 진로를 발견하고 확신할 수 있었나?'라는 질문을 했을 때 상당수가 '이전 불만족스러운 직장 생활을 통해 내가 진정 무엇을 원하는지 알게 되었다'고 응답하였다(Ahn, Dik, & Hornback, 2017). 따라서 대안 B를 버리는 것이 반드시 잘못된 실수도 아니고 대안 B가 영구적으로 제외되는 것은 아님을 안내하며, 현재 시점에서 본인에게 가장 최선인 대안을 선택하도록 조언하는 것이 필요하다.

2) 잠정적 결정 단계

고려하던 여러 대안 중 하나의 대안으로 마음이 기울어졌거나 더 확신하게 된 경우 잠정적 결정 단계로 이동하게 된다. 이 단계에서는 최종 결정을 내리기 전 선택한 결정이 타당한지 점검을 하거나, 걸림돌이 되는 요인들을 고민하며 이 잠정적 결정을 재고하는 작업이 이뤄지게 된다. 잠정적으로 결정한 대안이 타당한지 점검하기 위해 교사는 "이 선택이 어떤 면에서 잘된 결정인지? 현재 결정한 대로 진행해도 앞으로 문제가 없을지? 후회하지 않고 이 결정을 타당하게 여길 수 있는지? 이 선택에 대해 향후 계획을 수립해 본다면? 이 계획이 얼마나 타당한지?" 등을 질문하며 이 결정에 대한 타당성을 점검해 볼 수 있다.

잠정적 선택에 대한 갈등으로는 심정적 확신은 있으나 미해결 문제 혹은 걸림돌이 있는 경우를 꼽을 수 있다. 가장 빈번하게 언급된 걸림돌로 방혜진(2016)의 연구에서는 최종 대안에 대한 가족과 부모의 반대, 의견 차이가 언급되었다. 이런 경우는 갈등 관계에 있는 양측의 입장과 관점을 좀 더 객관적으로 바라보고 다시 점검하는 과정이 필요할 것이다. 예를 들어 부모가 반대한다면, "부모님 입장에서 이 선택을 왜 선뜻 지지하지 못하실까? 이 선택을 반대하시는 이유는 무엇인가? 반대하시는 이유가 내 입장에서는 얼마나 납득이 되는가? 지금 앞에 부모님이 계신다면, 부모님의 반대와 우려에 대해 뭐라고 말하고 싶은가? 그렇게 말한다면 부모님은 뭐라고 얘기하실까?" 등등 양측의 입장을 충분히 고려해 볼 수 있는 탐색의 장을 마련하고, 각각에서 어떻게 생각의 변화가 일어나는지 검토해 볼 수 있다.

3) 결정 이후 단계

결정 이후 단계는 진로에 대한 의사결정은 이미 하였으나 이후 추가적으로 알게 된 정보 혹은 파생된 결과에 따라 선택한 대안을 지속할지 수정·변경할지를 고민하는 단계이다. 이는 잠정적으로 결정은 했으나 추가적인 정보를 고려하는 과정에서 결정에 대한 확신이 감소하거나, 결정대로 실제 행동한 후 예상치 못한 어려움을 마주하여 결정을 재검토하게 되는 경우를 말한다. 선택한 진로대안을 일부 수정하는 경우에서부터 선택한 대안에서 완전히 벗어나거나 취소하고자 하는 경우 또한 발생할 수 있다.

이때 최종 대안에 장벽으로 작용하는 어려움과 문제가 얼마나 심각한지 파악하고, 이 진로장벽에 대한 대응전략, 이 진로장벽을 고려한 수정 방안을 논의하는 과정이 필요하다. 진로장벽의 심각성을 진단한 후 수정·변경이 불가피함에도 그동안 투입한 시간과 노력이 아까워 변경을 주저하는 경우가 있을 수 있다. 이 경우에는 그간 투입한 에너지를 아까워하는 데 주의를 기울이기보다는 앞으로 발생할 비용과 피해를 최소화할 수 있는 대응이 필요함을 환기시킬 수 있다. 혹은 진로장벽에 지나치게 압도되어 결정을 취소·백지화하려는 경우, 이것이 장애물에 대한 회피반응이 아닌지 점검해 보고 적극적으로 문제에 관여하고 해결하려는 능동적 태도를 장려할 수 있다. 그리고 결정 이후 수정과 변경을 하게 되는 과정에서 지난 의사결정 과정에 대해 '틀렸다. 오답이다. 잘못했다'와 같이 부정적 평가를 취하지 않도록 도울 필요가 있다. 의사결정은 지속적으로 최선의 대안을 만들어 가는 진행형 과제임을 환기시키고, 학생의 적극적인 관여와 관심을 지지하는 공감적 태도가 중요하다.

3 진로의사결정 유형

1) 하렌의 진로의사결정 유형론

개인이 진로의사결정을 어떻게 내리는가와 관련하여, 일부 학자들은 의사결정을 특정한 방식으로 선택하게 되는 성격적인 경향성으로 간주하였다(Driver, Brousseau, & Hunsaker, 1993; Harren, 1979). 이러한 맥락에서, 하렌(Harren, 1979)의 의사결정 유형론이 가장 보편적으로 통용되고 있다. 하렌은 개인이 의사결정을 하는 방식과 자신의 결정에 책임을 지려는 정도를 고려하여 합리적, 직관적, 의존적 유형이 있음을 제시하였다. 각 유형별 특징은 그림 3-3과 같다.

하렌(Harren, 1979)의 의사결정 유형은 오늘날까지도 적용되고 있는데, 각 유형별 두드러지는 차이는 결정에 대한 책임을 본인이 지는가의 여부이다. 합리적·직관적 유형은 최종 결정에 수반되는 책임 또한 본인이 지고자 하나, 의존적 의사결정 유형은 타인에게 전가하거나 외부에 위임하는 경향이 있다. 예를 들어, '선생님이나 부모님의 권유로', '어쩌다 보니', '시간이 지나고 나니', '남들이 좋다고 해서' 등처럼, 의존적 의사

합리적	직관적	의존적
문제 상황을 정리하고 관련 정보 수집 후, 각 대안을 논리적으로 분석, 평가하여 최종 대안 선택	정보 수집 및 대안 비교 과정에서 논리적 평가보다 개인의 정서적 끌림을 중심으로 최종 대안 선택	의사결정 과업, 과정, 결정에 수반되는 결과에서 스스로 주체가 되기보다 타인에게 의존 혹은 결정을 미룸
• 논리적이고 체계적인 절차에 따라 의사결정 • 결정에 대한 책임 수용	• 정서적 자각을 중심으로 의사결정 • 결정에 대한 책임 수용	• 의사결정에 수반되는 책임을 외부 대상 및 요인에 전가 • 결정에 대한 책임 위탁

그림 3-3 하렌의 진로의사결정 유형

결정은 의사결정 과정에서 본인의 주체성이 드러나지 않거나 외부요인에 수동적으로 순응하는 것이 합리적·직관적 의사결정 유형과 가장 다른 점이다.

이러한 하렌의 의사결정 유형 이론과 관련하여 가장 흔하게 언급되는 논의 중 하나는 '어떻게 하면 합리적 의사결정을 하도록 이끌 것인가?'이다. 일반적으로 결정 혹은 선택이란 단어 앞에 자연스럽게 붙는 수식어로 어떤 수식어가 떠오르는가? '합리적' 혹은 '이성적'이란 단어일 것이다. 의사결정은 합리적으로 해야 한다는 가정이 사회화되었기 때문에 합리적 진로의사결정 유형을 가장 바람직한 의사결정 유형으로 공공연하게 간주하기도 한다. 실제로 하렌(Harren, 1979)은 합리적 유형을 가장 바람직한 유형으로 제안하였고, 국내외 연구에서도 합리형은 진로성숙도, 진로결정 수준, 진로준비행동 등과 긍정적으로 관련되는 것으로 나타났다(김대선, 강지연, 정재희, 김기년, 탁진국, 2016). 하지만 여러분은 선택이나 결정을 해야 하는 순간마다 합리적으로 의사결정을 하는가? 다시 말해 매 선택의 지점에서 가능한 대안을 모두 검토하고, 각 대안의 장단점을 논리적으로 분석함으로써 가장 좋은 대안을 선택하는가? 또한 모든 사람이 합리적인 의사결정 방식을 원하며, 합리적 방법을 취할 때 가장 만족하는가?

일각에서는 합리형이 모든 사람에게 항상 최선의 방법인가를 반문하며, 논리적인 추론에 따른 합리적 결정이 항상 바람직한 것은 아니라는 관점을 제시하였다. 예를 들어, 크롬볼츠(Krumboltz, 1979)는 직관형 의사결정자들이 합리적 의사결정 방식을 학습한 후, 오히려 더 의사결정을 잘 내리지 못하였음을 발견하였다(김대선 외, 2016에서 재인용). 또한, 진로의사결정은 인지와 정서가 함께 작용하는 과정으로, 합리적인 인지과정만을 강조해서는 진로의사결정의 복잡성을 충분히 다루기 어렵다는 논의 또한 제기되고 있다(공윤정, 2014; Emmerling & Cherniss, 2003; Hartung, 2011). 특히 의사결정의 평가지표 중 하나로 '이 결정에 대해 얼마나 만족하는가? 이 결정이 얼마나 만족스러운가?'란 주관적인 평가가 수반되기 때문에 정서적으로도 만족감에 이르는 의사결정을 하는 것이 논리적으로 말이 되는 의사결정만큼 중요하다고 볼 수 있다(Krieshok, Black, & McKay, 2009).

최근에는 이러한 비판들을 종합하여 의사결정자가 자신의 의사결정 유형을 정확하게 이해하고, 자신에게 맞는 의사결정 방식을 채택하여, 좀 더 만족스러운 정서를 도출하도록 자신의 의사결정 방식을 보완·발전시킬 것을 제안하고 있다. 즉, 학생 자신이 대체적으로 합리형·직관형·의존형인지 자신의 유형을 확인하도록 돕고, 합리적 결정을 지향하는 학생에게는 합리적 의사결정 방식을, 직관적 확신을 신뢰하는 학생에게는 직관적 의사결정 방식을 따르도록 안내하는 것이 진로진학상담교사의 역할이 될 수 있다(Rubinton, 1980). 주의할 점은 의사결정 유형이 확실히 한 유형으로 분류되는 경우에는 위와 같이 각 유형에 부합하는 의사결정 과정을 촉진하면 되지만, 경우에 따라서는 두 가지 이상의 유형이 혼재된 개인들도 상당수 있다는 점이다. 따라서 진로진학상담교사는 합리적·직관적 의사결정 관련 활동들을 다양하게 제시하며, 각각의 학생이 자신은 어떤 의사결정 방식을 취하게 되는지 주체적으로 알아가도록 도울 필요가 있다. 아울러 의존형은 의사결정에 대한 책임을 스스로 지도록 안내한다. 합리형과 직관형의 학생에게는 의사결정 방식에 따라 주체적으로 연습해 보며 본인이 궁극적으로 어느 유형을 더 지향하는지 변별하도록 도와줘야 할 것이다. 의존형 의사결정 방식을 취하며 진로미결정 상태에 있는 학생들을 위한 상담 방안은 추후 따로 다루겠다.

2) 진로의사결정 유형을 알기 위한 활동

교사는 학생들이 주체적으로 자신이 선호하는 의사결정 방식을 알아가도록 어떻게 장려할 수 있을까? 또한, 합리적 혹은 직관적 의사결정 방식을 자신에게 더 잘 맞게 적용하도록 어떻게 도울 수 있을 것인가?

첫 번째 질문과 관련하여서는 이미 개발되어 현재에도 활용되고 있는 프로그램들을 활용할 수 있을 것이다. 구체적으로는 학생들이 자신의 의사결정 유형을 알도록 하는 데에 기존에 개발된 설문척도를 활용할 수 있다. 대표적으로 하렌(Harren, 1984)이 개발한 진로결정척도(Assessment Career Decision Making, ACDM)의 의사결정유형검사를 활용할 수 있다. 한국판으로 번안된 척도(고향자, 1992)는 3개의 유형에 대해 각 10문항씩, 총 30문항으로 구성되어 있으며, 각 유형별 점수를 합산하여 어떤 유형인지 확인할 수 있다. 자세한 내용은 표 3-1과 같다.

표 3-1 의사결정유형검사

번호	문항 내용	전혀 그렇지 않다	약간 그렇다	대체로 그렇다	매우 그렇다
1	나는 중요한 의사결정을 할 때 한 단계 한 단계 체계적으로 한다.				
2	나는 나 자신의 욕구에 따라 매우 독특하게 의사결정을 한다.				
3	나는 얻을 수 있는 모든 정보를 수집하지 않고는 중요한 의사결정을 거의 하지 않는다.				
4	의사결정을 할 때 내 친구들이 나의 결정을 어떻게 생각할 것인가를 매우 중요시한다.				
5	나는 의사결정을 할 때 이 의사결정과 관련된 결과까지 고려한다.				
6	나는 다른 사람의 도움 없이는 중요한 의사결정을 하기가 힘들다.				
7	나는 어려운 문제에 부딪히면 재빨리 결정을 내린다.				
8	나는 의사결정을 할 때 나 자신의 즉각적인 느낌이나 감정에 따른다.				
9	나는 내가 하고 싶은 것보다 다른 사람이 어떻게 생각하느냐에 영향을 받아 의사결정을 한다.				
10	어떤 의사결정을 할 때 나는 시간을 갖고 주의 깊게 생각해 본다.				
11	나는 문제의 본질에 대해 찰나적으로 떠오르는 생각으로 결정을 한다.				
12	나는 친한 친구에게 먼저 이야기하지 않고는 의사결정을 거의 하지 않는다.				
13	나는 중대한 의사결정 문제가 예상될 때 그것을 계획하고 생각할 시간을 충분히 갖는다.				
14	나는 의사결정을 못한 채 뒤로 미루는 경우가 많다.				
15	의사결정을 하기 전에 올바른 사실을 알고 있으나 확인하기 위해 관련된 정보들을 다시 살펴본다.				
16	나는 의사결정에 관해 실제로 생각하지는 않지만 갑자기 생각이 떠오르면서 무엇을 해야 할지를 알게 된다.				
17	어떤 중요한 일을 하기 전에 나는 신중하게 계획을 세운다.				
18	의사결정을 할 때 나는 다른 사람들이 많이 격려와 지지를 해 줘야 한다.				

19	나는 의사결정을 할 때 마음이 가장 끌리는 쪽으로 결정을 한다.				
20	나의 인기를 떨어뜨릴 의사결정은 별로 하고 싶지 않다.				
21	나는 의사결정을 할 때 예감 또는 육감을 중요시한다.				
22	나는 조급하게 결정을 내리지 않는데, 그 이유는 올바른 의사결정임을 확신하고 싶기 때문이다.				
23	어떤 의사결정이 나에게 감정적으로 만족스러우면 나는 그 결정을 올바른 것으로 본다.				
24	올바른 의사결정을 할 수 있는 능력에 자신이 없기 때문에 주로 다른 사람의 의견에 따른다.				
25	종종 내가 내린 각각의 의사결정을 일정한 목표를 향한 진보의 단계들로 본다.				
26	내가 내리는 의사결정을 친구들이 지지해 주지 않으면 그 결정에 대해 확신을 하지 못한다.				
27	의사결정을 하기 전에 나는 그 결정을 함으로써 생기는 결과에 대해 가능한 한 많이 알고 싶다.				
28	나는 '이것이다'라는 느낌에 의해 결정을 내릴 때가 종종 있다.				
29	대개의 경우 나는 주위 사람들이 바라는 방향으로 의사결정을 한다.				
30	여러 가지 정보를 수집하거나 검토하는 과정을 갖기보다 나에게 떠오르는 생각대로 결정을 내리는 경우가 자주 있다.				

* 합리적 유형: 1, 3, 5, 10, 13, 15, 17, 22, 25, 27
* 직관적 유형: 2, 7, 8, 11, 16, 19, 21, 23, 28, 30
* 의존적 유형: 4, 6, 9, 12, 14, 18, 20, 24, 26, 29

아울러 교사가 직접 다양한 현실적 예시들을 만들어 학생들이 각자 평소에 주로 어떻게 의사결정을 하는지 탐색해 보도록 하고, 이러한 의사결정 방식을 진로선택과정에도 적용해 보도록 도와줄 수 있다. 예를 들어, 다음과 같은 질문을 좀 더 구체적으로 각색하거나, 다양한 여러 질문을 교사가 준비함으로써 학생들의 탐색을 장려할 수 있다.

1. 휴대폰을 새로 바꾸게 된다면?

① 나는 각 브랜드별 휴대폰 기능의 장단점, 가격, 디자인 등을 비교 분석해 보고, 여러
   면에서 가장 뛰어난 휴대폰을 구입하기로 결정한다.

② 나는 내가 좋아하는 특정 브랜드의 휴대폰을 산다. 내가 좋아하는 가장 중요한 이유
   하나를(예: 디자인이 예뻐서, 브랜드가 좋아서, 그냥 좋아서 등) 가장 크게 고려하여 산다
   (여기서 중요한 것은 긍정적인 감정에 끌린다는 것이다).

③ 내 주변 친구들이 가장 많이 쓰거나, 휴대폰을 잘 아는 사람이 추천해 주거나, 부모
   님·직원이 사라고 하는 것을 산다.

2. 학원을 다니기로 결정한다면?

① 실력 있는 선생님들을 찾아보고, 후기를 검색해 보고 내가 가장 약한 부분을 잘 보
   강해 주실 선생님을 찾아본다. 학원 몇 군데를 찾아서 비교해 보거나, 직접 상담을
   받은 후 결정한다.

② 내가 좋아하는 강사 선생님의 수업을 주로 듣는 편이다. 나와 잘 맞는 강사 선생님의
   수업을 주로 듣는 편이다. 내 스타일의 강사 선생님의 강의를 듣는다.

③ 부모님이 권유하시는 대로, 혹은 친한 친구들이 주로 가는 학원에 등록한다. 집 근
   처 아무 데나 간다.

마지막으로, 진로진학상담교사로서 성격유형검사에 대한 전문적 해석능력과 활용
기술을 가지고 있다면, 추가적으로 MBTI, MMTIC, TCI와 같은 성격검사를 실시하여
주로 논리적·계획적 경향성이 두드러지는지, 정서적·즉흥적 경향성이 있는지 등을 알
아볼 수 있을 것이다.

3) 각 유형별 진로의사결정 개입

(1) 합리적 의사결정을 돕기 위한 활동

기본적으로 의사결정을 돕는 활동으로는 여러 대안을 생각해 보고 각 대안들에 대

해 비교가 용이하도록 체크리스트 혹은 대차대조표를 만들어 볼 수 있다. 학생들은 진로선택을 위해 중요한 자신의 기준들을 선정하고, 여러 대안을 각각의 기준에 따라 평가함으로써, 최종 대안을 선택하게 된다. 여러 대안을 평가기준들에 맞춰 비교평가하고 최적의 대안을 선정한다는 점에서 대차대조표 혹은 체크리스트는 합리적 의사결정 과정을 촉진하는 방식이다. 따라서 합리적 의사결정 과정을 지향하는 학생들이 대차대조표나 체크리스트를 세분화하여 만들고, 각 직업들에 대해 꾸준히 탐색하고 정보를 수집하며, 이 직업들을 비교 평가하는 과정을 거치도록 독려할 수 있을 것이다. 직업 체크리스트와 대차대조표 예시는 표 3-2, 표 3-3과 같다.

표 3-2 직업 체크리스트 예시

현재 내가 고려하는 직업군	직업선택과 관련하여 나에게 중요한 기준				더 필요한 정보	순위
	보수	고용 안정성	일과 삶 균형	재미와 흥미		
국어 교사	7	10	8	4	임용 준비를 한 선배를 만나 보고 싶다	
에세이 작가	5	3	6	10	에세이 작가분과 실제로 인터뷰해 보고 싶다	
출판사 사무직	7	5	Δ	6	출판사 근무환경은? 일과 삶 간 균형이 실제로 어떤지 알아보고 싶다	

* 실시방법
① 현재 고려 중인 직업대안들을 적는다.
② '직업선택과 관련하여 나에게 중요한 기준'에 학생 자신에게 중요하다고 생각하는 일 가치관을 적도록 한다(위 표의 예시: 보수, 고용 안정성, 일과 삶 균형, 재미와 흥미).
③ 학생이 적은 일 가치관을 각각의 직업대안들이 얼마나 충족할 것 같은지 점수(10점 만점)를 부여한다(위 표의 예시: 국어교사는 보수 적절성이 7점). 점수를 매기기 어려운 경우 Δ 표기를 한다.
④ 각 직업별 점수들을 합산하고, 총점이 높은 직업 순으로 순위를 매겨 본다.
⑤ 의사결정을 위해 추가적으로 탐색할 필요가 있는 질문, 혹은 추후 계획을 '더 필요한 정보' 칸에 적는다.

이러한 직업 체크리스트를 작성해 봄으로써 학생은 현재 자신이 고려하는 직업들이 무엇인지, 이 직업들이 자신의 중요 직업 가치관에 어느 정도 부합하는지, 주요 희망 직업들을 평가해 보니 자신에게 가장 중요한 직업 가치관은 무엇인지, 최종 의사결정을 내리기 전 더 필요한 정보는 무엇인지 등을 확인할 수 있다.

표 3-3 진로대안들에 대한 대차대조표

	장점	단점	최종 평가
간호조무사로 취업	• 당장 돈 벌어 독립 가능 (10) • 실제 일 경험해 보며 나와 맞는지 알아볼 수 있음 (9) • 수능 공부할 자신이 없음 (10)	• 승진하는 데 한계가 있을 수 있다 (8) • 내가 궁극적으로 원하는 간호사가 되려면 대학에 진학해야 한다 (9)	장점 : 29 단점 : 17 최종 : 12
간호학과 진학	• 대학생활을 해볼 수 있다 (5) • 간호사로 승진하고 자리 잡는 데 유리하다(10) • 취업에 유리할 것 같다 (7)	• 등록금 문제 (10) • 지금까지의 성적으로 대학 합격 가능성 (5)(진학교사와 상의해 보기)	장점 : 22 단점 : 15 최종 : 7

＊실시방법
① 잠정적으로 선택한 2~3개의 직업군을 적는다.
② 각 직업을 선택했을 때의 장점과 단점을 기록해 본다.
③ 각각의 장점과 단점들이 본인에게 얼마나 중요한지 10점 기준으로 점수를 매겨 본다.
④ 장점의 총점, 단점의 총점을 산출한다.
⑤ 장점의 총점에서 단점의 총점을 제함으로써, 각 대안의 최종 가치를 산출한다.

이러한 대차대조표는 막연하게 머릿속으로만 고민하던 직업대안들을 보다 더 구체적으로 비교하고 정리하는 데 도움을 준다. 학생들로 하여금 각 선택별 장단점을 생각해 보도록 함으로 어떤 장점에 더 끌리는지 탐색을 구체화할 수 있다. 또한, 장단점을 명료화함으로써 자연스럽게 현재 진로장벽을 확인하고, 문제해결전략을 세울 수도 있다. 이러한 대차대조표를 활용하는 것은 점수가 가장 높은 대안을 선택하고자 함이 아니다. 오히려 장단점을 점수화함으로써 자신이 무엇을 중요하게 여기고 높은 점수를 부여하는지 자신의 중요 가치를 점검하는 용도로 활용할 수 있다. 혹은 산출된 최종 점수에 따라 직업을 선택하게 되는지, 최종 점수가 낮더라도 다른 직업이 더 심정적으로 끌리는지를 점검해 보면서 자신의 의사결정 유형도 확인해 볼 수 있다.

경우에 따라서는 합리적으로 모든 대안을 완벽하게 분석하고자 대안 모색 및 비교 분석 과정에만 치중하며 최종 결정은 유예하는 경우도 있을 수 있다. 특히 완벽주의 성향을 가지고 있는 경우는 더 좋은 대안과 새로운 정보를 끊임없이 추구하기 때문에 오히려 선택의 어려움이 더 커질 수 있다. 그러나 인간의 정보처리 능력에는 한계가 있으며, 너무 많은 정보량이 제시된 경우 오히려 과부하 상태에 이르며 역효과가 생길 수 있다(정미나, 2011). 사회는 끊임없이 변화하고 유동적이라는 점에서 절대적으로 완벽한 대안은 현실적으로 도출하기 어렵다. 따라서 이와 같은 학생은 다시 주요 대안을 간추리고 대안들을 판단하는 기준들도 간추리는 가지치기 작업을 할 것을 교사가 조언할 수 있을 것이다. 또한, 완벽한 정답이 아닌 지금 현재 가장 합리적인 대안을 선택하고, 이 선택에 대해 앞으로 수정 및 보완의 기회가 있음을 조언함으로써, 경직된 선택방식이 보다 유연해지도록 도울 수 있을 것이다.

(2) 직관형 의사결정을 돕기 위한 활동

직관형 의사결정자들은 의사결정의 재료로 본인의 정서 상태를 가장 중요하게 사용하는 편으로, 결정에 수반되는 감정에 집중하며, 비교적 빠르게 의사결정을 내리는 경향이 있다(정미나, 2011). 본인의 주관적 경험과 정서에 기초하여 의사결정을 하므로 의사결정의 타당성 유무에 대해 본인은 확신을 하나, 타인에게는 어떻게 의사결정을 했고, 왜 그러한 의사결정을 내렸는지 명료하게 설명하기 어려워하는 경우도 있다. 따라서 본인의 주관적 확신이 반영된 의사결정을 하더라도 주변으로부터 결정의 적합성 및 타당성을 지지받지 못하는 경우가 생길 수 있다. 직관형 의사결정자들을 위해서는, 먼저 앞서 표 3-1 의사결정유형검사 문항들에 대해 부연 질문을 하면서, 의사결정을 이끈 주관적 감정의 실체가 구체적으로 무엇인지, 그에 대한 확신 수준은 어느 정도인지 좀 더 명료히 할 수 있을 것이다. 예시 질문은 다음과 같다.

- 이 결정을 할 때 가장 고려했던 '느낌, 감정'은 무엇인가?
- 이 결정을 할 때 머릿속을 스치고 지나갔던 것, 직관적으로 떠올랐던 것은 무엇인가?
- 어떤 부분에서 이 결정이 가장 마음에 끌리는가? 왜 이 결정에 끌리는가?
- 미래의 나 역시 이 결정에 끌릴 것 같은가?
- 이 결정을 한 후, 어떤 감정들을 느끼게 되면 "이것을 선택하길 잘했다"라고 할 것 같은가?
- 다른 사람들은 잘 알지 못하지만 나만의 감, "딱 이것이다"라는 것을 좀 더 설명해본다면?
- 예전에도 "딱 이것이다"라고 감에 따라 선택한 적이 있었는가? 지금 그 결정에 대해 다시 생각해보면 어떠한가? "딱 이것이다"라는 감을 대체적으로 따르기는 하지만, 여기에 무엇이 추가되면 이 결정에 더 확신할 수 있겠는가(예: 실제적 정보, 지금 현재 추세, 실제 종사자로부터 자문)?

4 진로미결정 관련 지도 방안

진로의사결정과 관련하여 진로지도가 가장 어려운 유형 중 하나가 바로 진로미결정일 것이다. 고등학교 시기는 진로결정에 대한 압박과 부담감이 고조되는 시기이므로, 진로를 선뜻 결정하지 못한 고등학생이 호소하는 심리적 고통과 스트레스는 다른 사람들보다 클 수 있다. 교사 또한 임박한 진로결정을 빨리 도와줘야 한다는 심리적 부담감은 크게 느끼나 막상 어떤 도움을 줘야 할지 막연하고 모호하여 더욱 진로지도를 어렵게 느낄 수 있다. 이 절에서는 진로미결정 혹은 의사결정 과정에서 의존적인 학생들을 대상으로 교사가 해 볼 수 있는 활동들을 제시할 것이다.

1) 특정 직업에 입문하기 위한 의도 갖기

"선생님, 저는 뭘 해야 할지 아무것도 모르겠어요. 제대로 생각해 본 적이 없어요."

이러한 진로 고민을 털어놓는 학생이 있다면, 교사로서 어떤 대답을 해 주겠는가? 앞서 언급한 진로결정의 정의로 돌아가 보자. 크라이츠(Crites, 1973)는 진로결정을 '개인의 생애에서 일어나는 다양한 선택시점에서 결정에 좀 더 초점을 두고, 개인이 특정 직업에 입문하기 위한 의도의 표현'으로 정의하였다. 즉, 진로결정과 관련하여 백지와 같은 상태라면 '특정 직업에 입문하기 위한 의도의 표현'이 시작점임을 안내하는 것부터 할 수 있을 것이다. 즉, 무언가 탐색하고 찾고자 하는 의도와 동기를 가지는 것이 결정의 첫 단계임을 설명하며 학생이 고민한다는 자체를 지지하며 시작할 수 있을 것이다.

2) '왜' 미결정일까? 이유 찾기

하렌(Harren, 1979)은 의존형 진로의사결정인 경우에도 다양한 이유로 의존형이 될 수 있음을 설명하고, 의존형 유형을 다시 세 경우로 세분화하였다. 구체적으로, '다른 사람과 문제를 상의하여 함께 정하고 싶은', '다른 사람을 기쁘게 해 주려는', '결정의 책임을 타인에게 전가하려는' 유형으로 세분화하였다.

한국직업능력개발원에서는 청소년의 진로성숙 및 진로미결정 수준을 확인할 수 있도록 '청소년 진로발달검사'를 지원하고 있다(워크넷 → 직업/진로 → 청소년 심리검사 실시 → 심리검사명 중 '청소년 진로발달검사' 실시). 이 진로발달검사에는 진로미결정 하위 검사가 포함되어 있으며, 표 3-4와 같이 진로미결정 요인을 세분화하여 측정하고 있다(차정은, 김아영, 이은경, 김봉환, 2007). 이처럼 기존에 개발된 검사를 활용하여 학생이 진로결정을 내리지 못하는 가장 큰 이유 혹은 원인이 무엇인지부터 탐색해 볼 수 있다.

표 3-4 진로미결정검사의 하위 요인

성격 요인	동기 부족	진로를 탐색, 계획하고자 하는 동기 부족
	결단성 부족	결정을 잘 내리지 못하는 우유부단함
정보 부족 요인	직업지식 부족	개인이 지각한 직업과 전공에 대한 지식 및 진로결정 절차에 대한 지식 부족
	자기지식 부족	진로선택 시 고려해야 할 능력, 흥미, 성격, 가치 등 특성에 대한 주관적 이해 부족
갈등 요인	직업 갈등	성역할, 능력 및 신체적 조건과 선택 가능한 직업 간의 갈등
	외적 갈등	주요 타인, 사회·경제적 문제, 실업문제나 사회전망과 관련된 문제와의 갈등

진로미결정의 원인을 파악하고 난 후에는 학생에게 어떤 개입을 할 수 있을까?

먼저, 어린 시절부터 스스로 결정과 선택을 한 경험이 적거나 주도적으로 선택을 하기보다 가족이나 부모의 결정에 주로 순응해 온 학생이라면, 의사결정이 어떤 과정을 거쳐서 일어나는지 설명해 주고 스스로 이 단계에 맞춰 의사결정을 해 보도록 장려할 수 있을 것이다. 혹은, 진로의사결정을 이루기 전에 자기와 직업세계에 대한 충분한 탐색이 이뤄지지 않았을 경우 자기이해와 직업세계 이해를 촉진하는 진로상담이 우선 선행될 필요가 있을 것이다.

운명론적 믿음 혹은 외부적 요인의 힘을 크게 지각하는 경우 능동적이고 적극적인 태도를 가질 때 이러한 운명적인 우연적 사건을 더 잘 알아채고 더 나은 방향으로 활용할 수 있음을 안내할 수 있다. 또한, 운명적 요인으로 저절로 진로결정에 이르렀다 하더라도, 이 진로가 개인내적 요소(흥미, 적성, 개인적 경험, 가치, 바람)들과 잘 맞을 때 더욱 만족도가 높아질 수 있음을 설명하며 진로결정 내 개인적 요소들 또한 고려될 수 있도록 도울 수 있다.

또한, 특정한 진로선택에 수반된 진로장벽이 크게 느껴져 선택을 주저하는 경우도 있을 수 있다. 이 경우에는 학생이 고민하는 진로장벽이 실제로 충분히 일어날 법한 장벽인지 먼저 검토해 볼 수 있겠다. 아울러 진로장벽이 있음은 인정하되, 이 진로장벽에 어떻게 대응하거나 어떤 외부 지지를 얻을 수 있을지 대처방안을 모색하는 과정을 병행할 때 진로의사결정이 더 촉진될 수 있을 것이다.

　마지막으로, 선택에 대한 심리적 부담, 실패에 대한 두려움, 결정하는 역할에 대한 불안 등 진로미결정에 정서적 문제가 동반되는 경우 또한 있을 수 있다. 이 경우 정서적 스트레스를 완화하고 심리적 긴장을 완화하는 이완훈련을 병행함으로써, 학생이 불안이나 부담보다는 이완 상태에 있도록 하는 심리적 개입이 필요하다. 불안감이 고조될 때 이완훈련으로 진정시킨 후, 편안한 마음 상태에서 자신이 원하는 대로 의사결정을 해 보는 작업이 유용할 수 있다.

3) 미결정에 수반된 정서에 반응하기

　진로미결정과 관련되는 정서들로 신경증과 부정적인 정서적 경향성, 불안, 우울 등이 알려져 왔다. 진로미결정을 호소하며 이러한 정서적 스트레스를 경험하는 학생에게는 진로선택에 대한 지도뿐만 아니라 이러한 정서에 대한 개입도 병행해야 한다.

　먼저, 학생이 긍정 정서보다는 부정 정서에 더 주의를 기울이는 경향성을 가지고 있는 경우, 특히 진로선택 장면에서 진로대안들의 부정적 측면, 단점, 어려움 등에 초점을 둘 가능성이 높다. 이때 진로대안들이 충분하게 탐색되지 않고, 결국 '좋은' 진로대안이 없는 상태가 되며 진로미결정 상태에 이를 수 있다. 이러한 경우 진로가 결정되지 않음 또한 불만족스럽고 스트레스적인 상황이 되기 때문에 회피적 행동을 할 가능성이 높다. 이 경우 습관적으로 부정적인 면과 부정적인 정서에 반응하는 경향성이 있을 수 있으므로 긍정적인 측면들을 의도적으로 탐색해 보는 '긍정 반응 유도 질문들'을 할 수 있다. 예를 들어, "다 만족스럽지 않지만, 그중에서 가장 나은 대안은 무엇인지? 이 대안이 가장 나은 이유로 이 대안의 가장 좋은 점은? 지금 시점에서 가장 수월하게 달성할 수 있는 진로대안은? 어떤 정보가 있으면, 무슨 진로대안이 더 만족스러울지 좀 더 잘 알 수 있을지? 이 학생의 어떤 강점이 어떤 진로대안에 가장 잘 활용될 수 있을지?" 등등 긍정적인 측면의 탐색을 장려함으로써 긍정 정서 경험을 촉진할 수 있다. 또한, 상담 과정에서 이러한 탐색을 통해 학생이 긍정 정서를 경험하는 순간이 있다면, 교사는 이를 긍정적 성공 경험으로 주의를 환기시키며 진로선택이 '유쾌한 경험'이 되도록 조성할 수 있을 것이다.

둘째로, 선택 과정에 불안감을 주로 호소하는 경우 또한 있을 수 있다. 이는 '잘 수행하지 못할 것'에 대한 염려와 두려움으로 진로선택 및 행동화 과정에서 불안감을 느끼는 경우이다. 불안은 높으나 스스로 진로에 대한 고민도 많이 하고 정보도 상대적으로 많이 가지고 있으며 상담에 대한 동기도 높은 상태에서 진로상담을 신청하는 경우가 많다. 그럼에도 더 많은 정보를 원하고, 선택을 미루며, 상담의 진전도 별로 없는 것처럼 지각되어 상담자가 좌절하기 쉬운 내담자라고 볼 수 있다(공윤정, 2014). 불안한 정서가 '완벽에 대한 추구'로 이어지고, 완벽한 상태에 이르지 못해 교사와 학생이 좌절하게 된다면, 앞서 언급한 이완훈련을 시도해 볼 수 있다. 또한 완벽을 추구하며 조바심을 내거나 불안해하는 자신을 잠시 관찰해 보라고 상담 중 일시정지(pause)를 하여 주의를 환기시킬 필요가 있다. 이완훈련 혹은 일시정지를 통해 심리적 여유를 회복한 뒤 무엇 때문에 불안을 느끼는지 탐색해 보고, 불안하다고 느끼는 비합리적인 이유에 대해 논박하거나 불안 정서에 대한 대처 행동을 논의하면서 진로의사결정 과정의 다음 단계로 이행하도록 격려할 수 있을 것이다.

마지막으로, 진로미결정 학생들 가운데는 우울 정서를 호소하는 학생들이 있을 수 있다. 이 경우 진로의사결정 스트레스로 인한 우울 정서인지, 우울감으로 인한 진로미결정 상태인지에 대한 진단이 필요하다. 특히, 우울 증상이 심한 경우 의욕저하, 무기력, 무의미 등의 우울 증상으로 인해 진로결정에 동기가 없고 위축될 수 있다. 이 경우에는 진로상담보다 우울이라는 정서 상태에 대한 심리적 개입으로 개인상담 혹은 약물치료 연계가 선행된 후, 우울 증상을 회복하면서 다시 진로결정을 논의할 수 있을 것이다.

요약

'결정'이란 단어는 선택과 집중을 수반한다. 결정이 힘든 학생들을 마주할 때 교사 또한 학생이 '무엇인가 결정'하도록 도와줘야 할 것 같은 부담감을 느끼게 된다. 그래서 결정이란 단어는 무겁고 부담스러운 단어이다. 학생들은 무겁고 부담스러워 상담실에 왔다. 따라서 상담교사는 '결정'이란 단어가 주는 무거운 부담을 가볍게 하는 것부터 시작할 수 있고 이것만으로도 성과가 될 수 있을 것이다. 이를 위해 일반적인 의사결정 단계를 거치며 진로선택을 스스로 해 보도록 장려함과 동시에, 본인의 의사결정 유형을 알 수 있도록 돕는 지도가 진로의사결정에 유용할 수 있다. 또한, 진로미결정 학생들에게도 미결정인 이유를 분석하고 그 이유에 대한 개입을 시도할 때, '선택'이 주는 부담감이 줄어들 수 있을 것이다.

생각해 볼 문제

1. 선택하고자 하는 진로는 있으나 진로장벽 및 주변의 반대에 부딪혀 선택을 망설이는 학생에게 어떠한 지도를 할 수 있을까?

2. 학생이 자신의 진로의사결정 유형을 파악할 수 있도록 어떻게 도울 수 있을 것인가?

3. 진로미결정 학생들을 어떻게 진로지도할 것인가?

참고문헌

고향자(1992). 진로의사결정모형의 문헌적 고찰. 인간이해, 13, 3-19.

공윤정(2014). 진로의사결정 과정에서 정서의 역할에 대한 탐색적 논의. 아시아교육연구. 15(1), 27-43

김대선, 강지연, 정재희, 김기년, 탁진국(2016). 청소년 진로의사결정검사의 개발과 타당화. 한국심리학
　　회지: 학교, 13(1), 1-30.

김봉환(1997). 대학생의 진로결정수준과 진로준비행동의 발달 및 이차원적 유형화. 서울대학교 박사학
　　위논문.

방혜진(2016). 중·고등학생의 진로의사결정 단계별 주 호소문제 및 상담전략. 진로교육연구, 29(2),
　　257-277.

정미나(2011). 진로의사결정유형과 진로관여도가 진로성숙도에 미치는 영향. 고려대학교 석사학위논문.

지용근, 김옥희, 양종국(2005). 진로상담의 이해. 서울: 동문사.

차정은, 김아영, 이은경, 김봉환(2007). 청소년의 진로성숙도 및 진로미결정의 성별 차이 및 발달 경향
　　성 검증. 교육심리연구, 21(4), 923-944.

헤럴드경제 (2017.04.18.). [2017 청소년통계] 2명 중 1명 "좋은 직업 위해 대학 간다"

Ahn, J., Dik, B. J., & Hornback, R. (2017). The experience of career change driven by a sense
　　of calling: An interpretative phenomenological analysis approach. *Journal of Vocational
　　Behavior, 102*, 48-62.

Crites, J. O. (1973). *The Career Maturity Inventory. Monterey*, CA: CTB/McGraw-Hill.

Dik, B. J., & Duffy, R. D. (2009). Calling and vocation at work: Definitions and prospects for
　　research and practice. *The Counseling Psychologist, 37*(3), 424-450.

Driver, M. J., Brousseau, K. R., & Hunsaker, P. L. (1993). *The dynamic decision maker: Five
　　decision styles for executive and business success*. CA: Jossey-Bass.

Emmerling, R. J., & Cherniss, C. (2003). Emotional intelligence and the career choice process.
　　Journal of Career Assessment, 11, 153-167.

Harren, V. A. (1979). A model of career decision making for college students. *Journal of
　　Vocational Behavior, 14*, 119-133.

Harren, V. A. (1984). *Assessment of career decision making*. CA: Western Psychological Services.

Hartung, P. J. (2011). Barriers or benefit?: Emotion in life-career design. *Journal of Career
　　Assessment, 19*(3), 296-305.

Krieshok, T. S., Black, M. D., & McKay, R. A. (2009). Career decision making: The limits
　　of rationality and the abundance of non-conscious processes. *Journal of Vocational
　　Behavior, 75*, 275-290.

Krumboltz, J. D. (1979). The Effect of Alternative Career Decision-Making Strategies on the
　　Quality of Resulting Decisions. Final Report. retrieved from: https://files.eric.ed.gov/
　　fulltext/ED195824.pdf

Rubinton, N. (1980). Instruction in career decision making and decision-making styles. *Journal
　　of Counseling Psychology, 27*(6), 581-588.

Zeleny, M. (1982). *Multiple Criteria Decision Making*. New York: McGraw Hill.

4장

고등학생 진로정보

이아라

학습목표

1) 진로정보를 활용하는 목적과 관련 주제를 이해한다.

2) 진로정보를 탐색하는 구체적인 방법에 따른 정보의 장단점을 확인한다.

3) 진로정보를 고등학생 진로교육에서 활용하는 구체적인 과정과 방법을 습득한다.

4) 진로교육에서 진로정보를 활용할 때 주의사항을 이해한다.

이 장에서는 고등학생들이 진로정보를 탐색하고 활용하는 것을 어떻게 도울 수 있을지에 대해 살펴본다. 진로정보는 개인이 진로를 결정하거나 선택할 때 필요로 하는 모든 자료를 칭하는 개념으로, 일과 관련한 교육적·직업적·심리사회적 정보를 의미한다(김충기, 김현옥, 1993). 이러한 진로정보는 개인의 진로를 탐색하고, 이후에 있을 진학이나 취업 등에 대한 구체적인 방향을 결정하는 데 있어 매우 중요하다.

따라서 진로교육과 상담에서 정보를 다루는 것은 중요하고 필수적인 요소로(김봉환, 정철영, 김병석, 2006) 제언되어 왔다. 이에 따라 진로교육과 진로상담 분야 전문가는 정보 제공과 관련한 전문적 지식과 기술을 갖출 필요가 있다(강혜영, 2014). 정보와 관련하여 전문적인 지식과 기술이 필요하다는 제언은 진로정보를 탐색하고 활용하는 과정이 단순하고 기계적인 과정이 아니라는 것을 시사한다.

즉, 진로정보를 활용한다는 것은 관련된 정보를 수집하는 것만을 이야기하는 것이 아니라 이를 개인의 진로탐색과 결정에 효과적으로 활용하는 것까지의 체계적인 과정을 의미한다. 따라서 진로교육이나 상담에서 교사와 상담자는 학생들의 진로탐색과 결정의 전 과정에서 정보의 역할에 대해 정확하게 이해하고, 이에 개입하는 것이 필요하다. 이 장에서는 진로정보 사용 목적을 살펴보고, 진로정보를 탐색하고 활용하는 구체적인 방법에 대해 알아보고자 한다.

1 진로정보 활용 목적

고등학교 진로교육에서 어떻게 진로정보를 활용하는지 이야기하기에 앞서 어떠한 목적으로 진로정보를 활용할 수 있는지부터 살펴보자. 진로정보는 진로를 결정하는 단계에서만 사용되는 것이 아니라 진로교육 전반에서 다양한 목적으로 활용할 수 있다. 따라서 교사나 상담자는 학생의 진로발달과 준비도를 평가하면서, 다음의 목적을 위해서 진로정보를 활용할 필요성에 대해 점검해 볼 수 있다.

1) 진로 관련 동기 향상

(1) 진로 자체에 대한 호기심 부여

때로 고등학생들 중에서는 진로를 탐색하고 결정한다는 것 자체에 관심이 적고, 낮은 동기를 가진 경우들도 있다. 이러한 학생들의 경우 여러 가지 진로대안으로 혼란스러워하는 학생들보다 불안함이나 모호함을 적게 표현할 수 있으나, 이들의 진로성숙도나 내적통제감은 높지 않을 것이다. 특히 진로탐색과 결정에 지루함을 느끼거나 진로결정 동기가 낮은 학생의 경우 학생의 관심에 근거한 구체적인 직업 혹은 사회의 변화에 따른 신생직업, 청소년들의 일상생활과 밀접하게 관련된 직업들에 대한 정보를 탐색함으로써 진로 자체에 대한 관심을 높일 수 있다.

(2) 새로운 직업에 대한 관점의 확장

사회가 변화함에 따라 직업세계 또한 빠르게 변화하고 이에 맞춰 새로운 직업의 종류도 급속하게 증가하고 있다. 그러나 직업정보를 습득하는 원천이 협소하고 직업에 대해 다양하게 알고 있지 않은 학생들에게 전통적이고 대표적인 직업대안만을 고려할 수 있다. 이러한 학생들의 경우 진로정보는 이들의 관점을 보다 확장하는 데 도움을 준다. 진로와 관련한 관점의 확장은 대안을 증가시킬 뿐 아니라 적성과 가치관 등 자신의 진로를 재정립하는 동기로 작용할 수 있다.

이런 학생들에게 진로정보가 필요할 수 있습니다!
- 관심 있는 직업이 하나도 없다고 하는 경우
- 직업이란 다 지루하고 재미없으며 진로결정은 자신의 일이 아니라고 생각하는 경우
- 아는 직업 자체가 별로 많지 않아 대안이 협소한 경우
- 사회의 변화에 따라 생기는 최근 직업이나 유망 직업에 대한 정보가 없는 경우

2) 직업세계 이해

(1) 관심 직업세계에 대한 구체적인 이해 제공

실질적인 진로정보는 학생들로 하여금 해당 직업이 어떠한 환경에서 어떠한 일을 하는지에 대한 구체적인 이해를 제공할 수 있다. 청소년들의 경우 다양한 직업을 충분히 탐색하는 과정을 거치기보다 주변 환경이나 미디어에 노출된 제한된 직업 내에서 관심을 발달시키는 경우가 많고, 그마저 선입견이나 고정관념을 상당히 포함하기도 한다. 또한 특정 직업의 대표적인 업무나 대략적인 정보는 가지고 있으나, 해당 직업이 구체적으로 무엇을 하는 일인지에 대한 정보는 부족한 경우가 많다. 구체적인 진로정보가 없는 탐색과 결정은 긍정적인 선택 결과를 가져오기 어렵기 때문에, 학생들이 해당 직업이 정확히 어떠한 직무를 수행하는지에 대해 아는 것은 매우 중요하다.

(2) 잘못된 고정관념이나 왜곡된 이미지 수정

청소년들이 진로정보를 습득하는 원천은 다양하다. 특히 매체나 영상 등을 활용하는 것이 익숙한 청소년들의 경우 이러한 미디어를 통해 직업을 이해하기 쉽다. 다양한 매체를 통해 얻는 진로정보는 생생한 내용을 포함하고 있기는 하지만, 직업의 특정 측면만 부각되거나 왜곡되어 전달될 수 있다. 따라서 특정 직업에 대해서 잘못된 이미지나 편견을 가지고 있는 학생의 경우 좀 더 정확하고 구체적인 진로정보를 통해 이를 바로잡는 작업이 요구된다.

이런 학생들에게 진로정보가 필요할 수 있습니다!
- 직업에 대해서 대략적인 내용이나 추상적인 정보만 알고 있는 경우
- 관심 직업의 실제적인 직무가 무엇인지 알지 못하는 경우
- 특정 직업에 대해서 새로운 호기심이 생긴 경우
- 영화나 드라마에서 보여지는 이미지로 직업을 편협하게 이해하는 경우
- 특정 직업에 대해 고정관념을 가지고 있는 경우

3) 의사결정의 측면

(1) 진로결정에 직접적 도움

고등학생 시기는 진로를 탐색하는 시기이지만 진로대안을 좀 더 구체화하고 줄여나가는 의사결정 과정이 필요한 시기이기도 하다. 합리적인 의사결정을 위해서는 다양한 요소가 고려되어야 하는데 그중에서도 자신에 대한 정보와 직업에 대한 정보는 필수적으로 고려되는 요소라고 볼 수 있다. 따라서 대안 직업들을 명확히 하고, 해당 직업에 대해 구체적인 정보를 확인하는 것은 대안들을 직접적으로 비교하고 개인의 특성에 적용할 수 있는 실질적인 자료로 기능할 수 있다.

(2) 직업대안의 축소와 삭제

여러 가지 진로대안 중 가장 적절한 진로를 선택하는 과정도 중요하지만, 때로 다양한 대안을 축소하거나 삭제하는 과정이 필요할 때도 있다. 다양한 분야에 관심이 많아 모든 대안을 다 체험하거나 준비하기에는 어려움이 있는 경우가 그러할 수 있다. 이때 각 대안에 대한 구체적인 진로정보는 보다 중요하고 체험이 필요한 대안과 그렇지 않은 대안을 나누는 데 도움을 줄 수 있다. 특히 학생에게 중요한 기준과 관련이 있는 구체적 정보는 적절하지 않은 대안들을 제거하는 데 유용하게 활용될 수 있다.

이런 학생들에게 진로정보가 필요할 수 있습니다!
- 관심 직업들의 장단점을 비교하고자 하는 경우
- 여러 가지 진로대안 중에서 개인의 특성과의 일치성을 확인하기 위한 경우
- 진로대안의 수를 축소하고 대안의 삭제를 원하는 경우
- 학과·대학·직업 결정 등 구체적인 결정을 앞두고 있는 경우

4) 계획과 실행 측면

(1) 관심 직업에 진입하기 위해 해야 할 준비행동 안내

고등학생 시기에는 진학이나 취업의 방향을 구체화하면서 이와 함께 관심 진로 방향성에 따라 적절한 준비행동을 하는 것이 중요하다. 이때 진로 방향에 따라 무엇을 준비해야 하는지에 대한 정보는 실질적으로 학생들에게 교과 공부 외에 해야 할 다양한 활동을 효과적으로 안내하는 역할을 할 수 있다.

(2) 전 생애 관점에서 장기 계획 및 중단기 계획 마련

고등학생들에게는 당장의 진학이나 취업에 대한 계획도 중요하지만, 이러한 단기 계획은 생애 관점에서의 장기 계획과 연계될 때 보다 적절해질 수 있다. 때로 학생들이 단기 계획과 실행에 대해서는 관심이 있으나, 생애 전반에 걸친 장기적인 계획을 세우기 어려워하고 삶의 방향성에 대해 모호함을 느끼는 경우가 있다. 관심 진로대안들의 발전 가능성이나 안정성 등 20~30년 후를 계획할 수 있는 정보들은 학생들이 장기 계획과 삶의 역할을 고려한 실행계획을 마련하는 데 도움이 될 수 있다.

> **이런 학생들에게 진로정보가 필요할 수 있습니다!**
> • 관심 진로는 있지만 무엇을 어떻게 준비해야 하는지 모르는 경우
> • 앞으로의 인생 계획을 세우는 데 구체성이 부족한 경우
> • 생애 관점에서 다른 삶의 역할들과의 균형을 고려할 필요가 있는 경우

고등학생들이 진로정보를 접할 때 다양한 문제들이 발생할 수 있는데, 이 절에서는 그중에서도 대표적인 몇 가지 경우를 살펴보고자 한다. 학생이 "진로와 관련된 정보가 부족하다"고 표현하는 경우라도, 모든 학생이 동일한 문제를 가지고 있다고 판단할 수는 없다. 때로 적절한 목적과 적절한 시점이 아닌 때에 제공되는 진로정보는 오히려 학생들에게 혼란을 유발할 뿐 아니라(Schwartz, 2005) 문제를 더욱 회피하게 만들기도 한다. 따라서 진로정보를 탐색하고 학생에게 제공하기에 앞서, 진로정보와 관련해서 어떠한 문제들이 나타날 수 있는지 살펴보는 것이 필요하다.

진로정보의 사용 목적이 다양하고, 목적에 따라 진로정보의 활용 방향성이 달라지듯이, 진로정보와 관련하여 무엇이 문제인지를 파악하는 것은 진로정보를 탐색하는 개입이 필요한지 혹은 다른 부분에 초점을 맞춘 개입이 필요한지를 결정하는 데 방향을 제공해 줄 수 있다.

1) 진로정보 자체를 가지고 있지 않은 경우

청소년 중에서 활동이나 체험의 기회가 충분하지 못했거나 정보탐색 원천이 협소해서 실제 진로와 관련된 다양한 정보를 충분히 수집하고 탐색하지 못한 경우가 있다. 이러한 진로정보의 부족은 그 자체로 진로를 수행하고 결정하는 데 방해가 되는 진로장벽(Crites, 1969; 손은령, 2001 재인용)으로 기능할 수 있다. 황매향, 이은설, 유성경(2005)과 황매향, 이아라, 박은혜(2005)가 개발한 청소년 진로장벽 척도에는 '진로정보 부족'이라는 하위 요인이 있는데, 구체적인 문항은 다음과 같다.

- 나는 내가 원하는 직업에서 사람들이 실제로 어떤 일을 하는지 모른다.
- 나는 내가 원하는 직업을 가지기 위해 어떤 준비를 해야 하는지 모른다.
- 나는 직업의 다양한 종류에 대해서 모른다.
- 나는 관심 있는 직업에 대한 정보를 어디서 얻을 수 있는지 모른다.

고등학생을 대상으로 진로교육 및 상담을 진행할 때 학생들이 이상의 문항들에 대한 질문에 '그렇다'고 대답하는 경우에는 진로정보 자체의 부족을 시사한다고 볼 수 있다. 이에 해당하면서 이후의 경우들에 포함되지 않는다면, 여러 가지 진로정보 활용 목적에 따라 학생에게 필요한 진로정보가 무엇이고, 이를 어떻게 탐색하는지 함께 논의하는 방향으로 교육이 진행될 수 있다. 정보를 탐색하는 방법에 대해서는 이 장의 3절 진로정보 탐색 방법을 참고할 수 있다.

2) 진로정보와 관련한 효능감이 부족한 경우

진로정보가 없다고 호소하는 학생들이 모두 단순히 진로정보의 부족 문제만을 가진 것은 아니다. 이들 중에는 때로 진로정보와 관련하여 효능감이 부족한 것이 더 핵심 문제인 경우도 있다. 진로결정 자기효능감이란 "진로결정과 관련한 여러 문제를 적절하게 수행할 수 있는지에 대한 개인의 주관적인 신념"(Hackett & Betz, 1981)을 말하는 것이며, 정보 검색과 관련된 효능감은 스스로 진로정보를 탐색하고 찾을 수 있는지에 대한 믿음을 의미하는 개념이다. 베츠, 클라인, 테일러(Betz, Klein, & Taylor, 1996)가 개발한 진로결정 자기효능감 척도(Career Decision-making Self-Efficacy Scale Short Form)의 하위 요인 중 직업정보 요인에 대한 구체적인 문항은 다음과 같다.

- 내가 관심을 가지고 있는 직업들에 대한 정보를 도서관이나 인터넷에서 찾을 수 있다.
- 향후 10년 동안의 직업에 대한 고용 경향을 알 수 있다.
- 고려하고 있는 직업의 평균 연봉을 알아낼 수 있다.
- 관심 있는 분야에서 일하고 있는 사람들과 이야기해 볼 수 있다.
- 대학원에 대한 정보를 찾을 수 있다.

즉, 진로정보가 부족한 고등학생 중에서 이상의 문항처럼 정보를 찾고 알아보는 과정 자체를 '못할 것 같다'고 생각하는 경우에는 진로정보 자체를 다루는 것에 앞서, 효능감을 다루는 것이 보다 우선시될 수 있다. 효능감이 낮은 학생들은 실제로 할 수 있는 능력이 있다고 하더라도 '못할 것'이라는 생각 때문에 수행을 시도하지 않게 된다. 따라서 이러한 학생들의 효능감을 다루지 않고 진행하는 정보 수집 논의는 이후 실행 차원에서도 효과가 떨어질 수 있다.

진로정보와 관련한 효능감이 낮은 고등학생의 경우 어떠한 이유로 스스로에 대한 믿음이 낮은지 확인하고, 필요한 경우에 정보 수집과 진로결정에 대해 스스로 해낼 수 있을 것이라는 믿음을 증진시키는 교육이 함께 진행될 수 있다. 이러한 경우 교사나 상담자는 직접 성공 경험, 대리 경험, 언어적 설득, 생리적 상태를 효능감의 원천으로 제시한 반두라(Bandura, 1977)의 제언을 활용할 수 있을 것이다.

3) 진로정보와 관련된 준비행동을 하지 않는 경우

마지막으로 살펴볼 경우는 진로정보를 어떻게 찾는지도 알고 그것에 대해서 할 수 있다고 믿지만, 진로정보를 탐색하는 행동 자체를 하지 않는 경우이다. 이러한 학생들의 경우 겉으로 드러나는 결과는 '진로정보의 부족'이지만, 이들이 가진 본질적인 문제는 실질적인 행동을 하지 않는 것과 관련되어 있다. 즉, 진로준비행동을 시도하였으나 정보가 부족한 학생과, 방법은 알고 있으나 시도를 하지 않는 학생은 다른 교육적 방법이 필요할 것이다. 임언, 정윤경, 상경아(2001)가 개발한 진로성숙도검사의 진로준비행동 영역 중 일부 문항을 살펴보면 다음과 같다.

> • 최근 1년 이내에 내가 관심을 갖고 있는 직업 분야에 대한 정보를 찾아본 적이 있다.
> • 최근 1년 이내에 내가 관심을 갖고 있는 교육기관(학교, 학원 등)에 대한 정보를 찾아본 적이 있다.
> • 최근 1년 이내에 내가 관심을 갖고 있는 진로(진학, 직업)와 관련된 기관을 방문한 적이 있다.
> • 최근 1년 이내에 내가 관심을 갖고 있는 직업에 종사하는 사람을 만나 이야기해 본 적이 있다.
> • 최근 1년 이내에 내가 관심을 갖고 있는 직업에 종사하는 직업인의 인터뷰 동영상을 시청한 적이 있다.

이러한 진로정보를 찾기 위한 행동을 하지 않은 경우에는 무엇보다 행동을 하지 않도록 하는 원인이 무엇인지 확인하는 것이 필요하다. 진로결정이나 수행과 관련한 낮은 자신감이나 낮은 결과기대, 부모 등 외부 의견과의 불일치, 우울이나 심리적 무기력 등의 여러 이유가 진로정보를 적극적으로 탐색하려는 행동을 방해할 수 있다. 행동을 방해하는 요인을 해결하지 않고 진로정보 탐색방법만을 논의하는 것은 이들을 적극적인 수집가로 만드는 데 도움이 되지 않는다. 따라서 교사와 상담자는 행동부족의 원인에 따라 해당 요인을 해결하는 데 초점을 두면서, 알고 있는 탐색방법을 실천하고 관심 직업에 대한 정보를 수집하는 '행동화'를 할 수 있도록 행동 동기를 향상시키는 방법이 필요할 것이다.

3 진로정보 탐색 방법

고등학교 시기 탐색하게 되는 정보의 원천은 크게 온라인 경로, 오프라인 경로, 그리고 대인관계 경로로 나누어 볼 수 있다(김정선, 조현정, 백지연, 서보람, 김민정, 2016). 직업정보 수집 경로에 따라서 탐색할 수 있는 정보의 종류나 특성 그리고 각 정보의 장단점이 달라질 수 있다. 따라서 고등학생들의 진로교육 장면에서 정보를 사용할 때에는 학생들이 현재 어떠한 경로를 통해서 정보를 탐색하고 있는지를 확인하고, 필요한 정보에 따라 다양한 방법으로 정보를 습득할 수 있도록 도울 필요가 있다. 진로정보 탐색 경로에 따른 정보의 특징과 대표적인 경로의 예시는 다음과 같다.

1) 온라인 매체 경로

인터넷을 활용한 정보 습득은 학생들이 가장 많이 사용하는 방법이다. 온라인 매체 경로는 크게 워크넷이나 커리어넷 등 진로정보를 제공하는 것을 주 목적으로 하는 공공기관 웹사이트와 그 외의 웹사이트로 나누어 볼 수 있다. 온라인 매체 경로를 통한 정보 획득은 무엇보다 손쉽게 접근 가능하며, 비교적 적은 시간에 다양한 직업정보를 습득할 수 있다는 장점이 있다. 특히 워크넷 등 공공기관 웹사이트에서는 진로탐색과 결정을 돕기 위한 목적으로 진로정보를 체계적으로 제공할 뿐 아니라, 신생직업 등에 대한 신뢰할 수 있는 정보를 함께 제공한다. 그러나 온라인 매체는 그 종류와 특성이 다양하기 때문에, 이를 통한 정보 습득은 정보를 제공하는 사이트의 구체적인 특성에 따라 신뢰도와 정확도의 차이가 매우 크다는 단점이 있다.

(1) 직업정보 전문 사이트

① 워크넷(work.go.kr)

- 채용정보, 직업진로정보, 훈련정보 등에 대한 정보 제공
- 채용정보의 경우 직종별, 직업별, 테마별로 정보 검색이 가능하며, 각 직업별 고용형태, 학력, 희망임금 등의 세부적인 기준에 따라 검색 가능
- 직업진로정보의 경우 직업심리검사 실시 및 해석이 가능하며, 관심 학과와 관심 직업에 대해 검색 가능
- 테마별 직업, 대상별 직업, 이색직업, 새로운 직업정보 제공

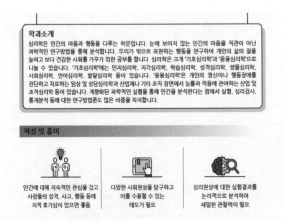

학과 정보 예시(심리학과)

직업인 인터뷰의 예시(쇼셜 네트워크 전문가)

② 커리어넷(career.go.kr)

- 채용정보, 직업진로정보, 훈련정보 등에 대한 정보 제공

- 진로심리검사, 직업학과 정보, 진로동영상, 진로교육자료 제공

- 500여 개의 직업정보와 학교 및 학과 정보 제공

- 계열별·분야별·성별 등에 따른 주제별 직업·학과 정보 제공

- 진로 동영상의 경우 각종 프로그램에서 소개된 진로 관련 동영상을 목록화하
  여 제공

- 진로교육자료에는 학부모나 교사가 활용할 수 있는 진로 연구와 자료 정보
  제공

프로그램별 진로동영상 목록

직업정보 예시(GIS 전문가)

이 외에도 자격 정보나 취업 정보에 활용할 수 있는 사이트에는 대표적으로 다음과 같은 곳이 있다.

③ 한국산업인력공단(www.hrdkorea.or.kr)
- 사회·경제·심리적 지원이 필요한 청소년을 대상으로 인성교육, 맞춤형 직업 훈련 등 제공
- 한국직업방송 운영으로 직업 및 채용 정보, 평생학습강좌, 능력성공시대 등 다양한 정보 및 프로그램을 시청매체로 제공

④ 한국정보통신진흥협회(www.kait.or.kr)
- 정보통신자격검정사업 운영을 통해 디지털정보활용능력(DIAT), 인터넷정보 관리사, 리눅스마스터, 모바일앱개발전문가(MAP), 디지털영상편집, 검색광 고마케터 등의 기술인력 양성과 보급을 도모
- 대외적으로 자신의 정보활용능력을 증명할 수 있는 공식적인 평가자격을 제공

⑤ 한국생산성본부(www.kpc.or.kr)
- OA, 그래픽 디자인, 경영실무능력, 컴퓨터 활용능력, 컴퓨팅 사고력평가 등의 다양한 기술자격 사이트 정보 제공
- 중소기업의 창업을 전담하는 한국기업상담주식회사 설립, 산하에 창업예비 학교 개설

⑥ 한국정보통신자격협회(www.icpa.or.kr)
- PC정비사 1, 2급, 네트워크관리사 2급 등의 국가공인자격검정시험과 인터넷 보안전문가 1, 2급, 지능형로봇, 컴퓨터소양, 유비쿼터스마스터, 모바일로보 틱스 등의 민간자격 검정 시행
- 우수 청소년 해외연수 실시, 유자격자 세미나 및 특강 제공

⑦ 자격전문 포털사이트 큐넷(q-net.or.kr)

- 한국산업인력공단이 운영하는 국가기술자격전문 포털사이트로 시험일정, 원서접수, 합격자발표 조회, 자격 정보, 자격증 발급신청, 자격취득자 정보 제공
- 취업·훈련·연수, 중고생 장학금, 창업지원·교육서비스, 자금운용·보증지원에 관한 고객맞춤정보 제공

(2) 대학 및 기업 홈페이지

고등학생들의 진로교육에서 진학이 매우 중요한 부분을 차지하고, 진로선택 역시 학교 및 학과를 선택하는 것과 긴밀하게 연계되므로 각종 대학 홈페이지 등에서 제공하는 정보도 유용한 진로정보가 될 수 있다. 대학 홈페이지 등에는 해당 대학의 주요 특성뿐 아니라 학과에서 배우는 교육 내용, 해당 학과와 관련된 취업 및 진로 영역 등에 대한 정보를 제공한다. 또한 대학 진학을 위해서 준비해야 하는 구체적인 방법에 대한 정보를 알 수 있으며, 학교에 따라 각 학과에서 배우는 특정 영역을 미리 체험해 볼 수 있는 프로그램을 제공하기도 한다.

(3) SNS

최근 청소년들이 가장 흔하게 접하는 매체는 SNS라고 해도 과언이 아니다. 하루에도 수많은 블로그, 유튜브 등의 경로를 통해 각종 정보들이 제공되고 있다. 청소년들은 이러한 매체들을 통해 친숙하고 편안한 방법으로 가장 최신의 정보를 접할 수 있다. 특히 블로그나 유튜브 등의 경로는 출판 등의 복잡한 과정을 거치지 않기 때문에 정보를 제공하고자 하는 누구나 생생하고 다양한 정보를 바로 송출할 수 있다. 블로그나 유튜브 등에는 진로정보 자체에 특화된 콘텐츠뿐 아니라 개인의 경험에 기반한 특정 직업에 대한 콘텐츠도 다양하게 제시되어 있으므로 학생들의 관심 직업이 분명할수록 해당 직업에 대한 상세한 정보를 접할 수 있다. 그러나 이러한 매체를 통한 정보 수집의 경우 정보의 신뢰성과 편향성, 완전성 등의 측면에서 보다 신중한 판단이 필요하다.

예) 블로그 업데이트앤잡고(blog.naver.com/updatenjobgo)

- 컴퓨터, 게임, IT, 뷰티, 요리 관련 정보 및 격증, 기본 지식과 기술에 관한 정보 제공

예) 유튜브 마이드림(www.youtube.com/user/Kaicubecorp)

- 다양한 직업과 대학 전공에 대한 정보 제공
- 각종 직업의 실무자를 통한 정보, 각종 기업의 직무와 관련된 정보 제공

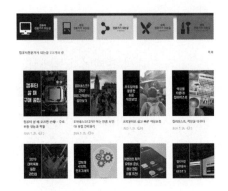

컴퓨터전문가와 관련된 정보 목록

청소년 인기 직업 동영상 목록

2) 오프라인 매체 경로

오프라인을 통해 진로정보를 탐색하는 경로를 크게 출판물과 체험 및 방문으로 나누어 살펴보고자 한다. 먼저, 직업정보를 중심으로 출판된 출판자료를 살펴볼 수 있다. 직업정보를 중점으로 한 출판자료도 여러 종류로 나누어 볼 수 있는데, 한국직업전망서나 한국직업사전 등 공공기관에서 공공의 목적을 위해서 출간한 것과 기업이나 학교 등에서 홍보 및 안내를 위해서 발행한 출간물, 또는 관련 직업 종사자 등이 자신의 경험을 에세이 등의 형태로 발간한 출간물 등이 모두 포함될 수 있다. 이 중 공공기관에서 발행한 출판물의 경우 객관성과 신뢰성이 보장되는 장점이 있으나 특정 직업에 대한 구체적인 정보가 다소 부족할 수 있다는 단점이 있다. 이에 비해 학교나 기업에서 발간한 출판물은 특정 기관에 대한 구체적인 정보를 습득할 수 있는 장점이 있으나, 출간

목적상 긍정적인 정보만을 제공할 가능성이 있음을 고려해야 한다. 또한 에세이 등의 출판물은 개인의 주관적인 경험이 상당수 포함되어 있다는 단점이 있지만 해당 직무에 종사하는 사람이 경험할 수 있는 생생한 정보를 획득할 수 있다는 장점이 있다. 전반적으로 출판물을 이용해 수집하는 진로정보는 이용이 쉽고, 한꺼번에 다양한 직업에 대해서 알 수 있으며, 개별 직업에 대해 개략적으로 이해할 수 있다는 장점이 있다. 그러나 유튜브 동영상 등의 역동적인 자료에 익숙한 청소년들에게 출판물은 지루하게 여겨질 수 있고 출판물의 특성상 사회의 변화에 뒤처진다는 등(Yost & Corbishley, 1987; 김봉환 등, 2017 재인용)의 단점이 있다.

공공기관에서 발행하는 출판물의 대표적인 예는 다음과 같다.

① 『한국직업사전』
- 우리나라의 직업 총람으로, 체계적 직무분석을 통해 수행하는 작업 과정(수행직무)과 각종 부가직업정보(정규교육, 숙련기간, 작업강도, 자격면허 등)와 직업·산업분류 코드 제공
- 직무담당자의 활동, 활동의 대상 및 목적, 만들어진 생산품 또는 제공된 용역, 수반되는 일반적·전문적 지식 등에 대한 정보 제공
- 직무담당자의 구체적인 작업 내용을 순서에 따라 제공

② 『한국직업전망』
- 해당 직업 종사자가 일반적으로 수행하는 업무 내용과 과정에 대한 정보 제공
- 해당 직업 종사자의 일반적인 근무시간, 근무형태, 근무장소, 육체적·정신적 스트레스 정도, 산업안전 등의 정보 제공
- 해당 직업에 종사하는 데 필요한 학력과 전공, 직업훈련기관 및 훈련과정 등을 안내
- 대학에 개설된 대표 학과명 수록

③ 『미래의 직업세계』

직업편

- 청소년들이 앞으로 진출하게 될 주요 직업 160개에 관한 정보 제공
- 직업별로 직업 개요, 준비 방법, 흥미 및 적성, 직업 전망 등의 정보 제공

학과편

- 학과 정보 및 학과와 직업 간의 연계 정보 제공
- 2~3년제 대학 및 4년제 대학교의 학과 개요 및 학과와 관련된 직업정보, 취업률 정보 제공

해외 직업편

- 미국, 영국, 일본, 캐나다, 호주 등 주요 선진국에 존재하는 50개의 직업 소개

또 다른 오프라인 매체 경로는 입시설명회나 박람회 참여, 기관 방문 등의 체험을 활용하는 것이다. 설명회나 기관 방문 등의 체험은 실제 종사자를 만나고 일을 수행하는 현장을 살펴봄으로써 실질적인 정보를 보다 생생하게 받아들일 수 있고 온라인에서는 습득할 수 없는 정보를 얻을 수 있다는 장점이 있다. 그러나 이러한 설명회나 박람회 기회가 충분하지 않고, 특히 청소년 개인의 관심 대상이 되는 특정한 영역과 관련한 체험 기회는 더욱 적을 수 있다는 단점이 있다.

3) 대인관계 경로

고등학생들은 많은 경우 대인관계를 활용하여 정보를 얻는다. 대표적인 대인관계 원천은 부모님을 포함한 가족, 학교 및 학원 교사, 친구들이나 선배 등이다. 청소년의 시기에서 대인관계의 중요성이 높게 지각된다는 점을 고려했을 때, 대인관계 경로를 통한 진로정보 역시 이들의 결정에 중요한 영향을 미칠 수 있다. 대인관계를 통한 정보 습득의 경우 학생의 개별적인 특성을 잘 알고 있는 지지원들의 정보 해석과 제공이 가능하다는 장점이 있다. 청소년들은 주요 대인관계를 통해 자신에게 필요하고 중요한

정보를 습득할 수 있을 뿐 아니라, 해당 정보를 수용하고 활용하는 과정에 대해 논의할 수도 있다. 반면 대인관계에 기반한 정보 습득은 주관적인 정보의 해석이 함께 제공되어 객관성이 부족할 수 있으며, 정보 제공자가 전달하고 싶은 내용에 따라 정보가 편향될 수 있다는 단점이 있다.

멘토링이나 직장인 인터뷰 등은 학생들이 사용할 수 있는 다양한 대인관계 경로 중에서 실제 직업생활을 하고 있는 사람들을 만나는 효과적인 정보 수집 방법이 되는데, 이때 어떠한 질문을 하고 어떠한 정보를 수집할 것인지 명료하게 하는 작업은 정보의 질과 유용성을 높이는 데 도움을 준다. 따라서 학생들이 직업정보 수집을 위해 인터뷰를 준비할 때, 어떠한 질문을 사용할 것인지 함께 논의해야 한다. 이러한 논의 과정에는 다음의 질문들이 도움이 될 수 있다.

- 내가 가장 관심 있는 직업은 무엇인가?
- 내가 해당 직업에 대해서 가장 알고 싶은 것은 무엇인가?
- 이 정보는 인터넷 등 다른 대안 경로로 획득할 수 없는 것인가?
- 이 정보는 해당 직업에 실제 종사하는 사람만이 알 수 있는 것인가?
- 내가 진로준비와 결정을 하는 데 꼭 필요한 정보는 무엇인가?
- 내가 지금 알고 있는 정보 중에서 좀 더 구체화해야 하는 정보는 무엇인가?
- 내가 지금 알고 있는 정보 중에서 정확히 확인을 해야 하는 정보는 무엇인가?

이러한 과정을 거쳐서 도출되는 인터뷰 질문의 예시는 본 교재 12장에서 참고할 수 있다. 그러나 인터뷰의 질문은 학생의 관심사나 진로준비도, 가치관 등에 따라 달라질 필요가 있다. 좋은 인터뷰 질문은 첫째, 학생의 진로준비와 결정에 가장 도움이 되는 정보를 얻을 수 있는 질문으로, 둘째, 인터뷰를 통해서만 얻을 수 있는 정보와 관련된 질문으로 구성된다.

학생과 함께 인터뷰 질문을 선정하였으면 학생으로 하여금 실제 인터뷰를 진행하고 오도록 독려할 수 있다. 인터뷰를 준비하고 진행하는 전 과정에서 고등학생과 교사 혹은 상담자가 함께 체크해 보아야 할 사항들에는 다음과 같은 것들이 있다.

인터뷰 전후 체크리스트
- 인터뷰를 원하는 직업, 원하는 대상자를 탐색했는가?
- 인터뷰 허락을 받고 인터뷰 약속을 잡았는가?
- 인터뷰 대상자와 직업, 기관에 대한 정보를 충분히 수집했는가?
- 나에게 필요한 질문을 중심으로 인터뷰 질문지를 정리하였는가?
- 인터뷰 도구(질문지, 녹음기 등)를 준비하였는가?
- 인터뷰 내용을 미리 대상자에게 언급하거나 알렸는가?
- 인터뷰 진행 후에 인터뷰 대상자에게 감사 메일을 보냈는가?
- 인터뷰 진행 후에 인터뷰에서 얻은 정보를 정리하고, 진로대안에 적용하였는가?

4 　진로정보 활용 방법

진로결정과 준비를 위해서는 진로정보를 어떻게 수집하고 탐색하는지에 대한 것 뿐 아니라 수집된 정보를 어떻게 효율적으로 활용할 것인지를 고려해야 한다. 즉, 학생 들에게 '정보를 찾아오라'고 안내하는 것뿐 아니라 학생이 알고 있는 정보가 적절한지 '평가'하고, 이를 학생의 진로의사결정에 '어떻게 쓸모 있게 만들 것인지' 살펴보아야 한다. 진로정보를 활용할 때에는 정보의 타당성과 효율성을 분석하는 과정과 이를 통 해 획득된 정보를 통합하는 과정을 거치게 된다.

고등학생의 진로정보를 활용하는 과정은 크게 진로정보와 관련한 학생 욕구 확인 하기, 진로정보 수집하기, 진로정보 분석하기, 진로정보 통합하기 단계로 나누어 볼 수 있다. 이 중 '진로정보 수집하기' 단계는 앞선 절에서 언급하였으므로 이 절에서는 나머지 과정에 대해서 살펴본다.

1) 진로정보와 관련한 학생 욕구 확인하기

진로준비와 결정 과정에 있는 고등학생 중에서 진로정보를 원하지 않는 학생은 없을 것이다. 중고등학생과 대학생을 대상으로 하는 여러 실태조사에서도 원하는 진로에 상관없이 대부분의 학생이 진로정보를 원하는 것으로 나타난다. 그러나 똑같이 진로정보를 원한다고 하더라도 정보를 원하는 이유는 모두 다를 수 있다. 중요한 것은 그 이유에 따라 학생에게 정보가 필요한지, 혹은 정보 수집 외 다른 도움이 제공되어야 하는지를 결정하는 것이다.

진로상담자들은 자기탐색을 피하려고 하거나 불안 등의 부정적인 정서를 회피하는 방법으로 진로정보를 요구하는 학생들이 있다고 제언한다(노안영, 2011). 또한 때로 과도한 진로정보의 요구는 학생의 의존성을 반영하는 패턴이거나 실패의 두려움을 줄이기 위한 완벽한 선택 추구 결과로 나타날 수도 있다. 따라서 교사와 상담자는 학생이 진로정보를 원하는 경우에 학생의 정보 요구가 문제해결을 위한 직접적인 전략으로 기능할지, 다른 진로문제들을 회피하는 방법으로 기능할지 확인할 필요가 있다.

구체적으로 진로상담과 교육에서 학생의 진로정보 요구를 확인할 때 다음과 같은 질문들을 사용할 수 있다. 진로정보를 충분히 알고 있음에도 계속적으로 정보를 확인하고자 하는 경우, 진로정보를 어떠한 준비와 결정에 활용할지 모호한 경우, 진로정보를 원한다고 하지만 정작 정보수집을 위한 노력을 하지 않는 경우 등에는 당장 정보수집 과정을 진행하는 것보다 정보 요구 이면의 불안이나 의존성을 다루는 것이 적절할 수 있다.

진로정보 요구와 관련하여 사용 가능한 질문 목록

- 현재 어떠한 진로정보를 가지고 있는가?
- 현재 이러한 정보를 어떠한 방법으로 수집하고 있는가?
- 현재 알고 있는 정보가 충분하지 않다고 생각하는 이유는 무엇인가?
- 구체적으로 어떠한 진로정보를 더 알고 싶은가?
- 구체적으로 어떠한 진로정보를 더 알고 싶은가?
- 원하는 진로정보를 찾기 위해서 어떤 노력을 하고 있는가?
- 그러한 진로정보를 얻으면 무엇(자기이해, 선택, 행동, 계획)에 도움이 되는가?
- 그러한 진로정보를 알지 못해 현재 무엇을 하지 못하는가?

2) 진로정보 분석하기

현대사회에서는 정보를 얻는 방법이 매우 다양하며, 특히 청소년들은 수많은 매체를 통해 많은 양의 콘텐츠를 접하고 있다. 이러한 다양한 정보 출처와 양 때문에, 현대사회의 진로 전문가들은 정보의 과부하가 오히려 진로결정을 더욱 어렵게 한다고 이야기한다. 이렇게 다양한 정보는 새로운 직업이나 상대적으로 정보를 획득하기 어려웠던 직업정보들에 좀 더 쉽게 접근 가능하게 하지만, 정보의 신뢰성과 타당성 측면에서 더욱 신중한 분석을 필요로 한다.

과도한 정보의 양은 질적인 측면에서 어떠한 정보를 취하고 어떠한 정보를 버릴 것인지에 대한 평가 과정을 더욱 중요하게 만든다. 따라서 교사와 상담자들은 학생이 현재 보유하고 있거나 진로교육과정에서 수집하는 정보들을 필요한 기준에 따라 평가하고 그중에서 효과적인 것을 걸러 낼 수 있도록 도와야 한다. 수집된 진로정보를 분석하는 기준은 일괄적으로 정해져 있지는 않으나, 일반적으로 다음과 같은 기준을 활용할 수 있다.

진로정보의 분석 기준

- 정확성: 정보의 내용이 실제 직업세계의 내용을 정확하게 반영하고 있는가?
- 객관성: 정보의 출처와 정보 제공의 의도가 편향되지 않고, 개인의 주관적인 의견
  이 반영되지 않은 객관적인 정보라고 볼 수 있는가?
- 최신성: 정보의 내용이 최근의 현실 변화를 반영하고 있는가?
- 완전성: 정보의 내용이 해당 직무나 직업의 지극히 일부분이나 협소한 내용만을
  다루고 있지는 않은가?
- 구체성: 정보의 내용이 모호하거나 추상적이지 않고, 구체적이고 명확한가?
- 유용성: 정보의 내용이 현재 정보를 수집하고 활용하는 학생에게 유용한가?

이와 같은 질문들을 활용하여 평가한 양질의 정보들은 이후 진로결정 과정에서 보다 유용하게 활용될 수 있다. 또한 해당 기준에 의해 적절하지 않은 것으로 평가된 진로정보는 새로운 정보 수집 과정을 통해 다른 정보로 대체하는 과정이 이루어질 수 있이다. 진로정보를 평가하는 일련의 과정은 학생들에게 향후 어떠한 기준으로 정보를 수집해야 하는지에 대한 교육적 효과도 제공한다.

3) 진로정보 통합하기

앞선 과정을 통해 ① 학생의 진로정보 관련 요구를 확인하여 진로정보가 필요한 과정과 상황이라고 판단되고, ② 진로정보 획득 경로를 통해 필요한 진로정보를 수집하였으며, ③ 수집된 진로정보를 중요한 기준에 따라 분석하는 과정을 거치고 나면, 마지막 단계는 진로정보를 학생의 진로결정과 준비에 활용하는 단계로 이어진다. 많은 학생들은 수집된 진로정보를 자신의 진로계획에 연계하여 활용하는 데 어려움을 겪기 때문에 교사와 상담자는 학생들의 정보 통합과정을 검토하고 교육할 필요가 있다. 진로정보를 다양하게 보유하고 있다고 하더라도 이러한 정보가 결국 학생의 진로결정 과정

그림 4-1 가장 단순한 수준의 진로정보 통합 방법

진로정보 통합 방법의 예시

- 나에게는 '보수'라는 직업가치가 중요한데, A직업은 보수가 매우 낮은 편이므로, 나의 진로결정에서 A직업에 대한 선호도는 낮아졌다.
- B직업을 갖기 위해서는 대학원 학위가 필요한데, 나는 대학원 공부에 대한 소질과 흥미가 있으므로 B직업을 위해서 대학원까지의 계획을 세울 필요가 있다.
- C직업에 입직하기 위해서는 D자격증이 필요한데, 내가 D자격증을 획득하는 데 2년 정도 소요될 것으로 예상되므로 올해 말부터 D자격증을 준비하려고 한다.
- E직업에는 사람들과 만나서 진행하는 일이 많은데, 나는 사람들을 만나서 일하는 것에 흥미가 높으므로 E직업을 선택할 가능성이 더 높아졌다.

에 활용되지 못한다면 진로정보를 수집한 과정 전체가 무의미해질 것이다.

또한 진로정보의 연계와 통합 과정을 위해서는 자기이해 등의 선 작업이 꼼꼼하게 이루어지는 '진로탐색의 준비' 과정(김충기, 김희수, 2003)이 전제되어야 한다는 것도 기억해야 한다. 보다 구체적인 정보의 통합과 연계에는 다음과 같은 단순한 방법부터, 진로대차대조표처럼 체계적인 방법에 이르기까지 다양한 방법이 활용될 수 있다.

4) 진로정보 활용에서 고려할 점

상담 교재들을 분석해서 정보 제공과 관련된 내용을 정리한 강혜영(2014)은 정보를 제공할 때 다음의 내용들을 고려할 것을 제언하였다.

- 한꺼번에 너무 많은 정보를 제공하지 말 것
- 충고하거나 강의하듯 제시하지 말 것
- 교사나 상담자의 주관적이고 편협한 정보 제공에 주의할 것
- 내담자가 꼭 기억할 정보는 메모해서 제공할 것

이 외에도 교사와 상담자들이 고등학생의 진로정보 활용에서 추가적으로 고려할 내용에는 다음과 같은 것들이 있다.

① 학생이 진로정보를 왜곡하거나 무시, 과장하고 있지는 않은지 확인할 것

때로 학생들은 진로정보를 의도적으로 왜곡하거나 편향적으로 받아들일 수 있다. 이러한 여과 과정에는 학생들의 요구나 희망, 장벽이나 갈등의 내용이 포함되어 있을 수 있다. 따라서 교사와 상담자는 학생들이 진로정보를 의도적으로 무시하거나 과장하는 등의 오류를 확인하고(Gysbers, Heppner, & Johnston, 2017), 그러한 여과 과정이 어떠한 이유에서 발생한 것인지에 대해서 이야기를 나누어 볼 필요가 있다.

② 정보 활용의 모든 과정에 학생을 적극적으로 참여시킬 것

진로상담과 교육 장면에서 학생들은 체계적으로 정리된 진로정보를 제공받기를 원할 수 있다. 이때 교사나 상담자가 정보를 보유하고 있을 경우 이 정보가 학생에게 일방적으로 제공될 가능성이 높다. 그러나 진로정보의 수집부터 분석 · 통합 과정 전반에서 학생을 적극적으로 참여시키고 주도적으로 과정을 수행하도록 안내하는 것이 진로정보의 전달보다 중요하다. 정보 활용 과정에서 학생의 참여가 제외되는 경우 정보 활용의 효과는 낮아질 수 있으며, 학생들로 하여금 너무 빨리 자신의 진로가 아닌 것으로 조기 결정을 하게 할 가능성은 높아질 수 있다(Amundson, Harris-Bowlsbey, & Niles, 2013).

③ 진로정보를 어디까지 수집하도록 도울 것인지 고민할 것

특정한 진로와 관련한 모든 정보를 수집하는 것은 불가능한 일이며, 완벽한 정보를 수집하기 위해서는 무한한 시간과 노력이 필요할 수 있다. 따라서 정보 수집 자체에 학생들이 가진 에너지와 시간을 지나치게 할애하는 것은 효율적이지 못하다. 학생들은 정보가 모두 수집된 이후에 실행을 한다는 것은 불가능하다는 것을 알 필요가 있다. 교사나 상담자는 진로정보 수집이 지속적인 과정으로 이어지도록 도우면서도, 정보의 평가와 일련의 준비행동들이 동시에 이루어지도록 조력해야 한다. 진로의사결정의 단계에서는 완벽한 정보가 없는 불확실성 속에서 선택과 위험감수가 어느 정도 불가피하다.

④ 진로정보의 업데이트와 사회의 변화에 민감할 것

사회의 변화에 따라 직업의 종류, 직무의 내용, 준비 방향과 유망성 등의 정보가 변화하는 속도는 교사와 상담자가 생각하는 것보다 훨씬 빠르다. 4차 산업혁명이 대두됨에 따라 이러한 변화의 속도는 더욱더 빨라지고, 이전의 직업세계와는 질적으로 다른 직무와 변화가 생겨날 것으로 예상된다. 따라서 학생은 물론이고 교사와 상담자들은 지능정보기술 기반 직업이나 바이오기술 기반 직업 등 미래 직업(김영빈 외, 2018)의 종류나 사회 변화의 방향성에 대해서 관심을 기울이고 변화된 정보에 민감하게 대처할 수 있어야 한다.

요약

고등학교 진로교육에서 진로정보는 학생들로 하여금 진로탐색과 관련한 동기를 높여 줄 뿐 아니라 구체적인 직업세계를 이해하여 의사결정을 하고, 선택한 진로를 준비하도록 도와주는 과정에서 유용하게 활용될 수 있다. 진로정보를 습득하는 경로에 따라 수집할 수 있는 정보의 장단점이 있으므로, 학생들로 하여금 진로정보와 관련한 전문 사이트뿐 아니라 출판물과 다양한 체험, 대인관계 등의 여러 경로를 통해 정보를 수집할 수 있도록 도울 수 있다. 특히 거대한 정보의 홍수 속에서 정확성과 객관성, 구체성 등의 기준에 따라 학생에게 필요하고 중요한 정보를 정리하여 분석할 수 있도록 돕는 작업은 더욱 중요해지고 있다. 궁극적으로 진로정보는 단순히 정보의 양을 증가시키는 것이 아니라 학생들이 가지고 있는 흥미와 요구에 기반하여 진로준비와 진로결정에 실질적으로 도움이 되도록 활용하는 데 그 중요성이 있다.

생각해 볼 문제

1. 진로교육 담당자로서 사회의 변화에 따라 달라지는 직업세계의 변화와 방향성에 대해서 얼마나 구체적으로 알고 있는가?

2. 학생이 관심 직업을 가진 대상을 인터뷰하고자 하지만 인터뷰 대상을 찾기 어려워한다면 어떻게 지도할 것인가?

3. 학생이 수집한 진로정보의 내용이 수집 경로에 따라 크게 차이가 난다면 이를 어떻게 통합하도록 지도할 것인가?

참고문헌

강혜영(2014). 상담교재에 나타난 '정보제공' 기법의 정의와 방법에 대한 고찰. 대한공업교육학회, 39(2), 144-164.

김봉환, 강은희, 강혜영, 공윤정, 김영빈, 김희수, 선혜연, 손은령, 송재홍, 유현실, 이제경, 임은미, 황매향 (2017). 진로상담. 한국상담학회 상담학 총서 6. 서울: 학지사.

김봉환, 정철영, 김병석(2006). 학교진로상담. 서울: 학지사.

김영빈, 김동규, 김소현, 박가열, 오민홍, 장현진, 정윤경(2018). 직업세계와 직업정보 탐색 지도. 한국생애 개발상담학회 진로진학상담총서 04. 서울: 사회평론아카데미.

김정선, 조현정, 백지연, 서보람, 김민정(2016). 여고생의 대학진학결정 과정에서의 정보요구 분석. 취업 진로연구, 6(1), 47-70.

김충기, 김현옥(1993). 진로교육과 진로상담. 서울: 건국대학교출판부.

김충기, 김희수(2003). 진로상담의 기술. 서울: 시그마프레스.

노안영(2011). 삶의 지혜를 위한 상담심리. 서울: 학지사.

손은령(2001). 여자대학생이 지각한 진로장벽. 서울대학교 박사학위논문.

임언, 정윤경, 상경아(2001). 진로성숙도 검사개발 보고서. 한국직업능력개발원.

황매향, 이아라, 박은혜(2005). 청소년용 진로장벽 척도의 타당도 검증 및 잠재평균 비교. 한국청소년연구, 16(2), 125-159.

황매향, 이은설, 유성경(2005). 청소년용 여성 진로장벽척도의 개발 및 타당화 연구. 상담학연구, 6(4), 1205-1223.

Amundson, N. E., Harris-Bowlsbey, J., & Niles, S. G. (2013). 진로상담 과정과 기법(*Essential Elements of Career Counseling –Process and Techniques* 2nd Edition). (이동혁, 황매향, 임은미 역). 서울: 학지사(원전은 2008년 출간).

Bandura, A. (1977). Self-efficacy: toward a unifying theory of behavioral change. *Psychological review, 84*(2), 191.

Betz, N. E., Klein, K. L., & Taylor, K. M. (1996). Evaluation of a short form of the Career Decision-Making Self-Efficacy Scale. *Journal of Career Assessment, 4*(1), 47-57.

Gysbers, N. C., Heppner, M. J., & Johnston, J. A. (2017). 진로상담의 실제(*Career Counseling: Holism, Diversity, and Strengths* 4th ed.). (김봉환 역). 서울: 학지사(원전은 2014년 출간).

Hackett, G., & Betz, N. E. (1981). A self-efficacy approach to the career development of women. *Journal of Vocational Behavior, 18*, 326-339.

Schwartz, B. (2005). *The Paradox of Choice: Why More Is Less*. NY: Harper Perennial.

5장

고등학생 진로 관련 심리검사

이아라

학습목표

1) 진로교육에서 활용하는 심리검사의 다양한 목적을 이해한다.

2) 고등학교 진로교육에서 활용 가능한 주요 진로검사의 종류와 내용을 이해한다.

3) 고등학교 진로교육에서 검사를 어떻게 선정, 실시, 해석하는지 구체적인 과정과 방법을 습득한다.

4) 진로교육에서 검사를 활용할 때 주의사항들을 고려한다.

심리검사란 "성격, 지능, 적성 등 인간의 심리적 특성을 파악하기 위해 다양한 도구를 사용하여 이를 양적·질적으로 측정하고 평가하는 일련의 절차"를 말한다(최정윤, 2013). 교육과 상담 장면에서 심리검사를 반드시 사용해야 하는 것은 아니지만, 심리검사를 적절한 목적으로 활용하면 객관적이고 믿을 만한 방법으로 학생의 관련 특성을 이해할 수 있다는 장점이 있다. 심리검사는 청소년들에게 자신의 여러 가지 주요 특성에 대해서 이해하도록 도와줄 뿐 아니라 교사나 상담자들에게 문제를 이해하고 방향성을 설정할 수 있도록 도와주는 역할도 한다. 이 장에서는 진로교육에서 활용하는 심리검사의 목적을 살펴보고, 활용할 수 있는 검사의 종류와 내용을 소개한다. 또한 실제 고등학생을 대상으로 검사를 활용하고자 할 때 검사를 어떻게 실시하고 해석하는지에 대해 살펴본다.

1 진로교육에서 심리검사의 목적

진로교육과 상담에서 심리검사를 사용하는 목적은 다양하다. 교사나 상담자는 검사 실시와 관련하여 무엇보다 '어떠한 검사를 어떠한 목적으로 사용할지'에 대해서 신중하게 검토해야 한다. 진로교육 장면에서 심리검사를 사용하는 대표적인 목적에는 다음과 같은 내용이 포함된다.

① 학생의 자기이해를 돕기 위해

개인이 어떠한 흥미, 능력, 가치관 등을 가졌는지는 개인의 진로준비와 의사결정에 직접적인 영향을 준다. 흥미검사, 능력검사, 가치관검사 등은 개인이 가지고 있는 각 영역에의 특성을 객관적인 수치로 보여 준다. 이를 통해 학생들은 자신의 주요 특성을 규준과 비교하여 이해할 수 있을 뿐 아니라, 자신의 특성 간의 상대적인 차이도 이해할 수 있게 된다. 검사를 통해 파악한 자기이해는 이후 진로결정 과정에 가장 기본적인 토대가 되기 때문에 개인의 선택과 그에 대한 만족도를 좌우하는 데 중요한 영향을 줄 수 있다.

② 진로준비와 결정을 방해하는 문제를 확인·진단하기 위해

자신에 대한 이해가 부족하기 때문에 진로결정을 어려워하는 경우도 있으나, 이 외에도 다양한 이유들이 진로를 선택하고 탐색하는 데 부정적인 영향을 준다. 예를 들어, 역기능적인 진로신념이나 경제적 상황을 포함한 환경적 진로장벽, 심리 내적인 불안과 두려움, 가족 관계에서의 갈등, 합리적이지 않은 의사결정 패턴 등의 이유들이 학생들의 진로결정을 어렵게 하는 요소로 기능할 수 있다. 심리검사들은 이렇듯 학생들이 진로교육과 상담 장면에서 어떠한 문제를 경험하고 있는지 구체적으로 확인하고, 그 정도를 객관적으로 진단하기 위한 목적으로 사용되기도 한다. 이러한 목적에서 사용되는 검사 결과는 진로교육을 위해서 어떠한 개입이 필요한지 방향을 설정하는 데 직접적인 안내의 역할을 할 수 있다.

③ 진로교육, 상담, 프로그램의 성과를 확인하기 위해

진로교육과 상담이 진행될 때 개입의 방향이 적절한지 판단하고, 교육의 성과가 무엇인지를 확인하는 작업이 필요할 수 있다. 진로교육과 상담이 시작되기 전의 검사는 교육의 방향을 설정하는 데 도움을 주고, 교육이 진행되는 과정에서의 검사는 이러한 개입이 적절한 방향으로 나아가고 있는지 안내하는 역할을 한다. 또한 심리검사 결과 수치의 긍정적인 변화는 진로교육과 프로그램이 효과 있음을 나타내는 객관적 자료로 활용할 수 있다.

④ 유형화와 분류를 통한 개입의 효율성을 높이기 위해

때로 검사 결과는 각 요인에 대한 수치뿐 아니라 유형화된 결과를 제공하는 경우도 있다. 혹은 직접적인 유형이 결과로 제공되지 않지만, 검사 결과를 기준으로 유형을 나누어 내담자를 이해할 수도 있다. 진로상담자들은 이러한 유형화를 통해 각 유형의 특성을 이해함으로써 그에 맞는 적절한 진로상담 전략을 계획하는 데 도움이 될 수 있음을 제언한다(김연중, 손은령, 2012). 예를 들어, 의사결정유형검사의 경우 학생이 어떠한 유형으로 의사결정을 하는지 확인할 수 있도록 돕는다. 또한 진로결정검사와 진로준비 행동검사를 이분화하여 유형화하면, 각 유형에 따라 어떠한 개입이 좀 더 필요한지 확인하는 데 활용할 수 있다. 이러한 유형화는 개인 진로상담과 교육뿐 아니라 집단 진로교육 장면 등에서 유형별 특성을 이해하고 차이를 비교할 수 있게 하며, 유형 간의 보완점이나 문제해결점 등을 마련하는 데 유용하다.

이 외에도 진로교육과 상담에서 심리검사를 사용할 수 있는 다양한 목적과 검사의 활용 기능이 있다. 중요한 점은 검사의 실시 목적이 명확할수록 이후의 검사 활용도나 실시효과가 높아질 수 있다는 것이다. 만약 교사나 학생 모두 검사를 사용하는 목적이 분명하지 않고, 해당 검사를 하고 난 후 무엇에 활용할지 방향성이 없다면, 검사를 사용하는 것이 아무런 도움이 되지 않을 수 있음에 유의해야 한다.

진로교육에서 심리검사를 활용하면 좋은 상황

- 학생이 자신의 주요 특성(흥미, 능력, 가치관 등)을 모호하게 이해하고 있는 경우
- 학생이 자신의 주요 특성을 어떻게 표현해야 할지 어려움을 경험하고 있는 경우
- 비교적 짧은 시간에 문제를 이해하고 개입의 방향성을 설정해야 하는 경우
- 진로를 결정하지 못하고 준비하지 못하는 이유가 무엇인지 명확하지 않은 경우
- 진로교육과 상담의 성과를 확인할 필요가 있는 경우
- 학생이 자신의 문제를 유형화하거나 특정 기준으로 분류하기를 원하는 경우
- 학생이 특정 영역의 점수를 다른 또래들과 비교하여 이해하고 싶은 경우
- 검사를 통해 학생의 자기이해 동기와 상담 참여도를 높이고 싶은 경우

2 고등학교 진로교육에 활용 가능한 심리검사의 종류

현재 국내에서 개발되거나 사용할 수 있게 번안된 진로 관련 심리검사는 매우 다양하다. 검사를 통해 측정하고자 하는 영역, 검사 대상, 문항의 수나 구성요인, 검사의 비용과 난이도, 검사 실시를 위한 훈련정도, 개발년도, 규준 등의 기준에 따라 다양한 검사들이 선택될 수 있다. 앞 절에서 학생에게 '왜' 검사를 사용하는지에 대해서 생각해 보았다면, 이 절에서는 '어떠한' 검사를 사용할 수 있는지에 대해서 이야기해 보고자 한다.

진로교육에서 활용 가능한 심리검사의 여러 종류 중에서 가장 많이 사용되는 검사들을 기준으로 흥미와 능력, 가치관 그리고 성격검사에 대해서 살펴보고, 이외에 다양하게 활용 가능한 척도들에 대해서 간략하게 알아보고자 한다. 이 장에 제시된 검사는 대표적인 예시일 뿐이며 교사나 상담자의 사용 목적과 훈련정도, 실시 가능성 등에 따라 유사한 다른 검사를 활용할 수 있다.

1) 흥미검사

흥미란 어떠한 활동에 대한 선호를 의미하며(이동혁, 신윤정, 이은설, 이효남, 홍샛별, 황매향, 2018), 개인으로 하여금 관심을 가지게 하거나 주의를 기울이게 하는 것을 말한다. 좀 더 쉽게 학생들의 흥미는 "내가 무엇에 관심이 있고 무엇을 좋아하는지"를 이야기할 때 사용할 수 있는 개념이다.

많은 청소년들은 자신이 무엇을 좋아하는지, 싫어하는지에 대해 스스로 알고 있다고 생각한다. 그러나 한편으로는 자신이 가진 관심이 단순한 호기심인지 어느 정도 안정성을 가진 흥미 개념으로 정의할 수 있는지에 대해서는 모호함을 느끼기도 한다. 또한 자신이 좋아하는 것이 매우 추상적이거나 자주 바뀌는 경우도 있으며, 무엇보다 관심 있어 하는 주제들과 자신의 진로를 연결시키는 것을 어려워한다.

하고 싶은 것, 좋아하는 것이 무엇인지 전혀 모르고 있거나, 무기력을 느끼고 있는 학생에서부터 흥미가 있지만 추상적이고 모호한 경우, 흥미와 진로를 연계시키기 어려워하는 학생들에 이르기까지 흥미검사는 유용하게 활용될 수 있다. 흥미검사에는 스트롱 직업흥미검사(어세스타), 청소년용 흥미검사(한국고용정보원), 진로탐색검사(한국가이던스), 직업흥미검사(커리어넷), 청소년 직업흥미검사(워크넷) 등의 다양한 종류들이 있다. 그중 진로탐색검사와 청소년 직업흥미검사를 자세히 살펴보면 다음과 같다(검사 5-1, 검사 5-2).

검사 5-1 진로탐색검사

검사명 **진로탐색검사(Holland's SDS)**

대상 **고등학교 1~3학년**

제작자/제작처 Holland & Messer / 이동혁, 황매향 / 한국가이던스

문항/시간 264문항 / 약 45분

하위 요인 및 내용

⊙ 진로정체성과 관련된 4개의 척도와 6개의 직업적 성격 유형에 대한 활동, 역량, 직업, 자기평가 영역의 문항으로 구성됨

⊙ 적성에 맞는 대학전공 및 추천 계열과 직업 목록, 적성에 맞는 학습태도와 방법에 대한 소견 제공

진로정체성

희망직업과의 일치성	전체유형과 희망직업 유형 간의 일치성 정도
일관성	육각모형에서 유형이 근접한 정도
긍정응답률	흥미의 전반적인 수준
변별성	특정유형이 두드러진 수준

측정영역

활동	유형별 선호하는 활동
역량	유형별 보유능력 및 기술
직업	유형별 선호하는 직업

자기평가	능력에 대한 자기평가
희망직업유형	희망하는 직업의 순위

결과예시(부분)

영역별 유형 프로파일

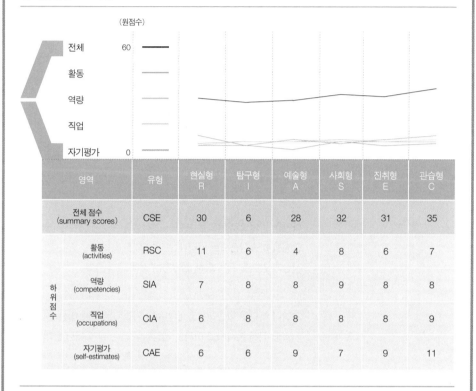

영역		유형	현실형 R	탐구형 I	예술형 A	사회형 S	진취형 E	관습형 C
전체 점수 (summary scores)		CSE	30	6	28	32	31	35
하 위 점 수	활동 (activities)	RSC	11	6	4	8	6	7
	역량 (competencies)	SIA	7	8	8	9	8	8
	직업 (occupations)	CIA	6	8	8	8	8	9
	자기평가 (self-estimates)	CAE	6	6	9	7	9	11

출처: 한국가이던스(www.guidance.co.kr).

검사 5-2 워크넷 청소년 직업흥미검사

검사명 **청소년 직업흥미검사**

대상 **중·고등학생**

제작자/제작처 **워크넷**

문항/시간 **185문항 / 약 30분**

하위 요인 및 내용 **홀랜드 흥미 유형과 기초 흥미 분야(13개)에 대한 정보 제공**

R	기계·기술	기계를 다루거나 직접 수리하는 활동에 관한 흥미
	사회안전	치안유지, 보안 및 응급구조 등의 활동에 관한 흥미
	농림	곡물 경작 및 화초재배 분야에 대한 흥미
I	과학·연구	천문학, 생물학 등 자연현상을 과학적으로 연구하는 분야에 대한 흥미
A	음악	다양한 방법으로 음악을 표현하고 감상하는 것에 대한 흥미
	미술	감정을 미술작품으로 나타내는 일에 대한 흥미
	문학	사상과 감정을 글을 통해 전달하는 것에 대한 흥미
S	교육	교과나 다양한 학습내용을 설명하고 가르치는 일에 대한 흥미
	사회 서비스	사회를 위해 봉사하고 어려운 사람들을 돕는 일에 대한 흥미
E	관리·경영	조직을 효율적으로 운영하고 사람들을 지휘하는 일에 대한 흥미
	언론	다양한 매체를 통해 의견을 피력하고 주장하는 일에 대한 흥미
	판매	상품판매를 위해 고객에게 설명하고 설득하고 다양한 판매전략을 세우는 일에 대한 흥미
C	사무·회계	서류나 문서 등을 작성·관리하고 예산을 계획·집행하는 업무에 대한 흥미

출처: 워크넷(work.go.kr).

2) 능력검사·적성검사

능력이란 '어떠한 일을 수행하는 데 필요한 힘'을 의미하며, 적성이란 '특정한 영역에 대해 지식이나 기술을 습득할 수 있는 개인의 잠재적인 능력'을 의미한다(이동혁 외, 2018). 즉 학생들이 어떠한 영역에 대해서 해당 일을 수행하기 위해 필요한 능력을 가지고 있다면, 그 학생은 해당부분에 적성이 있다고 이야기할 수 있다. 학생들이 '내가 무엇을 잘하는지' 알고 싶다고 이야기하거나 자신의 '적성이 무엇인지' 궁금해하는 경우, 교사나 상담자는 능력검사 혹은 적성검사를 활용할 수 있다.

많은 고등학생들은 자신의 성적으로 어느 대학이나 학과에 진학할 수 있는지 궁금해하며, 자신이 가지고 있는 능력으로 어떠한 직업의 일을 잘 해낼 수 있는지 알고 싶어 한다. 일반적으로 학생들의 능력에 대한 지각은 흥미에 대한 지각보다 복잡하고 확신이 없는 경우가 많다. 학생들이 아직 직업세계를 직접 경험해 보지 못하고, 해당 직업이 요구하는 능력 요소가 자신에게 있는지 확인할 수 있는 기회가 충분치 않았기 때문이다. 특히 자기효능감이 낮은 학생들의 경우 자신의 능력에 대한 지각수준과 명확성이 훨씬 떨어지는 것으로 드러난다.

따라서 자신이 무엇을 잘하는지 알지 못하고 자신의 강점과 능력을 구체적으로 이해하지 못하는 경우, 자신의 관심 직업이 필요로 하는 능력의 종류와 수준을 알지 못하거나 관심 직업과 자신의 능력을 연계시키지 못하는 경우, 학생들에게 능력검사는 유용하게 활용될 수 있다. 관련 검사에는 KAT 적성검사(한국행동과학연구소), CATA 적성검사(학지사 인싸이트), CCI 진로역량검사(한국가이던스), 청소년 직업적성검사(커리어넷, 워크넷) 등이 있다. 그중 커리어넷과 워크넷의 청소년 직업적성검사를 살펴보면 다음과 같다(검사 5-3, 검사 5-4).

검사 5-3 커리어넷 청소년 직업적성검사

검사명 **직업적성검사**

대상 **고등학생**

제작자/제작처 **서유정(한국직업능력개발원 연구위원)외**

문항/시간 **88문항 / 약 20분**

하위 요인 및 내용

⊙ 11개 영역(신체운동능력, 손재능, 공간지각력, 음악능력, 창의력, 언어능력, 수리논리력, 자기성찰능력, 대인관계능력, 자연친화력, 예술시각능력)에 대한 능력 정보 제공

⊙ 검사 결과를 바탕으로 한 추천 직업군 제시

결과예시(부분) 직업적성검사 주요 결과

1. 높은 적성으로 살펴본 홍길동님에 대한 종합평가

음악능력	자연친화력	언어능력
·노래부르기와 악기연주를 잘하는 편입니다. ·음악적인 표현을 하려고 하고 감상을 할 수 있습니다.	·동물과 식물 등 자연에 대한 관심이 있습니다. ·자연과 환경을 관찰하며 보호하려는 의지가 있습니다.	·느낌이나 생각을 말하거나글을 쓸 수 있습니다. ·다른 사람이 말하는 것과 글로 쓴 것을 잘 이해하는 편입니다.

2. 직업적성영역별 결과(백분위)

적성영역	백분위	적성영역	백분위	적성영역	백분위
신체·운동능력	3.2	손재능	14.1	공간지각력	47.2
음악능력	64.9	창의력	62.3	언어능력	62.4
수리·논리력	26.3	자기성찰능력	8.6	대인관계능력	50.8
자연친화력	64.1	예술시각능력	48.2		

3. 홍길동님의 검사 결과를 바탕으로 한 추천 직업군

적성영역	직업군
음악능력	음악 관련직, 악기 관련직, 미래·신직업
자연친화력	자연친화 관련직, 농생명산업 관련직, 환경관련 전문직, 미래·신직업
언어능력	언어 관련 전문직, 작가 관련직, 법률 및 사회활동 관련직, 인문 및 사회과학 관련직, 인문계 교육 관련직, 미래·신직업

출처: 커리어넷(career.go.kr).

검사 5-4 워크넷 청소년 직업적성검사

검사명 **고등학생 적성검사**

대상 **고등학생 해당 연령(고1~고3)**

제작자/제작처 **워크넷**

문항/시간 **96문항 / 약 65분**

하위 요인 및 내용

⊙ 9개 영역(언어능력, 수리능력, 추리능력, 공간능력, 지각속도, 과학원리, 집중능력, 색채능력,
   사고유연성)에 대한 능력 정보 제공
⊙ 하위검사별 적성능력 점수, 동일 계열 적성능력 비교점수, 희망하는 직업과의 능력비교 점수 제공

결과예시(부분)

1. 희망직업과의 비교

홍길동님의 희망직업: 1. 경영및진단전문가 2. 통역가
이 검사에서는 당신이 희망하는 직업에서 요구되는 적성에 대한 기준점수와 당신의 능력점수를 비교하여 보완이 필요한 능력
을 안내해 드립니다.

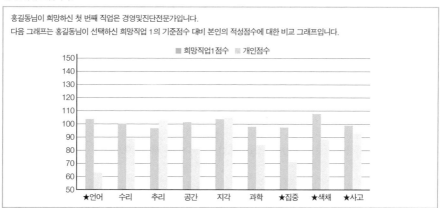

2. 적성능력 비교점수

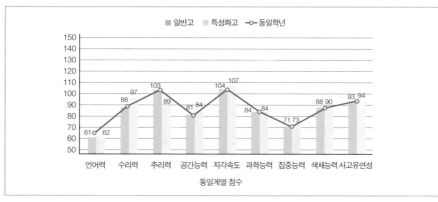

출처: 커리어넷(career.go.kr).

3) 가치관검사

가치관은 '인간의 행동방향 및 의사결정에 영향을 주는 기준'으로(정삼호, 1977; 박수진, 구영애, 오윤자, 2017 재인용), 어떠한 결정을 내릴 때 판단을 하게 하는 기준과 방향성을 의미하는 개념이다. 학생들이 진로를 준비하고 결정할 때 자신에게 '무엇이 가장 중요한지'에 대해 생각한다면, 이는 가치관과 관련된 고민으로 이해할 수 있다. 많은 청소년들의 경우 자신이 '무엇을 좋아하고 잘하는지'에 대해 고민하는 것에 비해 자신에게 '무엇이 중요한지'에 대해 생각하는 시간은 그리 많지 않은 것 같다. 또한 청소년들의 경우 부모님이나 학교, 사회가 중요하게 생각하는 가치를 그대로 받아들이기도 하고, 여러 가치관들 사이에서 무엇이 더 중요하고 덜 중요한지에 대한 우선순위를 정리해 본 기회가 많지 않을 수 있다. 하지만 개인의 흥미나 적성뿐 아니라 가치관 역시 진로선택이나 진로만족과 밀접한 관련이 있기 때문에(이동혁 외, 2018), 학생들로 하여금 여러 가치관 중에서 자신에게 무엇이 가장 중요하고, 무엇이 가장 충족되어야 하는지 정리하도록 돕는 작업은 중요하다. 또한 진로결정을 앞둔 고등학생의 경우 가치관의 우선순위를 이해하는 것은 특정 진로대안의 단점을 수용할 수 있는지에 대한 답으로 활용될 수도 있다.

따라서 다음과 같은 경우에 가치관 검사는 유용하게 사용될 수 있다.

- 자신에게 중요한 진로 기준이 무엇인지 모호해서 부모님·외부의 기준에 전적으로 의지하는 경우
- 여러 가치관이 모두 중요하여 우선순위 결정이 어려운 경우
- 진로가치관에 어떠한 종류들이 있는지 알지 못하는 경우
- 여러 진로대안을 비교할 때, 가치관과 관련한 기준이 필요한 경우

가치관검사는 직업가치관검사(마인드프레스), 직업가치관검사(한국고용정보원), 직업가치관검사(한국직업능력개발원), 직업가치관검사(커리어넷, 워크넷) 등이 있다. 그중 커리어넷과 워크넷에서 제공하는 가치관검사를 살펴보면 다음과 같다(검사 5-5, 검사 5-6).

검사 5-5 커리어넷 직업가치관검사

검사명 직업가치관검사

대상 중학교 1학년 이상의 청소년

제작자/제작처 임언, 최수정 / 한국직업능력개발원

문항/시간 28문항 / 약 10분

하위 요인 및 내용

⊙ 8개의 가치관에 대한 검사 결과 제시

⊙ 높은 가치관과 관련이 높은 학력별(고졸, 전문대졸, 대졸, 대학원졸) 직업에 대한 정보 제공

⊙ 직업가치관 활동 프로그램에 대한 정보 제공

능력발휘	능력을 충분히 발휘할 수 있을 때 보람과 만족을 느낌
자율성	어떤 일을 할 때 규칙, 절차, 시간 등을 스스로 결정하길 원함
보수	충분한 경제적 보상이 매우 중요하다고 생각함
안정성	매사가 계획한 대로 안정적으로 유지되는 것을 좋아함
사회적 인정	다른 사람들로부터 나의 능력과 성취를 충분히 인정받고 싶어 함
사회봉사	다른 사람을 돕고 더 나은 세상을 만들고자 함
자기계발	항상 새로운 것을 배우고 스스로 발전해 나갈 때 만족을 느낌
창의성	예전부터 해 오던 것보다는 새로운 것을 만들어 내는 것을 좋아함

출처: 커리어넷(career.go.kr).

검사명 직업가치관검사

대상 만 15세 이상 중·고등학생(중학교 3학년 이상)

제작자/제작처 워크넷

문항/시간 28문항 / 약 20분

하위 요인 및 내용

⊙ 13개 가치관(성취, 봉사, 개별활동, 직업안정, 변화지향, 몸과 마음의 여유, 영향력 발휘, 지식추구, 애국, 자율성, 금전적 보상, 인정, 실내활동)에 대한 검사 결과 제공

⊙ 높은 가치관에 적합한 직업 제공

⊙ 가치점수와 추천직업의 가치점수 비교, 가치점수와 희망직업의 가치점수 비교 결과 제공

결과예시(부분)

⑤ 당신의 가치점수와 추천직업의 가치점수 비교

• 추천직업: 0605 약사, 0608 호스피스

당신의 가치점수와 우선추천 중 가장 적합한 직업의 가치점수를 비교하여 어떠한 가치가 유사하고 어떠한 가치가 차이가 나는지를 세부적으로 안내해 드리고자 합니다(3개 순위는 점수가 가장 높은 3개 가치를 의미합니다).

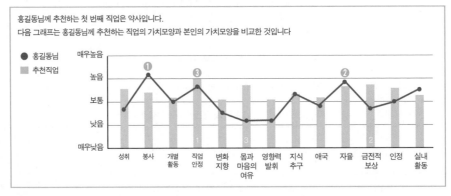

⑥ 당신의 가치점수와 희망직업의 가치점수 비교

• 희망직업: 0402 초등학교 교사, 0403 유치원 교사

당신이 희망하는 직업에서 요구되는 가치점수와 당신의 가치점수를 비교하여 어떠한 가치가 유사하고 어떠한 가치가 차이가 나는지를 세부적으로 안내해 드리고자 합니다(3개 순위는 점수가 가장 높은 3개 가치를 의미합니다).

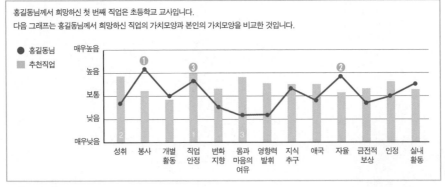

출처: 워크넷(work.go.kr).

4) 성격검사

인간의 성격에 대한 정의는 다양하지만, 일반적으로 '특정한 상황이나 환경에 대해 비교적 일관적으로 반응하는 개인의 독특하며 역동적인 특성들의 조직'(Liebert & Liebert, 2002)으로 정의될 수 있다. 때로 어떠한 직업은 개인의 흥미와 적성에 적합하다고 하더라도 성격적인 부분에서 맞지 않는다고 여겨질 수 있다. 성격의 경우 개인의 진로와 상관없이도 일상생활에서의 행동, 대인관계 등 전반적 부분에서 영향을 미치기 때문에 학생들은 자신의 성격에 대해서 스스로 많이 알고 있다고 생각하는 경향을 보인다. 그럼에도 불구하고 학생들이 한편으로는 자신이 알고 있는 스스로의 성격과 진로를 연결시켜 이해하는 것에 낯섦과 어려움을 겪을 수도 있다. 이에 따라 교사나 상담자들은 개인의 성격이 직무를 수행하고, 직무에서의 갈등상황에 대처하며, 진로를 준비하는 전략을 수립하는 데 다양하게 영향을 줄 수 있다는 것을 학생과 함께 이야기할 필요가 있다.

따라서 다음과 같은 경우에 성격검사가 유용하게 활용될 수 있다.

- 자신의 성격적인 특성을 구체적으로 알지 못하는 경우
- 관심 직업을 결정하는 데 있어 자신의 성격 특성을 고려하지 않는 경우
- 진로준비와 결정, 전략 수립에 자신의 성격적 특성이 어떠한 영향을 주는지 이해할 필요가 있는 경우
- 성격특성에 보다 선호되는 진로대안을 탐색하고 싶은 경우

성격검사 역시 성격 이론 등에 따라 다양한 종류의 검사가 개발되어 있다. 다만 성격검사의 경우 진로 장면에만 사용되는 것이 아니므로 흥미·적성·가치관 검사와는 달리 검사 결과에 관련된 직업 목록 등이 제시되지 않는 경우들도 있다. 진로교육 장면에서는 어떠한 성격검사를 사용하더라도 해당 검사에서 이야기하는 학생의 특성이 진로준비, 계획 수립, 진로선택과 연계되도록 활용하는 것이 중요하다. 성격검사에는 NEO-Ⅱ 청소년성격검사(학지사 인싸이트), 16PF 다요인인성검사(한국가이던스), EDI애

니어그램 심리역동검사(한국가이던스), PAI-A 청소년성격평가(학지사 인싸이트), KPI-a 청소년인성검사(한국행동과학연구소) 등 매우 다양한 종류가 있으며, 그중에서 대중적으로 사용되는 검사 중 하나인 MBTI 성격유형검사와 Big 5 성격검사에 대해 자세히 살펴보면 다음과 같다.(검사 5-7, 검사 5-8).

검사 5-7 MBTI 성격유형검사

검사명 **MBTI**

대상 **중학교 3학년 이상**

제작자/제작처 **Briggs & Myers / 심혜숙, 김정택 / 한국 MBTI 연구소**

문항/시간 **93문항 / 약 20분**

하위 요인 및 내용

⊙ **4가지 심리적 선호도에 대한 결과 제공**
⊙ **성격 유형에 따른 특성 및 성격 유형과 관련된 적성 정보 제공**

에너지 방향	외향 (E)	폭넓은 대인관계를 유지하며 사교적이고 정열적, 활동적인 유형으로 에너지 방향이 외부로 향함
	내향 (I)	깊이 있는 대인관계를 유지하며 조용하고 신중하며 이해한 다음에 경험하는 유형으로 에너지 방향이 내부로 향함
인식 기능	감각 (S)	오감에 의존하여 실제의 경험을 중시하며 지금, 현재에 초점을 맞추고 정확, 철저히 일처리
	직관 (N)	육감, 영감에 의존하며 미래지향적이고 가능성과 의미를 추구하며 신속, 비약적으로 일처리
판단 기능	사고 (T)	진실과 사실에 주 관심을 갖고 논리적이고 분석적이며 객관적으로 판단
	감정 (F)	사람과 관계에 주 관심을 갖고 상황적이며 정상을 참작하여 설명
생활 양식	판단 (J)	분명한 목적과 방향이 있으며 기한을 엄수하고 철저히 사전계획하고 체계적
	인식 (P)	목적과 방향은 변화 가능하고 상황에 따라 일정이 달라지며 자율적이고 융통성이 있음

출처: 커리어넷(career.go.kr).

검사 5-8 Big 5 성격검사

검사명 성격 5요인검사((Big Five Inventory, BFI)

대상 초3~성인

제작자/제작처 정승철, 최은실 / 한국가이던스

문항/시간 143문항 / 약 40분

하위 요인 및 내용 5개 영역(개방성, 신경증, 우호성, 외향성, 성실성)에의 성격결과 제공

- **개방성** 새로운 것을 즐겁게 받아들이고 다양한 경험을 추구하는 정도
- **신경증** 정서적 안정 정도와 그로 인해 일상생활 적응에 영향을 받는 정도
- **우호성** 이타적이며 타인에게 반항적이지 않고 예의바르며 협조적이려 하는 성향
- **외향성** 사람들과 사귀거나 어울리는 것을 원하며, 활달하고 자기주장을 잘하는 성향
- **성실성** 매사에 꼼꼼하여 착실하고 책임감 있게 해내는 성향

결과예시(부분)

성격 5요인 종합 프로파일　　　(단위: T 점수) 다음은 개방성, 성실성, 외향성, 우호성, 신경증 프로파일에 대한 소견입니다.

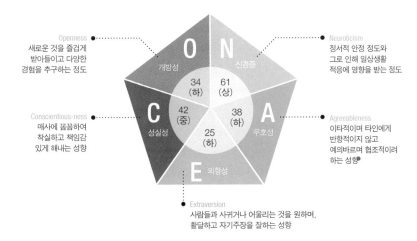

[개방성] 나와 다른 생각이나 새로운 것에 대해 망설이기도 하지만 받아들일 수 있으며, 뭐든지 경험하고자 하는 편입니다. 기발한 생각을 해내는 것을 좋아하며, 모르는 것을 알아내려고 노력하는 편입니다. 예술활동에도 관심이 있습니다.

[성실성] 때때로 계획한 대로 일을 해내지 못할 수 있지만, 자신이 맡은 일에 책임감을 가지고 꼼꼼하게 하고자 노력하는 편입니다.

[외향성] 친구를 사귀는것을 어려워하지 않으며 자신의 주장을 내세울 수 있습니다. 활발하지만 적극적으로 나서지는 않습니다. 때로는 수줍음을 느끼기도 합니다.

[우호성] 사람과의 관계에 있어 자신을 먼저 생각하는 경향이 있습니다. 함께해야 하는 활동을 꺼려 하거나 다른 사람의 생각을 잘 이해하지 못할 수도 있습니다.

[신경증] 현재 정서적 안정성의 어려움이 크지는 않은 편으로, 일상생활에 적응하는 것에 큰 어려움은 없는 편입니다. 하지만 스트레스 상황에서는 적절하게 대처하지 못할 가능성이 있으니 관심과 대화가 필요합니다.

출처: 한국가이던스(www.guidance.co.kr).

5) 기타 진로척도

진로교육과 상담 장면에서는 자신의 성격, 흥미, 능력 등에 대한 검사 외에도 다양한 목적으로 개발된 척도들이 사용된다. 진로준비 및 결정과 관련된 척도들은 기존의 검사들이 다루지 못했던 부분을 확인하는 등의 추가적인 정보를 제공해 준다(김계현, 황매향, 선혜연, 김영빈, 2012). 진로교육과 상담 장면에서는 이러한 진로척도들을 통해 학생의 진로준비와 수행에 영향을 미치는 요인들을 확인하여 파악하고 교육의 방향성을 설정할 수 있다.

진로 이론이나 척도의 측정 영역 및 목적에 따라 수많은 척도들이 개발되어 있기 때문에, 교사와 상담자는 학생들의 어떠한 측면을 알고 싶은지에 따라 그에 적합한 척도를 활용할 수 있다. 척도의 경우 다른 학생들과 비교한 절대적인 수준을 알기는 어렵지만 하위 요인에 따라 개인 내 상대적인 점수의 수준을 확인할 수 있으며, 특히 학생이 '매우 그렇다' 혹은 '전혀 아니다'에 체크한 문항을 중심으로 문제 영역을 확인하고 이에 대한 교육의 방향성을 설정하는 방법으로도 활용할 수 있다.

표 5-9 기타 진로척도

	⊙ 척도 정보
① 진로성숙도 척도	• 자기이해 및 일과 직업세계의 이해를 기초로 하여 자신의 진로를 계획하고 선택하는 과정에서 동일 연령이나 발달단계의 집단에서 개인이 차지하는 상대적인 발달과업 수행 정도를 측정 • Crites(1978) 개발 / 김현옥(1989) 번안 • 태도척도(결정성, 관여성, 독립성, 성향, 타협성), 능력척도(자기평가, 직업정보, 목표선정, 계획, 문제해결) / 50문항 / 5점 리커트 척도
	⊙ 예시 문항
	○ 태도척도 / 결정성 • 사람들은 나에게 각기 다른 일(직업)에 대해 이야기를 해 준다. 그래서 나는 어떤 일을 선택해야 할지 모르겠다. ○ 태도척도 / 독립성 • 우리는 어떤 일을 해야 할지 스스로 결정해야 한다. ○ 능력척도 / 문제해결 • 수연이는 엔지니어가 되려 하며 능력도 있지만 학력이 낮다. 그래서 대학에 가야 되지 않을까 생각한다. 그녀는 어떻게 해야 하나요?

② 진로결정수준척도 (CDP)	⊙ 척도 정보 • 진로발달 과정에서 개인이 진로 또는 직업에 대해서 얼마나 확실한지에 대한 정도를 측정 • Jones(1989) 개발 / 백지숙(2006) 번안 • 결정성, 편안성, 이유(자기명확성, 지식, 결단성, 중요성) / 27문항 / 4점 리커트 척도 ⊙ 예시 문항 ○ 결정성 • 나는 내가 갖고 싶은 직업(예: 전기기사, 간호사, 요리사 등)을 결정했다. ○ 편안성 • 나는 진로 분야를 결정하는 것이 매우 편안하다. ○ 이유 / 직업선택의 중요성 • 지금까지 직업선택의 필요성을 느끼지 못했다.
③ 정서·성격적 진로문제척도(EPCD)	⊙ 척도 정보 • 진로결정과 관련된 정서 및 성격적 진로문제를 측정 • Saka, Gati & Kelly(2008) 개발 / 민경희, 김봉환(2014) 번안 • 비관적 관점, 불안, 자아정체감 / 53문항 / 9점 리커트 척도 ⊙ 예시 문항 ○ 비관적 관점 • 나는 진로를 선택할 때 직업에 관한 모든 것을 참고할 수 없다. ○ 불안 • 나는 나중에 이 선택을 후회하고 그 실수에 대해 책임감을 느낄까 봐 직업을 선택하는 것이 두렵다. ○ 자아정체감 • 나는 종종 다른 사람들에게 열등감을 느낀다.

④ 청소년용
진로장벽척도
	⊙ 척도 정보
	
	• 직업이나 진로계획에 있어서 자신의 진로목표 실현을 방해하거나 가로막는
	  내적·외적 요인들을 측정
	• 황매향, 이은설, 유성경(2005) / 황매향, 이아라, 박은혜(2005) 개발
	• 자기이해의 부족, 자신감의 부족, 성역할 갈등 및 성차별, 중요한 타인과의 갈등,
	  미래에 대한 불확실성, 진로 및 직업정보의 부족, 경제적 어려움 / 42문항 / 4점
	  리커트 척도
	
	⊙ 예시 문항
	
	○ 미래에 대한 불확실성
	• 나는 앞으로 내가 원하는 직업을 찾지 못할까 봐 불안하다.

④ 청소년용 진로장벽척도	⊙ 예시 문항 ○ 성역할 갈등(남) • 나는 남자이기 때문에 직장에서 리더가 되어야 한다. ○ 성역할 갈등(여) • 나는 여자라서 너무 많이 공부할 필요는 없다.

⑤ 진로준비행동 척도	⊙ 척도 정보
	
	• 장기간 동안 구체적이고 실제적으로 진로에 대하여 준비하는 정도를 측정
	• 김봉환(1997) 개발
	• 진로준비행동 / 16문항 / 4점 리커트 척도
	
	⊙ 예시 문항
	
	○ 진로준비행동
	• 나는 지난 몇 주 동안 친구들과 나의 적성 및 앞으로의 진로(취업) 등에 대해서
	  이야기를 나눈 적이 있다.
	• 나는 지난 몇 주 동안 관심을 가지고 있는 직업이나 진로와 관련된 자료를 인터넷을
	  통해 검색해 보았다.
	• 나는 지난 몇 개월 동안 관심을 가지고 있는 직업이나 진로 분야로 진출하기 위한
	  자격 요건이 무엇인지 구체적으로 알아본 적이 있다.

3 진로 관련 심리검사 활용 방법

진로교육 및 상담에서 심리검사를 사용하는 것에는 다양한 이점이 있지만, 검사를 선정하고 실시하는 과정부터 해석하고 활용하는 일련의 과정에서 전문적이고 체계적인 과정을 거쳤을 때 비로소 이러한 이점이 드러날 수 있다. 진로교육에서 검사의 실시는 단순히 검사지를 풀고 결과지를 제공하는 과정이 아니라 전문적·윤리적으로 많은 것을 고려한 일련의 교육과정으로 진행되어야 한다. 진로검사를 활용하는 과정은 여러 단계로 나눌 수 있으나, 이 절에서는 크게 검사의 선정과 실시, 그리고 해석으로 나누어서 각각의 내용을 자세히 살펴보고자 한다.

1) 검사의 선정

앞서 살펴본 것과 같이 진로교육과 상담에서 활용할 수 있는 다양한 종류의 검사가 있다. 따라서 교사와 상담자들은 수많은 검사 중에서 어떠한 검사가 학생의 진로준비와 탐색에 도움이 될지 신중하게 검토해야 한다. 검사를 많이 하는 것이 결코 좋은 것이 아니며, 검사를 많이 사용한다고 해서 학생에게 맞는 진로를 정확하게 알 수 있는 것도 아니다. 또한 하나의 검사가 학생의 진로와 관련된 모든 영역에서의 특성을 알려 줄 수 없고, 특정한 영역에서 측정하고자 하는 특정한 정보만 알려 줄 뿐이다.

검사를 선정하는 기준에도 여러 가지가 있으나, 가장 우선시되어야 할 것은 바로 진로검사의 실시 목적이다. 교사나 학생이 검사 실시를 원한다고 하더라도, 검사 실시의 이유는 단순한 호기심이 아니라 명확한 목적에 기반해야 한다. 즉 '어떠한 검사를 사용했을 때 검사를 통해 얻고자 하는 목적을 실현할 수 있을지'에 대해 답할 수 있는 검사가 선정되어야 한다.

이를 위해서 교사와 상담자들은 진로와 관련된 심리검사가 어떠한 이론적 기반에 의해 개발되었는지, 해당 검사가 어떠한 내용을 측정하는지, 어떠한 구성요인으로 이루어져 있으며, 검사 결과는 어떻게 제공되고, 검사 결과의 수치는 무엇을 의미하는지에 대해 정확하게 알고 있어야 한다. 또한, 검사가 학생의 모든 것을 알려 주지 못하기 때문에, 해당 검사가 알려 주는 것이 무엇이며, 알려 주지 못하는 것은 무엇인지도 명확하게 이해하고 있어야 한다. 이러한 것을 이해하기 위해서 검사를 제공하는 기관이나 발행처의 검사안내, 검사의 매뉴얼 등을 꼼꼼하게 숙지해야 하며, 검사의 실시를 위해 훈련과 교육이 필요한 검사의 경우 이를 훈련받는 과정을 거쳐야 한다.

검사선정에는 이러한 검사의 사용목적 외에도 검사 도구의 신뢰성과 타당성, 검사의 실용성 등이 함께 고려되어야 한다. 좀 더 구체적으로 교사와 상담자들이 검사를 선정할 때 고려해야 하는 구체적인 기준들에는 다음과 같은 내용이 있다.

- 검사를 통해 학생의 무엇을 알고 싶은가?
- 검사가 의미하는 바와 한계, 검사 점수, 검사의 하위 요인 등에 대해서 알고 있는가?
- 해당 검사가 학생에게 도움이 되고 유용하게 활용될 것인가?
- 해당 검사 결과를 알면 학생의 어떤 준비, 결정에 도움이 되는가?
- 검사 실시자는 이 검사를 실시할 수 있는 자격(교육/훈련)이 있는가?
- 이 검사는 신뢰도와 타당도가 충분히 확보되어 있는 믿을 만한 검사인가?
- 해당 검사의 비용, 시간, 학생의 이해도 등이 학생에게 사용되기에 적절한가?

2) 검사의 실시

학생에게 적절하게 사용될 수 있는 유용하고 타당한 검사가 선정되었다면, 다음 과정은 학생에게 검사를 실시하는 것이다. 검사의 실시는 매우 단순하게 생각될 수 있지만, 검사를 어떻게 실시하는지가 검사의 결과에 영향을 미칠 수 있기 때문에 검사 결과의 타당성을 위해서는 실시 과정 역시 신중하게 이루어질 필요가 있다.

검사의 실시는 크게 실시 환경적인 측면과 실시 안내에 대한 측면으로 살펴볼 수 있다. 우선 환경적인 측면에서 검사의 실시는 조용하고, 방해받지 않는 공간, 심리적으로 안정감을 줄 수 있는 시간과 장소, 사람에 의해 이루어질 필요가 있다. 학생이 심리적으로 불안함과 불편감을 느끼거나 분노, 저항감 등의 부정 정서를 경험하는 경우, 시간적 제약 때문에 급하게 검사가 진행되는 경우, 적절한 공간이 제공되지 않아 다른 사람 등에 의해 문항에 집중할 수 없는 경우에 실시되는 검사 결과는 학생의 특성을 제대로 반영하지 못할 수 있다.

동시에 교사와 상담자는 실시 안내 측면에서 검사에 대한 설명과 실시에 대한 오리엔테이션을 충분히 제공하여야 한다. ① 해당 검사를 왜 학생에게 실시하고자 하는지 목적을 설명하고, ② 해당 검사가 알려 주는 것과 알려 주지 못하는 부분이 무엇인지 안내하며, ③ 구체적인 실시에 있어서 각 문항에 어떻게 답해야 하는지 설명하고, ④ 검사 실시과정에서 유의할 사항에 대해 안내해야 한다. 교사와 상담자는 검사의 표준화된 지침에 따라 검사를 실시해야 하며, 이러한 실시가 전제되었을 때 보다 정확한 검사 결과를 얻을 수 있다. 특히 적성검사와 같이 검사의 실시 시간이 제한되어 있거나 학생의 복잡한 수행을 요구하는 검사의 경우에 표준화된 실시는 검사 결과에 큰 영향력을 미칠 수 있다.

또한 최근에는 온라인으로 실시할 수 있는 검사들이 다양하기 때문에 많은 경우 교사나 상담자가 직접 검사를 실시하기보다 학생에게 온라인으로 검사를 실시하고 오도록 한다. 이때에는 실시 환경이나 안내 측면에서 교사나 상담자가 모든 것을 통제하기 어려우나 검사에 대한 목적과 기본적인 설명, 검사 진행 시 유의사항과 검사 실시에 고려해야 할 환경적 세팅 등에 대해서는 안내가 이루어져야 한다. 청소년들의 경우 온라인에서 제공되는 검사 설명이나 실시 방법을 꼼꼼하게 읽지 않는 경우가 많기 때문이다.

검사 실시 시 체크할 사항
- 외부 환경에 방해받지 않는 검사 실시 장소가 확보되었나?
- 학생이 검사를 실시하는 데 필요한 시간이 확보되었나?
- 학생이 검사를 실시하기에 적절한 심리적 상태와 준비도를 갖추고 있는가?
- 검사 실시자는 검사의 표준화된 실시 방법을 알고 있는가?
- 학생에게 검사를 왜 실시하는지 설명하였나?
- 학생에게 검사를 어떻게 실시해야 하는지 구체적으로 전달하였나?
- 학생에게 검사의 이점과 한계를 설명하였나?
- 학생에게 검사를 실시할 때 유의사항에 대해 안내하였나?
- 검사 실시 전에 검사에 대해 질문을 받고, 그에 답하였나?

3) 검사의 해석

진로교육과 상담에서 검사를 활용하는 일련의 과정은 학생의 호소문제 혹은 검사의 활용 목적과 연계되어 이루어진다. 검사의 선정과 실시뿐 아니라 검사의 해석 과정에서도 여전히 이러한 연계는 중요하게 언급될 수 있다. 즉 타당하고 좋은 검사를 체계적으로 잘 실시하였다고 하더라도, 검사 결과의 해석이 제대로 이루어지지 않거나 검사 결과가 학생의 진로준비 및 선택, 혹은 인지·정서·행동의 변화에 어떠한 영향도 미치지 못한다면 이는 적절한 검사의 활용이라고 이야기하기 어렵다.

적절하고 유용한 검사 해석의 기준 역시 다양할 수 있으나, 기본적으로 검사의 해석은 ① 정확하게, ② 학생을 적절하게 참여시키며, ③ 학생이 이해하기 쉬운 언어로, ④ 검사 목적에 맞게 이루어지는 것이 중요하다. 이러한 해석의 기준을 기반으로 하여 검사의 해석과정을 간략하게 표현하면 다음과 같다.

(1) 검사 목적에 대한 논의

검사를 해석하기 전에 학생과 함께 해당 검사의 목적을 확인한다. 해당 검사를 왜 실시하게 되었는지, 검사를 통해 무엇을 알고 싶은지, 검사 결과를 통해 무엇에 도움을 받고 싶은지 등에 대한 질문이 도움이 될 수 있다. 앞으로 이어지는 검사의 해석은 이 과정에서 나눈 질문에 대한 답을 찾는 방향으로 진행되어야 한다.

(2) 검사 전반에 대한 설명

해당 검사가 무엇을 측정하고자 하는 것인지에 대한 전반적인 설명을 제공한다. 특정 검사는 개인의 모든 부분을 측정할 수 없으므로, 구체적으로 어떠한 영역을 알려 줄 수 있는 반면 어떠한 영역은 알려 줄 수 없는지 명확하게 이해하는 것이 중요하다. 진로 상담자들은 내담자들이 상담자가 설명하는 검사 한계점에 대해서 별로 귀를 기울이지 않는 경향이 있다고 말하기도 한다(Figer & Bolles, 2007). 따라서 학생들이 하나의 검사 결과로 과잉해석을 하거나 단정 짓지 않도록 검사가 제공하는 것과 아닌 것에 대해서도 명확하게 설명하는 것이 필요하다.

(3) 검사 타당도 지수 확인

검사의 종류에 따라 다르지만, 일부 검사들은 검사 결과에서 타당도 지수 등 내담자 태도와 관련된 정보를 제공하는 경우가 있다. 이는 학생이 검사 실시 과정에서 적절하고 신뢰롭게 검사를 실시하였는지를 알려주는 지수로, 때로 해당 수치에 따라 이후의 검사 결과를 그대로 해석하기에 적절하지 않은 경우들이 있다. 따라서 검사의 구체적인 수치를 해석하기 전에 학생의 검사 결과를 신뢰해도 괜찮은지에 대한 검토가 필요하다.

(4) 검사 총 점수, 하위 요인 점수의 의미, 규준 등의 점수 해석

검사의 점수를 해석하는 과정에서는 검사의 총 점수뿐 아니라 하위 요인의 점수가 의미하는 내용이 무엇인지 정확하게 전달할 필요가 있다. 또한 각 영역에 대한 절대적·상대적 의미를 해석하고, 규준이 있는 경우 규준에 따라 검사 결과를 어떻게 이해할 수 있는지도 안내해야 한다. 이를 위해서 교사와 상담자들에게는 규준, 표준화 점수 등의 개념에 대한 지식이 전제되어야 한다.

(5) 검사 결과의 목적 연계

심리검사의 결과가 학생의 호소문제 혹은 검사의 목적과 연계되어 적용되지 않으면 지금까지의 복잡한 검사 과정은 유용성을 잃어버릴 것이다. 교사와 상담자들은 해당 요인들의 수치가 '학생의 고민을 어떻게 이해하고, 어떻게 해결하도록 도울 수 있는지'에 대한 답이 될 수 있도록 연결시키는 작업을 진행해야 한다. 검사 결과를 학생의 과거나 현재, 미래의 행동과 연계시켜 이해하고, 학생의 검사 결과를 의사결정이나 계획과 연계시키는 것이 중요하다(김봉환, 정철영, 김병석, 2006).

또한 학생이 검사를 여러 개 실시한 경우에는 학생의 호소문제 혹은 검사의 목적을 중심으로 통합적인 정리 작업이 이루어져야 한다. 때로는 검사 결과 간 일치하는 내용 혹은 불일치한 내용의 파악을 통해 진로문제의 원인을 이해하거나 계획 및 결정에 활용할 수 있다. 또는 학생에게 중요한 기준이나 결정의 틀로 검사 결과가 제시하는 다양한 정보들을 분석하여 정리하는 과정을 통해 자신의 특성과 의사결정의 연계를 도모할 수도 있다. 이를 위해서 교사와 상담자는 여러 검사의 정보를 다각적으로 이해하고 더 넓은 시각으로 분석하여 학생들이 보지 못하는 활용정보를 제공하는 역할을 해야 한다.

(6) 검사 소감 나누기

이상의 과정을 통해 검사의 해석이 이루어지고 나면, 학생에게 검사를 통해 알게 된 점 혹은 검사를 통해 느낀 소감을 질문하는 과정이 이어져야 한다. 학생은 검사 해석 과정에서 질문하고 답변하면서 생각을 정리하게 되는데, 이러한 정리는 최종적으로 해당 검사를 통해 자신의 생각, 정서, 행동의 어떠한 측면에서 도움을 받았는지 자신의 말로 명확히 하는 작업을 통해 더욱 공고해질 수 있다. 또한 이때 학생이 검사의 결과를 왜곡하거나 과잉해석하는 등의 문제가 생겼는지 확인하고 수정함으로써 보다 정확한 정보 전달이 이루어질 수 있다.

검사해석 관련 시 체크할 사항
- 검사 전반, 하위 요인, 점수의 의미를 정확하게 해석하였나?
- 검사를 실시하고 해석하는 절차에 윤리적인 사항을 고려하였나?
- 검사를 해석하고 활용하는 데 검사 사용 목적을 고려하였나?
- 학생에게 검사 결과를 어떻게 활용할 수 있는지 전달하였나?
- 학생은 검사로 무엇을 얻게 되었나?
- 검사의 실시 및 해석이 학생의 진로탐색, 준비, 결정에 도움이 되었나?

3) 검사 활용에서 고려할 점

(1) 검사 사용과 관련한 윤리적인 문제
① 비밀보장

교사나 상담자는 학생의 검사 결과에 대해 비밀을 보장해야 한다. 즉 학생에게 실시한 검사의 내용이 학생이나 법정대리인의 동의 없이 다른 사람에게 공개되어서는 안

된다. 집단으로 검사를 해석하는 상황에서도 한 개인의 결과가 동의 없이 다른 사람들에게 공유되어서는 안 된다. 이와 관련하여 한국 상담학회 윤리규정에는 다음과 같은 내용이 있다.

> 제7장 제22조 ⑤ 상담자는 수검자의 복지, 명확한 이해, 검사 결과를 누가 수령할 것인지에 대한 결정에서 사전 합의를 고려한다.
>
> 제7장 제24조 ⑥ 상담자는 내담자 이외에는 내담자의 동의를 받은 제삼자 또는 대리인에게 결과를 공개한다. 또한 이러한 자료는 자료를 해석할 만한 전문성이 있다고 상담자가 인정하는 전문가에게 공개한다.

② 다문화적 관점

다문화 학생 등 다양한 특성을 가진 학생들의 검사 결과를 해석할 때는 다문화적 관점을 가지고 주의 깊은 해석을 할 필요가 있다. 검사의 선택 단계에서부터 해석까지의 전 과정에 학생이 포함되어 있는 문화나, 환경적 요소가 함께 고려되어야 한다. 이와 관련하여 한국상담학회 윤리규정에는 다음과 같은 내용이 있다.

> 제7장 제22조 ④ 상담자는 검사 전에 검사의 특성과 목적, 잠재적인 결과, 수령자의 구체적인 결과의 사용에 대해 설명하고 내담자의 동의를 받는다. 이때 상담자는 내담자의 개인적·문화적 상황, 내담자의 결과 이해 정도, 결과가 내담자에게 미치는 영향을 고려한다.
>
> 제7장 제23조 ③ 상담자는 문화적으로 다양한 집단을 위한 검사 도구를 선정할 경우, 그러한 내담자 집단에게 적절한 심리측정 특성이 결여된 검사 도구를 사용하지 않도록 합당한 노력을 한다.

제7장 제24조 ③ 상담자는 연령, 피부색, 문화, 장애, 민족, 성, 인종, 언어 선호, 종교, 영성, 성적 지향, 사회경제적 지위가 검사 실시와 해석에 영향을 미친다는 것을 인식하고, 내담자와 관련된 다른 요인들을 고려하여 적절하게 검사 결과를 해석한다.

③ 전문가에 의한 실시와 해석

심리검사의 실시와 해석은 전문적인 내용에 대한 이해를 필요로 하기 때문에, 검사는 전문적 자질을 갖춘 사람에 의해 실시되고 해석되어야 한다. 따라서 교사나 상담자에게는 검사사용 및 해석과 관련된 훈련을 받는 것이 권고되며, 그렇지 못한 경우에는 학교 상담교사 등 전문적인 자격을 갖춘 사람에게 의뢰하는 것이 바람직하다. 이와 관련하여 한국상담학회와 한국상담심리학회의 윤리규정에는 다음과 같은 내용이 있다.

한국상담학회

제7장 제22조 ② 심리검사를 실시할 때에는 자격이 있는 사람이 표준화된 절차에 따라 실시해야 하며, 그 과정을 경시해서는 안 된다. 또한 수련상담자는 지도감독자로부터 훈련받은 검사 도구를 제대로 이용하는지의 여부를 평가받는다.

한국상담심리학회

6. 나. (1). 상담심리사는 심리평가를 수행함에 있어 평가 도구의 채점, 해석과 사용, 관리에 대한 책임이 있으며, 자신이 훈련받은 검사와 평가만을 수행해야 한다. 이는 온라인 검사의 경우에도 해당된다.

(2) 결과 해석 시 주의해야 할 문제

이 외에도 교사와 상담자들이 고등학생의 검사 사용에서 추가적으로 고려할 내용들에는 다음과 같은 것들이 있다.

① 검사의 결과를 맹신하거나 검사 정보로 학생의 진로를 단정하지 않기

진로와 관련된 검사들에는 개인의 진로결정과 탐색을 촉진하기 위해서 추천 직업 혹은 관련 직업 목록을 제공하는 경우들이 있다. 그러나 이는 말 그대로 탐색과 결정에 도움이 되는 하나의 방향성을 안내하는 것이지, 해당 직업 목록이 학생에게 '가장 적합함'을 의미하거나 해당 직업으로 '결정하도록' 조언하는 것이 아니다. 또한 특정 검사는 특정한 영역만을 측정하기 때문에 해당 직업 목록 역시 한정된 요인만을 고려하여 추천된 것임을 기억해야 한다. 따라서 학생이 검사의 추천 직업에만 몰두하거나 검사 결과가 진로결정의 모든 것을 이야기해주는 것처럼 받아들이는 경우, 혹은 검사의 추천 직업에 따라 자신의 의사결정을 손쉽게 단정하는 경우는 적절하지 않다는 것을 전달할 필요가 있다. 때로는 추천 직업들의 공통점을 이해하고, 유사한 특성을 가진 직업들을 포함하여 학생이 관심 있는 직업 목록을 스스로 만들어 보도록 하는 작업이 유용하게 사용될 수도 있다. 검사 결과는 확실한 미래의 성공 가능성이나 만족도를 예언하기보다는 가능성의 관점에서 제시될 필요가 있다는 제언(김봉환, 정철영, 김병석, 2006)을 잊지 말아야 한다.

② 검사 결과의 수치가 좋고 나쁨으로 이해되는 것에 주의하기

학생들과 학부모들은 때로 검사 결과를 이해함에 있어 높은 점수는 '좋은 것'으로, 낮은 점수는 '좋지 않은 것'으로 받아들이기도 한다. 물론 능력검사 등의 일부 검사에서는 낮은 점수보다는 높은 점수를 더 긍정적으로 해석할 수 있다. 그러나 낮은 점수를 해석하는 데 있어 단순히 '좋지 않음' 혹은 해당 직업을 수행할 때 '잘하지 못하거나 실패할 것'으로 예측해서는 안 된다. 낮은 점수를 위로하거나 그 안에서 억지로 긍정적인 측면을 찾는 것 또한 적절한 해석으로 볼 수 없다. 중요한 것은 높은 점수 혹은 낮은 점수가 정확하게 무엇을 의미하는지 살펴보는 것이다. 특히 낮은 점수의 경우 검사에 대한 저항, 불안이나 우울 등의 정서적 상태, 지능이나 성격적 특성, 환경적 상황 등의 다양한 요인이 영향을 줄 수 있다. 따라서 낮은 점수에 영향을 미친 환경적·심리적 요인들을 확인하고 필요한 경우에 이를 상담 및 교육 장면에서 함께 다루는 것이 중요하다.

③ 검사 결과의 불일치 역시 학생의 진로문제 이해에 활용하기

검사의 결과를 통합적으로 해석하는 과정에서 크게 두 가지의 불일치한 상황에 놓일 수 있다. 첫째는 검사 결과 간의 불일치로 학생이 보유한 흥미나 성격, 능력이나 가치관 등의 요소가 서로 불일치한 경우이다. 검사가 측정하는 다양한 영역은 서로 독립적이기 때문에 개인이 잘하는 것과 좋아하는 것은 서로 다를 수 있다. 이에 따라 흥미 측면에서 추천되는 직업과 능력 측면에서 추천되는 직업 역시 다를 수 있다. 때로 이러한 불일치 자체가 학생의 고민을 설명하기도 한다. 이러한 경우 교사나 상담자는 학생과 함께 고민의 내용을 논의하고 불일치의 내용을 구체적으로 확인한 다음, 선택이나 우선순위 조정으로 문제를 해결해 나갈 수 있다.

둘째는 학생의 선호직업과 검사 결과가 불일치한 경우에 생긴다. 특히 학생의 관심 직업에 대한 능력이나 흥미를 학생이 보유하고 있지 않은 경우에 실망과 포기가 뒤따를 수 있으며, 흥미와 능력에 기반한 추천 직업에 학생이 관심이 없는 경우에 검사자체에 대한 관심도가 떨어질 수 있다. 그러나 검사가 측정하는 것은 명확한 결정이나 정답이 아니기 때문에 이러한 불일치로 인해 관심 진로를 포기하거나 조기 종결을 하는 것은 적절하지 않다. 또한 청소년기의 진로결정은 충분한 탐색과 도전이 필요한 일련의 과정이기 때문에 교사와 상담자는 다양한 체험과 정보 수집, 보완과 강화 등의 과정을 통해서 학생의 특성과 검사의 불일치로부터 오는 혼란을 줄일 수 있도록 도와야 한다.

요약

　　고등학생 진로교육에서 심리검사는 학생들의 흥미나 능력 등의 자기이해를 돕기 위해서, 진로준비와 결정을 방해하는 문제를 확인하고 진단하기 위해서, 진로교육과 프로그램의 성과를 확인하기 위해서, 혹은 유형화를 통해 교육의 효과성을 높이기 위해서 등의 다양한 목적으로 사용할 수 있다. 무엇보다도 검사는 '왜 실시하는지'에 대한 활용목적이 가장 중요하게 고려되어야 하며, 검사의 실시과정에서부터 해석에 이르기까지 해당 목적을 이룰 수 있도록 신중하게 활용되어야 한다. 검사의 결과 해석은 일반적으로 검사 목적에 대한 논의, 검사 전반에 대한 설명, 검사 타당도 지수 확인, 검사의 총 점수와 하위 요인 점수의 의미, 검사 결과와 검사 실시 목적의 연계, 검사 소감 나누기의 순으로 진행될 수 있다.

생각해 볼 문제

1. 학생이 실시한 검사의 타당도 결과가 매우 낮아 검사 결과를 신뢰하기 어려운 경우 이를 어떻게 이해하고 지도할 것인가?

2. 학생이 자신의 검사 결과가 스스로 예상했던 것과 달라 결과를 수용하기 어렵다고 하는 경우 이를 어떻게 이해하고 지도할 것인가?

3. 학생 또는 학부모가 검사 해석 없이 검사 결과만을 전달받기 바라는 상황이라면 어떻게 대처할 것인가?

참고문헌

김계현, 황매향, 선혜연, 김영빈(2012). 상담과 심리검사. 서울: 학지사.

김봉환 (1997). 대학생의 진로결정 수준과 진로준비 행동의 발달 및 이차원적 유형화. 서울대학교 대학원 박사학위 논문

김봉환, 정철영, 김병석(2006). 학교진로상담. 서울: 학지사.

김연중, 손은령(2012). 대학생의 지각된 진로장벽과 진로결정자기효능감의 이차원적 진로유형과 학습행동과의 관계. 상담학연구, 13(5). 2443-2461.

김현옥. (1989). 청소년의 진로성숙과 관련변인과의 상관관계. 건국대학교 대학원 박사학위논문.

민경희, 김봉환. (2014). 4년제 대학생용 정서·성격적 진로문제(EPCD) 척도 타당화 연구. 진로교육연구, 27(2), 109-131.

박수진, 구영애, 오윤자(2017). 대학생의 진로 및 가치관에 따른 대학생활의 만족도 차이에 관한 연구: K 대학교 서울캠퍼스 학생을 중심으로(2013-2016년). 취업진로연구, 7(1), 121-144.

백지숙. (2006). 진로결정상태 유형에 따른 진로미결정 이유, 진로성숙도와 대학적응. 한국가정관리학회지, 24(4), 1-10.

이동혁, 신윤정, 이은설, 이효남, 홍샛별, 황매향(2018). 청소년 진로특성 진단 및 활용. 서울: 사회평론아카데미.

정삼호(1977). 진(Jean)을 중심으로 한 여대생의 의복행동에 관한 연구. 숙명여자대학교 석사학위논문.

최정윤(2013). 심리검사의 이해. 서울: 시그마프레스.

황매향, 이아라, 박은혜. (2005). 청소년용 남성 진로장벽 척도의 타당도 검증 및 잠재평균 비교. 한국청소년연구, 16(2), 125-159.

황매향, 이은설, 유성경. (2005). 진로 상담: 청소년용 여성 진로장벽 척도의 개발 및 구인타당도 검증. 상담학연구, 6(4), 1205-1223.

Crites, J. O. (1978). *The Career Maturity Inventory*. CA: CTB/McGraw-Hill.

Figler, H. E., & Bolles, R. N. (2007). *The career counselor's handbook*. Random House Digital, Inc.

Jones, L. K. (1989). Measuring a three-dimensional construct of career indecision among college students: A revision of the Vocational Decision Scale: The Career Decision Profile. *Journal of counseling Psychology, 36*(4), 477.

Liebert, R. M., & Liebert, L. L. (2002). 성격심리학(*Personality: strategies and issues* 8th ed.). (조현춘, 조현재, 문지혜 역). 서울: 시그마프레스(원전은 1998년 출간).

Saka, N., Gati, I., &Kelly, K. R. (2008). Emotional and personality-related aspects of career-decision-making difficulties. *Journal of Career Assessment, 16*(4), 403-424.

2부

교육과정과
진로교육

6장

「진로와 직업」 교과운영

이항심

학습목표

1) 2015년 개정 교육과정에서 확대되는 교사의 역할을 설명할 수 있다.

2) 고등학교 「진로와 직업」 교육과정의 목표를 대영역과 중영역으로 나누어 설명할 수 있다.

3) 학교별 맞춤 진로교과과정 운영의 필요성에 대해 설명할 수 있다.

4) 「진로와 직업」 교과의 효과적인 교수법과 평가의 방향성에 대해 설명할 수 있다.

고등학교는 초등학교나 중학교에 비해 상대적으로 대학 입시나 진학, 취업 등과 관련해서 진로와 직업에 대한 교육이 주로 이루어지는 시기이다. 또한 고등학교 학생들의 경우 진로와 직업에 대한 이해도나 진로성숙도에 있어서 개인차가 초등학교와 중학교 때에 비해 크게 나타난다. 이와 같은 고등학생의 특성을 바탕으로 이 장에서는 고등학교의 진로와 직업 교과운영을 전반적으로 어떻게 계획해야 할 것인지에 대해 살펴보도록 하겠다.

교육과정에 「진로와 직업」이라는 교과가 도입된 것은 상대적으로 최근의 일이다. 2009년에서야 학교 진로교육이 특정 교과로서 학교 교육과정에 들어오기 시작했지만, 그 당시에는 진로교육 목표와 활동들에 대한 이해가 전반적으로 부족하였다. 하지만 점차적으로 고등학교에서도 진학 교육뿐만 아니라 전반적인 학생들의 진로와 직업 교육의 필요성이 증대되면서, 학교 교육과정에서 중요한 교과목으로 자리를 잡기 시작했다. 고등학교의 경우는 대학입시와 취업의 방향과 관련한 중요한 진로의사결정을 앞두고 있는 시기이기 때문에 이 시기의 진로와 직업 교과과정은 학생들의 대학교 진학뿐만 아니라 취업 등과 같은 진로의 큰 그림을 구체적으로 그려보고 준비를 할 수 있도록 도와주는 중요한 특정 교과목으로 역할을 해야 한다. 따라서 이 장에서는 2015년 개정 교육과정에 대한 이해를 바탕으로 고등학교에서 「진로와 직업」 교과의 교육 목표 및 「진로와 직업」 교과 교육 내용의 체계, 효과적으로 진로와 직업 교과를 운영할 수 있는 교수법들에 대해 살펴보도록 하겠다.

1 2015 개정 교육과정과 고등학교 「진로와 직업」 교육

이 장에서는 2015 개정 교육과정의 전반적인 방향과 고등학교 「진로와 직업」 교육과정의 목표를 살펴보고자 한다. 이를 위해 2015 교육과정 개정안의 배경 및 특징을 살펴보고, 「진로와 직업」 교육과정의 주요 특징과 그 특징에 따른 목표에 대해 알아보자.

1) 2015년 개정 교육과정에서 확대되는 교사의 역할

교육과정 개발 및 교과운영이라는 큰 틀을 이해하기에 앞서, 교육과정 및 교과운영을 하는 주체가 누구인지에 대해 살펴볼 필요가 있다. 그 이유는 교육과정 및 교과운영의 의사결정이 중앙집권적으로 이루어지는가, 분권적으로 이루어지는가에 따라 실제적인 교육과정 및 교과운영에 커다란 영향을 미칠 수 있기 때문이다. 우리나라의 경우를 살펴보면, 제5차 교육과정까지는 중앙 정부, 즉 교육부 주도의 중앙집권적 의사결정 방식이 주를 이루었고, 학교는 중앙에서 결정된 교육과정을 시행하는 소극적인 역할을 하였다. 그러나 제6차 교육과정 이후 교육과정 및 교과운영과 관련한 의사결정이 분권화되고 교육과정의 자율화가 점차적으로 확대되면서 고등교육과정에서도 지역 특성에 맞는 다양화·자율화를 시도하게 되었다.

이러한 변화는 2015년 개정 교육과정에 명확하게 반영되어 있다. 국가 수준 교육과정은 공통적이고 일반적인 기준을 제시하지만, 지역별 차이와 특수성을 일괄적으로 반영하는 것에는 한계가 있었다. 따라서 2015년 개정 교육과정은 시·도 교육청 수준에서 지역 특수성 및 학교의 실정에 맞게 교육과정 개발 및 교과를 운영하도록 장려하고 있다. 즉, 시·도 교육청 수준의 지원 사항을 근거로 학생 및 교원, 지역 주민의 필요와 요구에 따라 지역 수준에서 적합한 교육과정 개발 및 교과운영 지침을 작성하려 노력하고 있다.

이러한 2015년 개정 교육과정의 변화 방향은 교사의 역할에도 큰 변화를 가져왔다. 교과과정에 대한 의사결정이 중앙집권적으로 이루어지던 때에는 교사의 역할이 교육부에서 내린 지침에 따라 교육과정을 시행하는 수동적인 전달자로 제한되어 있었다. 반면 2015 개정 교육과정이 추구하고자 하는 교육과정 의사결정의 분권화 및 학교의 자율성을 확대해 나가는 흐름 속에서 교사의 역할이 능동적으로 교과과정의 방향을 설정하고 개발하는 개발자 및 기획자 역할로 확대되고 있다.

이러한 교사의 역할 확대는 「진로와 직업」 교육 교과과정에서는 더욱 중요하다. 그 이유는 「진로와 직업」 교육이 교과과정 특성상 그 지역의 특수성이나 학교의 재정 상태 및 주변 여건 등과 더 밀접한 관계가 있는 과목이기 때문이다. 따라서 이러한 교육과정의 흐름 변화 속에서 진로진학상담교사는 교과과정의 내용과 활동을 어떻게 운영하고 평가할 것인가에 대해 학교 측에 다양한 의견을 제시하고 능동적으로 수행하는 주체자의 역할을 하는 것이 중요하다. 즉, 국가 교육과정에서 제시한 공통된 기준과 시·도 교육청 지역의 특수한 지침들을 바탕으로 교사가 근무하고 있는 학교의 교육 시설, 학생 및 교원의 실태, 주변의 교육 여건 등을 고려했을 때, 학생들에게 효과적인 진로교육과정 설계도를 개발하고 학교의 특수성이 반영된 실제 교과운영 계획 및 세부적인 실천 계획들을 수립하는 것이 중요한 역할이 되고 있다. 이러한 중요한 역할을 수행하기 위해 진로진학상담교사는 스스로 전문성을 지속적으로 개발해 나가는 것이 중요하며, 국가를 비롯한 학교 및 시·도 교육청에서도 진로진학상담교사의 전문성을 높일 수 있는 다양한 교육 지원이 함께 이루어져야 할 것이다.

2) 2015 개정 교육과정의 핵심 방향

2015년 개정 교육과정의 핵심 방향을 파악하는 것은 「진로와 직업」 교과과정을 개발하는 데 중요한 바탕이 될 수 있다. 교육과정에서 추구하는 인간상과 그에 따른 교육 목표에 대해 살펴보도록 하겠다.

추구하는 인간상과 교육 방향

- 전인적 성장을 바탕으로 자아정체성을 확립하고 자신의 진로와 삶을 개척하는 자주적인 인간상
- 기초 능력의 바탕 위에 다양한 발상과 도전으로 새로운 것을 창출하는 창의적인 인간상
- 문화적 소양과 다원적 가치에 대한 이해를 바탕으로 인류 문화를 향유하고 발전시키는 교양 있는 인간상
- 공동체 의식을 가지고 세계와 소통하는 민주 시민으로 배려와 나눔을 실천하는 더불어 사는 인간상

2015 개정 교육과정은 위와 같은 인간상을 갖추도록 교육하기 위해서 인문, 사회 및 과학 기초 소양에 대해 강조하면서 학생의 적성과 진로에 따라 필요한 과목들을 선택할 수 있도록 선택 학습을 장려하고 있다. 또한 자주적이고 자기주도적인 학습 능력을 키우기 위해 학생 참여형 및 토론 수업들을 늘려 나가고 있는 추세이다. 또한 학습 결과뿐만 아니라 학습 과정에 대해서도 중요성을 강조하면서 학습 과정을 평가할 수 있는 항목을 늘리는 추세에 있다. 그뿐만 아니라 변화하는 산업 사회가 필요로 하는 인재를 육성하기 위해 특성화고를 비롯하여 다양한 고등학교 유형을 통해서 기초직무역량을 키울 수 있도록 하고 있다.

이와 같은 전반적인 맥락을 바탕으로 진로교육과 관련한 인간상으로는 "전인적 성장을 바탕으로 자아정체성을 확립하고 자신의 진로와 삶을 개척하는 자주적인 사람"(국가교육과정정보센터, 2015)으로 명시하고 있다. 이에 비추어 볼 때 진로교육의 방향성은 인성 교육과 가치 교육이 강화되고, 개개인이 가지고 있는 특성과 창의성을 바탕으로 주체적인 직업인으로 사회적인 역할을 수행할 수 있는 학생을 키워내는 것이라고 볼 수 있다.

2 「진로와 직업」 교과의 목표와 운영

2015 개정 교육과정에서는 이전 교육과정이 각 학교급별 학생들의 연령에 따른 발달 차이가 정확하게 반영되지 않았다는 문제제기에 따라서 초·중·고등학교의 학교급별 진로교육 목표 및 성취기준을 정교화하였다. 2015년 개정 교육과정이 추구하는 고등학교 진로교육의 방향은 성숙한 자아의식과 바른 품성을 갖추고, 자신의 진로에 맞는 지식과 기능을 익히며 평생학습의 기본 능력을 기르도록 도와주는 것이다(교육부, 2015).

이러한 교육의 방향에 따라 고등학교 「진로와 직업」 교육과정의 영역별 목표와 운영에 대해 살펴보도록 하겠다.

1) 「진로와 직업」 교과의 목표

고등학교 「진로와 직업」 교과의 목표는 빠르게 변화하는 미래 직업세계 변화에 대해 이해하고, 자신의 진로목표를 세우고 구체적인 정보탐색을 통해 고등학교 및 고등학교 졸업 이후의 진학 및 진로계획을 수립하고 실천하는 것에 두고 있다.

이 목표를 달성하기 위해 고등학교 진로교육의 내용체계는 자기이해와 사회적 역량 개발, 일과 직업세계의 이해, 진로탐색, 그리고 진로 디자인과 준비 네 가지 영역으로 구성되어 있다. 이 네 영역은 각 두 개의 중영역으로 나뉘어 총 여덟 개의 영역별 목표가 제시되고 있다(표 6-1).

자기이해와 사회적 역량 개발은 학생들이 자신에 대한 종합적인 이해를 바탕으로 긍정적인 자아개념을 형성하도록 돕는 것을 교육과정의 목표로 하고 있다. 그뿐만 아니라 고등학교 졸업 후의 진학 및 직업생활에 필요한 대인관계능력을 비롯한 의사소통 역량을 강화시키고자 한다.

일과 직업세계의 이해 영역에서는 빠르게 변화하는 미래 직업세계에 대한 이해를 바탕으로 자신의 진로를 계획하고 준비할 수 있는 역량을 키우고자 한다. 또한 직업에는 개인의 자아실현이나 경제적 활동의 의미도 있지만, 사회의 한 구성원으로서 공동

표 6-1 2015 고등학교 진로교육 영역별 목표

대영역	중영역
1. 자기이해와 사회적 역량 개발	① 자기이해 및 긍정적 자아개념 형성
	② 대인관계 및 의사소통 역량 개발
2. 일과 직업세계의 이해	① 변화하는 직업세계의 이해
	② 건강한 직업 의식 형성
3. 진로탐색	① 교육 기회의 탐색
	② 직업정보의 탐색
4. 진로 디자인과 준비	① 진로의사결정 능력 개발
	② 진로계획과 준비

출처: 한국교육과정평가원(2015).

체의 이익을 증진시키는 의미도 있으므로 건강한 직업인의 역할도 존재한다는 의식 형성을 돕는 데 그 목표가 있다.

진로탐색 영역에서는 학생들이 관심 있는 학교 및 전공 등과 관련한 다양한 교육 기회를 탐색할 수 있는 역량을 키워주는 것을 세부목표로 하고 있다. 그뿐만 아니라 학생들이 고등학교 혹은 대학교 졸업 후에 가지게 될 직업군에 대해 스스로 정보를 탐색하여 자신의 진로를 계획하는 역량을 키우고자 하는 영역이다.

진로 디자인과 준비 영역에서는 학생들이 합리적인 진로의사결정 능력을 개발함으로써 자기주도적으로 진로를 설계할 수 있는 역량을 키우는 것을 목표로 한다. 또한 자기주도적으로 진로를 계획하고 디자인하기 위해서는 현재 무엇을 준비해야 하는지 잘 이해하고 계획을 세워서 진로준비행동으로 이어지도록 하는 것이 중요하다.

2) 「진로와 직업」 교과의 운영

고등학교 「진로와 직업」은 선택과목으로 되어 있어서, 각 학교의 운영 방침에 따라 1학년부터 3학년까지 여러 학기 혹은 학년에 걸쳐 또는 한 학기에만 선택하여 운영할 수 있다. 위에서 설명한 각 수업 영역을 기준 차시로 편성 운영할 경우 각 영역에서 성취기준별 3~4시간의 차시로 구성할 수 있다. 이때 성취기준별 배당시간은 교수자가 학습자의 필요에 따라 다르게 구성할 수 있다.

표 6-2 2015 개정안의 진로교과운영 영역 및 성취기준 및 배당시간

영역	성취기준	배당시간
자아이해와 사회적 역량 개발	[01] 자신의 특성을 이해하고 긍정적 자아정체감을 가질 수 있다.	3
	[02] 자신의 강점을 발전시키고, 약점을 보완하는 방법을 찾아 노력할 수 있다.	3
	[03] 친구, 가족, 지인, 동료 등 주변 사람을 대하는 자신의 태도와 관계를 성찰하고, 부족한 부분을 개선할 수 있다.	3
	[04] 상황(사적 대화, 발표, 회의 등)에 맞는 의사소통 방법을 알고 활용할 수 있다.	4

일과 직업세계 이해	[01] 미래 직업세계의 변화에 따른 새로운 직업과 인재상을 탐색한다.	3
	[02] 직업세계의 변화에 맞추어 자신과 관련된 학과, 전공 및 자격의 변화를 예측하고 탐색할 수 있다.	3
	[03] 관심 분야의 동향 및 전망을 파악하고 관련 창업·창직 사례를 탐색할 수 있다.	3
	[04] 직업이 자신에게 주는 긍정적 가치(자아실현, 보람, 경제적 독립 등)를 우선순위에 따라 설명할 수 있다.	3
	[05] 자신이 관심을 가지고 있는 분야에서 갖추어야 할 직업윤리와 중요성을 설명할 수 있다.	3
진로탐색	[01] 자신의 학업성취 수준과 학습방법을 점검하고 효과적인 학습방법을 찾을 수 있다.	3
	[02] 대학과 전공 계열을 선택하기 위한 합리적 기준을 제시할 수 있다.	4
	[03] 자신의 진로개발과 관련 있는 평생학습의 기회를 탐색할 수 있다.	3
	[04] 관심 직업의 현황, 전망, 산업구조 등 구체적인 정보를 수집할 수 있다.	4
	[05] 체험활동을 통해 관심 직업 및 학과에 대한 이해를 심화할 수 있다.	4
진로 디자인과 준비	[01] 잠정적인 진로의사결정의 결과를 점검하고 자신이 처한 상황에 맞게 수정·변경할 수 있다.	3
	[02] 진로장벽을 해결한 사례를 알아보고 자신의 진로장벽 요인을 해결하기 위해 적절한 방안을 찾아 노력한다.	4
	[03] 자신의 진로목표와 관련 있는 직업·대학·학과를 탐색할 수 있다.	3
	[04] 개인 및 직업세계의 변화를 검토하여 자신의 진로계획을 재점검하고 수정할 수 있다.	4
	[05] 관심 있는 대학의 입학정보를 알아보고 필요한 조건을 갖출 수 있다.	4

출처: 한국교육과정평가원(2015).

또는 기준 차시 구성에서 벗어나서 활동 중심으로 성취기준을 설정하는 방법도 있다. 예를 들어, 활동중심으로 그 활동과 관련된 2개 이상의 성취기준을 구성하여 차시를 구성할 수 있다.

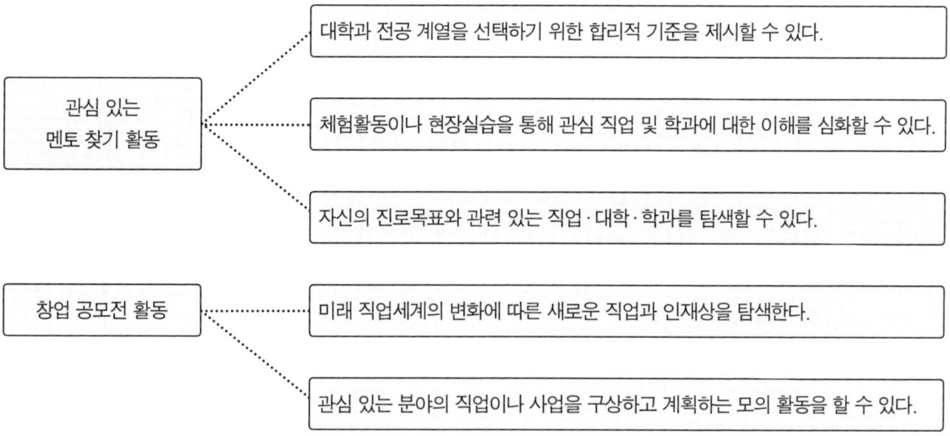

그림 6-1 진로탐색 활동과 관련한 성취기준 설정의 예(일반고, 특성화고)

출처: 한국교육과정평가원(2015).

표 6-3 2015 활동 중심 차시 구성의 사례

역할극	교과활동 A	B	C	D	E	F	G	성취기준
							○	[12진로01-01] 자신의 특성을 이해하고 긍정적 자아정체감을 가질 수 있다.
	○			○				[12진로01-02] 자신의 강점을 발전시키고, 약점을 보완하는 방법을 찾아 노력할 수 있다.
			○					[12진로01-03] 친구, 가족, 지인, 동료 등 주변 사람을 대하는 자신의 태도와 관계를 성찰하고, 부족한 부분을 개선할 수 있다.
					중략			
					○			[12진로04-01] 잠정적인 진로의사결정의 결과를 점검하고 자신이 처한 상황에 맞게 수정·변경할 수 있다.
				○				[12진로04-02] 진로장벽을 해결한 사례를 알아보고 자신의 진로장벽 요인을 해결하기 위해 적절한 방안을 찾아 노력한다.
○			○					[12진로04-03] 자신의 진로목표와 관련 있는 직업·대학·학과를 탐색할 수 있다.
			○				○	[12진로04-04] 개인 및 직업세계의 변화를 검토하여 자신의 진로계획을 재점검하고 수정할 수 있다.
			○				○	[12진로04-05] 관심 있는 대학의 입학정보를 알아보고 필요한 조건을 갖출 수 있다.

'관심 있는 전공 멘토 찾기 활동' 등 8개 활동, 60차시, 19개 성취기준으로 수업 재구성

출처: 한국교육과정평가원(2015).

3) 학교별 맞춤 진로 교과과정의 운영

2015 개정 교육과정을 바탕으로 2016년도 진로교육 활성화 계획으로 '제2차 진로교육 5개년 기본계획'이 발표되었다. 2차 진로교육의 핵심적인 방향으로 ① 진로교육 지원 체계 구축, ② 진로교육 프로그램의 내실화, ③ 진로교육 전문인력 양성 및 전문성 제고로 나누어 볼 수 있다. 진로진학상담교사들이 학교별 맞춤 진로 교과과정을 운영할 때 이러한 세 가지 큰 방향이 어떻게 반영될 수 있을지에 대해 살펴보도록 하자.

(1) 진로교육 지원 체계 구축

진로교육은 학교에서만 이루어지는 것이 아니다. 그러므로 학생 개개인의 특성과 역량 및 진로발달을 돕는 다양한 주변 환경적인 인프라 구축이 필요하다. 진로교육 지원의 다양한 구조적 체계, 즉 가정부터 학교, 국가, 시·도 교육청, 기업 및 커뮤니티 단체 등 다양한 주체가 참여해야 한다. 따라서 진로진학상담교사에게는 교과과정 운영 시 이러한 주변 지역의 자원들을 잘 활용하는 역량이 매우 필요한 부분이라고 할 수 있다. 이를 위해서 진로진학상담교사들은 첫 번째로, 지역 특수성에 대한 파악, 학교가 어느 정도로 진로교육을 지원할 여건이 되는지에 대한 파악, 학생들이 관심 가질 만한 진로활동을 할 수 있는 지역 단체나 기업이 주변에 존재하는지 여부 등에 대해 조사를 할 필요가 있다. 두 번째로, 진로교육과 관련된 지역 특수성과 학교 및 학생들에 대한 이해가 되었다면 그 주변 자원 및 환경적인 인프라를 활용하여 진로교육 교과과정에 반영하는 작업이 필요하다. 진로는 교과과정 특성상 책으로 배우는 것보다 주변 환경 속에서 실제 경험이나 직간접 경험을 통해 배우는 것이 더욱 효과적이기 때문이다. 마지막으로, 진로진학상담교사는 주변 지역의 자원들을 활용하여 다양한 진로교육을 할 수 있는 인프라를 넓혀 나가는 노력이 필요하다.

(2) 진로 프로그램의 내실화

고등학교에서는 교과과정 중에 「진로와 직업」이라는 선택 교과목을 운영하고 있다. 하지만, 「진로와 직업」 수업은 전체 학급을 대상으로 이루어져서 수업에서 학생 개

개인의 특성이나 다양한 학생들의 요구를 반영하는 것에 한계가 있었다. 또한, 이 수업이 학생들에게 성적을 부여하는 것이 아니어서 학생들의 수업 참여동기가 낮을 수 있다는 것도 문제점으로 제기되어 왔다. 이러한 문제점들을 해결하기 위해 학생 개인의 특성에 기반한 맞춤형 진로교육의 필요성이 대두되었다. 또한 학생 활동이 내신 성적으로는 반영되지 않더라도 학생생활기록부의 진로교과활동란에 구체적으로 기재될 수 있다는 점을 학생들에게 알려서 학생들의 수업 참여동기를 높일 수 있을 것이다. 즉, 학생들의「진로와 직업」교과수업 참여활동이 학생생활기록부에 어떻게 반영이 되는지에 대해 학생들에게 자세히 설명하는 것이다. 학생 개인의 특성에 기반한 맞춤형 진로교육은 개별 진로상담을 포함해서 소그룹 모둠 활동 등 교과과정에서 다양한 개인과 집단 활동을 혼합해서 사용하는 것이 효과적이라고 밝혀지고 있다. 또한, 강의식 수업보다 학생들의 수업 참여를 높일 수 있는 학생 참여형 토론식 수업이나 프로젝트형 수업을 운영하는 것이 도움이 될 수 있다. 특히, 각 학교와 학생들의 특징을 바탕으로 학생들이 흥미를 가지고 적극적으로 참여할 수 있는 지역 특수성을 반영한「진로와 직업」교과 프로그램 개발이 무엇보다 중요하다.

(3) 진로교육 전문 인력양성 및 전문성 제고

현재 고등학교에서는 학교당 한 명의 진로진학상담교사가 배치되어 있는 경우가 대부분이다. 하지만 한 명의 진로진학상담교사가 학교 규모에 따라서 학교 전체 학생들의 진로교육을 담당하는 것은 현실적으로 불가능하다. 지역 및 학교별로 학생 수와 학교 규모의 차이가 크기 때문에 학교 규모와 학생 수에 적합한 진로교육 전문 인력이 추가될 필요가 있다. 그뿐 아니라 지역과 학교별로 다문화가정 학생, 북한이탈주민 학생, 혹은 사회적배려대상자 학생들의 비율이 높은 학교들도 있다. 이러한 학교들에는 학생 구성원의 특징을 고려해서 진로교육을 할 수 있는 다문화 진로교육 전문가들의 배치가 우선적으로 고려되어야 하며, 담당 진로진학상담교사의 다문화 역량 전문성을 높일 수 있는 추가적인 교육 프로그램이 함께 제공되어야 한다. 마지막으로 진로교육은「진로와 직업」교과시간에만 이루어지는 것이 아니기 때문에 학교의 다양한 교과교사와의 협업을 끌어내는 것이 진로진학상담교사의 중요한 역량이라고 할 수 있다. 학교와 지역 차원에서 교과교사들이 진로진학상담교사와 협업을 통해 지속적으로 학생 진로교육을 교과과정 속에서도 개발하고 진행할 수 있도록 추가적인 다양한 연구가 병행되어야 할 것이다.

3 교수방법 및 사례

「진로와 직업」 교과시간에 활용할 수 있는 효과적인 교수방법에 대해 알아보고, 수업 시간에 활용할 수 있는 몇 가지 수업 활동지 예시들을 살펴보겠다.

1) 고등학교 「진로와 직업」 교과 교수방법

고등학교 「진로와 직업」 수업에서 교사가 다양한 자료와 생각할 거리를 제공할 수는 있지만, 오히려 학생들이 학습의 주체자가 되어서 직접 정보를 조사·탐색·발표하도록 수업을 진행하는 것이 바람직하다. 또한 무엇보다 학생들이 수업에 흥미를 가질 수 있도록 동영상을 포함한 다양한 매체 활용 및 활동 중심의 수업이 효과적인 교수방법이라고 할 수 있다.

구체적으로 살펴보면, 중학교에서 이루어진 진로탐색을 바탕으로 고등학교에서는 학생들이 하고자 하는 일 혹은 전공과 관련되어 있는 활동을 할 수 있다. 거기서 직접 경험하고 배운 것들을 나눌 수 있는 시간을 충분히 갖는 수업을 편성하는 것이 도움이 된다. 특히 학생들이 자신의 관심 진로와 관련되어 있는 활동을 하고 경험해 보는 것에 그치지 않고, 그 활동과 경험들이 미래 진로를 설계하는 데 어떻게 활용이 될 수 있을지에 대해 생각하는 시간을 주어야 한다. 이 과정은 학생들이 외부의 활동과 경험을 체화해서 자신의 진로계획과 연결하는 사고를 할 수 있도록 도와주는 중요한 역할을 한다.

진로교사가 이 과정을 효과적으로 촉진하기 위해서는 직접 질문법〔예: 이 경험(활동)이 ○○의 앞으로의 진로계획에 어떻게 도움이 될 수 있을까?〕 혹은 팀 토론, 개인적으로 글로 써서 기록하기 등을 활용할 수 있다.

또한 고등학교의 진로 수업은 고등학생의 특성상 개인의 진로관심 분야에 따라 개인 및 모둠별 프로젝트 교수법이 더 효과적일 수 있다. 고등학교를 졸업하면 학생들은 다양한 학교와 전공으로의 진학, 혹은 취업을 하게 된다. 그에 따라 고등학교 과정에서 준비해야 하는 내용이나 관심도 학생들 간에 차이가 많이 날 수밖에 없다. 따라서 학생이 졸업 후 하고자 하는 일, 전공과 관련하여 구체적인 조사를 하고, 각 학교의 커리큘럼들에 대해 정보를 수집하게 한다. 결과적으로 학생들은 고등학교 때 어떤 과목과 활동을 하면 도움이 되는지 알 수 있다. 그러므로 「진로와 직업」 교과시간에 학생들이 자율적으로 계획한 과정을 단계별로 작업해 나갈 수 있도록 도와주는 교수법을 사용한다면 학생들의 주도성을 향상시키고 진로활동의 지속성과 연계성을 높이는 데 효과적일 것이다.

2) 고등학교 「진로와 직업」 교과활동 사례

앞서 효과적인 교수법으로 프로젝트형 수업이나 개인별 맞춤 수업 및 모둠별 수업을 소개하였다. 이를 수업 활동에 적용한 활동지 예시들을 살펴보도록 하자.

(1) 개인의 긍정적인 자아개념 형성을 위한 수업 활동의 예

학생들의 긍정적인 자아개념을 형성하도록 도와주는 교과활동으로 여러 가지 다양한 활동이 있을 수 있다. 그중에서 학생들이 이미 형성되어 있는 자신의 비합리적인 사고는 무엇인지 살펴보고, 합리적인 자기대화를 해 나가도록 도와주는 활동이 있다. 이 활동으로 긍정적인 자아개념을 발달시킬 수 있도록 돕는다.

■ 창의적 진로개발 활동지

• 실시방법: 우리는 다양한 상황 속에서 긍정적 혹은 부정적인 자기 마음속의 생각(대화)에 의해 영향을 받곤 한다. 최근 한 달 동안 여러분이 경험했던 어려웠던 상황을 떠올려 보고 자신에게 스스로 힘을 줄 수 있는 말을 적어 보면서 긍정적인 자아개념을 형성하도록 한다.

상황	비합리적인 자기 대화	느낌	자신에게 힘을 주는 말로 다시 대화해 보기
예시) 관심 있는 직업을 가진 졸업한 선배나 멘토에게 이메일을 보내거나 질문을 할 때	내가 이메일을 보내거나 질문을 하면 나를 귀찮아하거나 이상한 질문을 한다고 생각하지 않을까	두렵고 자신이 없어짐	선배가 바빠서 답장이 늦을 수는 있지만 선배가 질문하는 나를 이상한 사람으로 보지는 않을 거야. 선배도 아직 그 직업에 대해 잘 몰랐을 때는 나처럼 궁금해했을 거야.

• 활동을 하고 난 후 느낀 점:

• 앞으로 원하는 자신의 모습:

• 원하는 모습이 되기 위해 현재 노력할 수 있는 점이 있다면?

출처: 교육부, 한국직업능력개발원(2016), 2015 창의적 진로개발 활동지-일반계고 일부 수정.

(2) 모둠활동 수업의 예시

3~4명 이내의 학생들이 자신이 하고 싶은 직업들을 각자 찾아보고 그 직업을 통해 보람을 느끼는 면, 즉 직업 가치에 대해 각자 적어보도록 한다. 다음 활동지를 예시 활동으로 보여 주면서, 모둠별로 학생들이 하고 싶은 직업과 직업을 통해 어떤 가치를 실현하려고 하는지 나누어 볼 수 있다.

■ 직업의 긍정적인 가치·의미 찾기 활동지

인물	그가 직업에서 보람을 느낄 때	그가 실현한 직업 가치
브레인트레이너 (주)HSP컨설팅 유답프로그램 브레인트레이너 강사 탁정화	브레인 트레이닝을 통해서 뇌의 잠재능력을 발휘할 수 있도록 도와주는 것이 가장 큰 매력입니다. 더불어 자기 스스로의 가능성과 가치를 발견할 수 있다는 것도 큰 매력인 것 같습니다. 또 많은 분들이 제 강의를 통해 동기부여를 받고, 변화하는 데 큰 보람을 느낍니다.	
국제개발협력 전문가 월드비전 국제개발 협력 전문가 대리 고영	'다른 사람과 더불어 사는 길'을 찾는 일을 직업으로 삼는다는 것은 그 자체만으로도 보람이 있고 매력도 있다고 생각합니다. 지구촌의 동반 성장에 함께 동참하는 것, 이윤 추구가 목적이 아니라 세상의 변화에 초점을 두고 있는 것이 매력입니다	
패션테크니컬 디자이너 코오롱 FnC G-M본부 패션테크니컬디자이너 테크니컬디자인팀 과장 나강묘	남들이 할 수 없는 것을 내가 하고 있다고 느낄 때 보람이 있습니다. 디자이너는 크리에이티브한 도전을 할 수 있습니다. 패션테크니컬디자이너는 지식이 있어야만 할 수 있는 일이라 남들은 쉽게 못합니다. 영어는 물론 실무용어도 알아야 합니다. 이렇게 고유의 영역이 있다는 점에서 좋습니다. 요즘 제작공정에서 실수를 줄이기 위해 저희 역할이 중요해지고 있는데 그런 중요성을 느낄 때 보람이 큽니다.	
빅데이터분석가 한국예탁결제원 빅데이터분석가 차장 한영우	기존에 알지 못했던 것을 제일 먼저 발견한다는 점에서 매력이 있습니다. '유레카!'를 외칠 때의 희열이 있다고 해야 할까요. 예를 들면, 금융 도메인에 빅데이터 분석을 적용하면 특정 기업의 주가에 대해 미리 예측할 수 있습니다. 이 예측이 맞아 떨어졌을 때 희열이 느껴집니다.	

출처: 한국고용정보원(2014), 색다른 직업 생생한 인터뷰

그렇다면 내가 실현하고 싶은 직업 가치는 무엇인가?

나는 (   )직업을 통해 _____라는 가치를 실현하고 싶다.

3) 심리검사나 진로설문지를 활용한 수업 활동의 예

「진로와 직업」 교과시간에 학생들이 자신에 대한 이해도를 높이기 위해 다양한 심리검사 및 설문지들을 활용할 수 있다. 여러 가지 검사 중에 진로성숙도검사를 활용한 수업 활동의 예를 들어보도록 하겠다. 진로성숙도검사는 학생들의 진로에 대한 계획의 정도, 자기이해의 정도, 일에 대한 태도 및 진로의사결정 능력의 정도를 알아볼 수 있는 검사이다. 우선, 학생들이 자신의 진로성숙도검사를 실시하도록 도와준다. 아래 사이트를 이용하면 학생들이 손쉽게 진로성숙도검사를 실시할 수 있다.

커리어넷(www.career.go.kr) ⟶ 진로심리검사 ⟶ 심리검사 ⟶ 진로성숙도검사

교사가 심리검사를 이용해서 진로교과수업을 진행할 시에 주의해야 할 점은 검사 결과 자체보다는 그 검사 결과를 어떻게 학생이 활용할 수 있을지에 대해 초점을 맞추어서 수업을 진행해야 한다는 점이다. 즉, 진로성숙도검사를 실시했다면 교사가 학생들이 결과를 올바로 해석할 수 있도록 도와주고, 학생들이 활용할 수 있는 방안에 대해 계획해 보고 실천까지 해 볼 수 있도록 지도하는 것이 필요하다.

검사 결과를 정확히 해석한 후 교사와 학생이 함께할 수 있는 수업 활동의 한 예로, 학생들이 자신의 진로성숙도검사 결과를 보고, 자신의 정보 활용 및 진로의사결정 능력에 점수를 표시하도록 한 다음, 진로의사결정 능력을 향상시키려면 어떻게 해야 할지를 그룹 별로 토론을 해 보게 하는 것이 도움이 될 수 있다.

나의 정보 활용 및 진로결정능력	매우 부족하다 보통이다 매우 잘한다
	0 5 10
진로결정능력을 향상시키기 위한 아이디어	1. 2. 3. 4. 5.

출처: 교육부, 한국직업능력개발원(2016), 2015 창의적 진로개발 활동지-일반계고.

4 평가

1) 평가 방향

    고등학교 「진로와 직업」의 평가는 과정중심으로 학생 개개인의 진로발달에 맞춰서 진행될 필요가 있다. 고등학생들의 경우 진로성숙도 및 진로발달의 개인차가 초등학생과 중학생들에 비해 커지는 시기이기 때문에 평가도 이를 고려해서 이루어져야 할 것이다.

    또한 평가의 방향이 단순히 진로교과 수업의 성적을 부여하는 것에서 벗어나서 실제적으로 학생들이 자신의 진로발달이 어느 정도에 위치해 있는지 인식할 수 있도록 도와주는 방향으로 맞추어질 필요가 있다.

    평가 시에 학생들의 인식 발달뿐 아니라 행동상의 변화도 함께 평가에 포함하는 것이 필요하다. 이는 진로발달이 행동의 변화까지 포함하는 개념이기 때문이다. 따라서 학생들이 실제적으로 진로준비행동을 적극적으로 하고 있는지 등의 행동 변화도 중요한 평가 요소로 반영될 필요가 있다.

2) 평가 방법

고등학교「진로와 직업」교과 평가 방법으로는 평가자의 다양화를 고려해 볼 필요가 있다. 일반 교과는 주로 담당교사가 평가자의 역할을 해 왔지만,「진로와 직업」교과 평가는 진로진학상담교사만 하는 것이 아니다. 학생 스스로 자신이 목표로 한 것들을 성취했는지 자기평가, 학부모들의 관찰평가, 또래집단평가, 혹은 진로멘토 프로그램이 운영 중이라면 멘토의 평가 등 다양한 평가자를 통해 자료를 수집한다면 더 정확한 평가가 이루어질 수 있을 것이다.

또한 앞서 설명한 것처럼 고등학생에서는 진로성숙도 및 발달의 개인차가 중학생에서보다 크게 나타날 수 있기 때문에 결과중심적인 평가가 아닌 학생들이 수업을 듣기 전 상태에 비해 어느 정도 진로발달을 이루었는지에 초점을 맞춰서 평가해야 한다.

진로성숙도검사 및 진로발달검사를 학기 초에 실행해 보고 개개인의 진로발달 수준을 점검하는 것이 도움이 될 수 있다. 여러 가지 검사들 중에 중·고등학생을 대상으로 한 진로성숙도 검사는 청소년 학생들의 진로에 대한 전반적인 태도, 진로와 관련된 정보나 이해의 정도, 진로 관련 준비행동의 정도를 측정하는 문항들로 구성되어 있다. 고용노동부 워크넷(www.work.go.kr)을 통해서 검사지를 이용할 수 있다.

요약

이 장에서는 고등학교의 「진로와 직업」 교육과정에 대해 알아보았다. 고등학생들을 지도하는 진로진학상담교사가 이해하고 있어야 할 2015 개정 교육과정을 바탕으로 중앙집권적인 교과과정 의사결정 방식을 벗어나서 지역 특수성을 고려하여 시·도 교육청을 중심으로 학교별 맞춤 진로교육의 흐름 속에서 확대되고 있는 진로진학상담교사의 역할에 대해 알아보았다. 또한 「진로와 직업」 교과운영 시 효과적인 교수법과 수업 활동의 예시들을 살펴보았다. 마지막으로 「진로와 직업」 교과 수업 평가의 방향성을 제안하였다.

생각해 볼 문제

1. 「진로와 직업」 교과에 학생들의 참여율이 저조한 경우, 참여율을 높일 수 있는 방안 세 가지에 대해 토론해 본다.

2. 학교와 지역 특수성을 반영할 수 있는 「진로와 직업」 교과활동 프로그램을 두 가지 적어 본다.

3. 다른 교과교사들과 「진로와 직업」 교과에서 협업할 수 있는 수업의 예시를 두 가지 이상 적어 본다.

참고문헌

교육부, 한국직업능력개발원(2016), 2015 개정 학교진로교육 프로그램 SCEP-창의적진로개발.
정윤경, 김나라, 방혜진, 이윤진, 김가연(2016). 2015 학교 진로교육 목표와 성취기준. 교육부.
한국고용정보원(2014). 색다른 직업 생생한 인터뷰.
한국교육과정평가원(2015). 2015 개정 교과 교육과정 시안 개발 연구 II: 진로와 직업 교육과정.

7장

창의적 체험활동과 진로교육

유현실

창의적 체험활동은 2007 개정 교육과정의 재량활동과 특별활동을 통합하여 2009 개정 교육과정에 처음 신설되었으며, 2015년 9월 '창의융합형 인재 양성'에 대한 국가 및 사회적 요구를 적극 수용하고 동시에 그동안 학교 현장에서 꾸준히 제기되어 왔던 창의적 체험활동 운영상의 문제들을 해결하기 위해 2015 개정 교육과정에서 전면 개정하게 되었다(교육부, 2017a). 특히 2015 개정 창의적 체험활동 교육과정에서는 인문사회 및 과학기술에 대한 기초 소양 함양, 학생들의 소질과 적성의 신장, 핵심역량의 함양 등 2015 개정 교육과정의 총론에서 제시된 주요 사항들이 창의적 체험활동 교육과정에 적극 반영되도록 하였다(교육부, 2017b). 특히 창의적 체험활동은 인성교육진흥법, 진로교육법 등 교육적 요구를 종합하여 자율활동, 동아리활동, 봉사활동, 진로활동 등 4개의 활동영역 체제를 유지하면서 2015 개정 교육과정에서는 창의성, 체험활동, 나눔과 배려의 정신을 실천하는 전인교육, 각 단위학교의 자율적 편성과 운영을 강조하는 특징을 가지고 있다. 이하에서는 먼저 창의적 체험활동의 목표, 네 가지 활동영역을 서술하고, 이어서 창의적 체험활동을 진로교육에 활용할 수 있는 방법을 검토하고, 실제 학생사례에 창의적 체험활동과 진로교육이 어떻게 연결될 수 있는지에 대하여 구체적으로 살펴보려 한다.

1 창의적 체험활동의 목표

2015 개정 교육과정에 따르면, 창의적 체험활동의 목표는 '건전하고 다양한 집단활동에 자발적으로 참여하여 나눔과 배려를 실천함으로써 공동체 의식을 함양하고 개인의 소질과 잠재력을 계발·신장하여 창의적인 삶의 태도를 기른다'로 서술되어 있으며, 하위 목표는 다음과 같이 네 가지로 설정되어 있다. 첫째, 특색 있는 활동에 자율적으로 참여하여 일상의 문제를 합리적이고 창의적으로 해결할 수 있는 능력을 기른다, 둘째, 동아리에 자발적으로 참여하여 소질과 적성을 계발하고 일상의 삶을 풍요롭게

가꾸어 나갈 수 있는 심미적 감성을 기른다. 셋째, 나눔과 배려를 실천하고 환경을 보존하는 생활 습관을 형성하여 더불어 사는 삶의 가치를 체득한다. 넷째, 흥미, 소질, 적성을 파악하여 자아 정체성을 확립하고, 자신의 진로를 개발하여 지속적으로 발전시킨다(교육부, 2017a).

2 창의적 체험활동의 영역

2015 개정 교육과정에서 창의적 체험활동은 자율활동, 동아리활동, 봉사활동, 진로활동의 네 가지 영역으로 구성되며, 표 7-1과 같이 학생들의 발달단계를 고려하여 고등학교에서 중점적으로 다루어야 할 창의적 체험활동 체계표가 제시되어 있다.

표 7-1 고등학교 창의적 체험활동 영역별 중점 활동

영역	활동	고등학교 중점 활동
자율활동	• 자치 · 적응활동 • 창의주제활동 등	• 공동체 구성원으로서 주체적 역할 수행 • 협력적 사고를 통한 공동의 문제해결 • 진로 · 진학과 관련된 전문 분야의 주제 탐구 수행
동아리활동	• 예술 · 체육활동 • 학술문화활동 • 실습노작활동 • 청소년단체활동 등	• 예술적 안목의 형성, 건전한 심신 발달, 탐구력과 문제해결력 신장, 다양한 문화 이해 및 탐구, 사회 지도자로서의 소양 함양
봉사활동	• 이웃돕기활동 • 환경보호활동 • 캠페인활동 등	• 학생의 취미, 특기를 활용한 봉사 실천
진로활동	• 자기이해활동 • 진로탐색활동 • 진로설계활동 등	• 자신의 꿈과 비전을 진로 · 진학과 연결, 건강한 직업의식 확립, 진로계획 및 준비

출처: 교육부(2015), p. 6 일부 발췌.

1) 자율활동

　　자율활동 영역은 자치·적응활동과 창의주제활동으로 구성된다. 자치·적응활동은 "성숙한 민주시민으로 살아갈 수 있는 역량을 함양하고, 신체적·정신적 변화에 적응하는 능력을 길러 변화하는 환경에 적극적으로 대처함"(교육부, 2017a)을 목표로 하며, 고등학교 교육과정에서 운영하기에 좋은 활동으로는 학급회의, 모의의회, 자치법정 등과 같은 협의활동, 반장·미화부장·회계부장 등과 같이 학급 내 역할을 분담하는 활동, 사제동행과 같은 친목활동과 더불어 교사와의 상담활동, 또래 상담활동 등이 있다. 한편 창의주제활동은 "학교, 학년(군), 학급의 특색 및 학습자의 발달 단계에 맞는 다양하고 창의적인 주제를 선택하여 활동함으로써 창의적 사고 역량을 기름"(교육부, 2017a)을 목표로 하며, 고등학교 교육과정에서 운영하기 좋은 활동으로는 학년, 학급 등의 자치적인 협의활동을 통해 1주일 1독서하기나 학교축제에 대비한 뮤지컬 준비 등과 같이 공동으로 수행하는 창의주제활동이나 역사유적지 탐방과 같이 프로젝트 학습이나 소규모 팀으로 축구로봇 개발 등과 같은 공동연구활동이 있다.

2) 동아리활동

　　동아리활동 영역은 예술·체육활동, 학술문화활동, 실습노작활동, 청소년단체활동 등과 같이 학교, 학년, 학급 및 학습자의 특성에 따른 교육적 요구를 고려하여 다양한 활동 내용으로 운영할 수 있다. 먼저 예술·체육활동의 목표는 '자신의 삶을 폭넓고 아름답게 가꿀 수 있는 심미적 감성 역량을 함양하고, 건전한 정신과 튼튼한 신체의 함양'에 있으며, 활동 내용은 뮤지컬, 오케스트라, 밴드 등과 같은 음악활동, 회화, 조각, 사진, 애니메이션, 디자인 등과 같은 미술활동, 연극, 영화평론, 방송 등과 같은 연극 및 영화활동, 구기운동, 댄스 등과 같은 체육활동, 마술, 보드게임 등과 같은 놀이활동 등과 같이 동아리로 편성·운영할 수 있다. 학술문화활동의 목표는 '다양한 학술 분야와 문화에 대해 관심을 가지고 체험 위주의 활동을 통한 지적 탐구력과 문화적 소양의 함양'

에 있으며 문예창작, 독서, 토론, 외국어학습, 고전 읽기와 같은 인문소양활동, 탐사, 역사 탐구, 다문화 탐구, 인권 탐구 등과 같은 사회과학탐구활동, 과학실험, 지속가능발전연구, 생태환경탐구 등과 같은 과학탐구활동, 코딩 프로그래밍과 같은 정보활동 등이 고등학생들에게 추천할 만한 동아리활동이라고 할 수 있다. 실습노작활동은 일의 소중함과 즐거움을 깨닫고 필요한 기본 기능을 익혀 일상생활에 적용하는 것으로 요리, 옷 만들기, 제과·제빵 등과 같은 가사활동, 원예, 조경, 반려동물 키우기 등과 같은 생산활동, 목공, 설계, 제도, 로봇 제작, 모형 제작, 인테리어, 미용 등과 같은 노작활동, 기술아이디어 연구와 같은 창업활동 등이 있다. 청소년단체활동의 목표는 '신체를 단련하고 사회구성원 및 지도자로서의 소양 함양'에 있으며, 보이스카웃과 같이 공인된 청소년 단체 활동 등이 추천할 만하다.

3) 봉사활동

봉사활동 영역은 이웃돕기 활동, 환경보호 활동, 캠페인 활동 등으로 구성되며 학교, 학년, 학급 및 학습자의 특성에 따른 교육적 요구를 고려하여 다양한 활동 내용으로 운영할 수 있다. 먼저 이웃돕기 활동은 '타인을 이해하고 배려할 수 있는 공동체 역량의 함양'을 목표로 하며, 저성취 학생을 위한 학습도우미 활동, 장애우 등하교 도우미 활동, 수업 대필 활동 등과 같은 친구돕기 활동은 손쉬우면서도 또래친구에게 실질적으로 도움이 되는 활동이며, 지역 내 저소득 아동 대상 공부 멘토링, 복지시설 위문 및 재능기부 활동, 독거노인 말벗 봉사 등의 지역사회활동도 고등학교 학생에게 추천할 만한 봉사활동이다. 환경보호 활동은 '환경을 보호하는 마음과 공공시설을 아끼는 마음의 함양'을 목표로 하며 지역사회 청소하기, 공공시설물 보호하기 등과 같은 환경정화활동, 식목활동, 자원 재활용, 저탄소 생활 습관화와 같은 자연보호 활동 등을 운영할 수 있다. 캠페인 활동은 '사회 현상에 관심을 갖고 참여함으로써 사회적 역할과 책임을 담당하고 사회 발전에 이바지하는 태도의 함양'에 그 목표를 두며 공공질서, 환경보전, 헌혈, 각종 편견 극복 캠페인, 학교폭력 예방, 안전사고 예방, 성폭력 예방 캠페인 등의 활동도 고등학생이 수행하기에 적절한 봉사활동이다.

4) 진로활동

창의적 체험활동의 한 영역으로서 진로활동은 자기이해 활동, 진로탐색 활동, 진로설계 활동 등 세 가지 활동으로 구성된다. 자기이해 활동은 '긍정적 자아개념의 형성과 자신의 소질 및 적성에 대한 이해'를 목표로 하며, 자기특성이해 활동과 강점증진 활동 등이 있으며 심리검사 수행, 자기감정 이해를 위해 집단상담 활동 등을 추천할 만하다. 진로탐색 활동은 '일과 직업의 가치, 직업세계의 특성을 이해하고 건강한 직업의식을 함양하고, 자신의 진로와 관련된 교육 및 직업정보를 탐색하고 체험'을 목표로 하며, 일과 직업이해 활동, 진로정보탐색 활동, 진로체험 활동 등이 있다. 진로설계 활동은 '자신의 진로를 창의적으로 계획하고 실천'을 목표로 하며, 진로상담, 진로의사결정, 학업 및 직업에 대한 진로설계와 같은 계획활동과 일상생활 관리, 진로목표 설정, 진로실천계획 수립, 학업 관리, 구직 활동 등과 같은 준비활동이 있다. 한편, 필자의 생각으로는 창의적 체험활동의 한 영역으로서의 진로활동은 협의의 의미에서 진로활동을 고려한 것이며, 진로교육의 광의적 차원에서는 창의적 체험활동 중한 영역으로서 진로활동 이외에도 자율활동, 동아리활동, 봉사활동 등 모든 창의적 체험활동은 진로교육의 목표 및 성과와 매우 긴밀하게 연결된다. 다음 절에서는 창의적 체험활동의 각 영역에서 진로교육을 촉진시킬 수 있는 교육 방안에 대하여 제시하고자 한다.

창의적 체험활동을 활용한 진로교육 방법

창의적 체험활동은 자율활동, 동아리활동, 봉사활동, 진로활동 등 네 가지 활동으로 구성되어 있는 비교과활동이면서 동시에 진로활동뿐만 아니라 나머지 각 활동들은 고등학교 진로교육의 목표를 달성하는 데 매우 효과적인 활동들을 포함하고 있다. 창의적 체험활동을 통해 학생들은 재능, 흥미, 성격 등 학생의 자기 특성에 대한 이해, 직업인으로서 갖추어야 하는 의사소통능력과 대인관계능력, 직업세계에 대한 정보, 미래 진로에 대한 비전 등을 계발할 수 있다. 이하에서는 진로활동을 제외한 자율활동, 동아리활동, 봉사활동을 통해 진로교육의 목표를 실현할 수 있는 방안들을 제시하였다.

1) 자율활동을 활용한 진로교육

학생들은 각종 협의회 등 자치활동과 창의주제활동에 참여하면서 다른 사람들과의 집단활동 속에서 자신의 장점 및 단점과 같은 성격 특성이나 재능을 좀 더 객관적으로 이해할 수 있다. 또한 자율활동은 공감과 배려, 협력 등을 실천하여 다른 사람과의 의사소통능력 및 대인관계능력을 키울 수 있다는 점에서 고등학교 진로교육의 또 다른 목표인 사회적 역량을 향상시키기에 매우 효과적인 활동이다. 특히 학급에 필요한 일에 대해 역할을 분담하여 책임감을 갖고 자율적으로 실천한다는 점은 건강한 직업의식의 형성과 관련된 활동이라고 할 수 있다.

2) 동아리활동을 활용한 진로교육

동아리활동은 정규 교과과정을 넘어 관심 있는 직업 분야에서 요구되는 심화 기술과 지식을 연마하고, 해당 분야의 직업세계에 대해 좀 더 심층적으로 탐색할 수 있다는 점에서 매우 효과적인 진로교육 활동으로 활용될 수 있다. 예를 들어, 코딩동아리를 통해 학생들은 프로그래머의 세계를 단편적이나마 경험할 수 있다. 또한, 동아리활동과 연계된 진로활동을 통해 현직 프로그래머를 인터뷰하거나 IT관련 회사를 탐방함으로써 관련 직업세계에 대한 좀 더 실제적인 정보를 얻을 수 있다. 책이나 TV를 통해서 얻는 막연한 정보들보다 실제 직업인들이 경험하는 보람과 자부심, 애로사항과 도전, 미래에 대한 전망 등과 같은 생생한 정보를 동아리활동을 통해 획득할 수 있다. 이러한 실제적인 진로경험은 학생들에게 해당 직업 분야에 대한 진로정체성과 롤모델을 제공한다는 점에서도 매우 효과적인 진로교육 방법이라고 할 수 있다.

3) 봉사활동을 활용한 진로교육

봉사활동은 학생들에게 나눔을 실천하는 인성교육 차원에서 의미 있는 교육활동이면서 동시에 재능과 직업 흥미와 연결할 경우 매우 효과적인 진로교육 활동이 될 수 있다. 봉사활동은 공감, 배려 등 직업기초역량인 대인관계 역량을 키울 수 있을 뿐만 아니라 직업인으로서의 사회적 책임감과 윤리의식을 촉진하는 활동으로 활용될 수 있다. 예를 들어, 과학에 대한 관심이 많고 과학자 진로를 고려하는 학생이라면 저소득층 초등학생 학습 멘토링 봉사에 참여하거나 환경보호 봉사활동에 참여함으로써 과학자로서의 삶이 사회에 어떤 의미가 있는지 진지하게 탐구해 볼 수 있다. 또한, 유튜브나 인터넷 영상 제작에 관심이 많은 학생이라면 일본의 역사왜곡을 바로잡는 시민단체에서 유튜브와 인터넷에 올려진 일본의 역사왜곡 콘텐츠를 검색하는 청소년 활동가로 참여할 수 있다. 이러한 활동은 단순히 영상 제작에만 관심을 갖는 수준을 넘어 영상콘텐츠 제작자의 사회적 책임감과 영향력을 경험한다는 점에서 매우 의미 있는 진로교육 활동으로 활용될 수 있다.

창의적 체험활동을 활용한 진로교육 지도 사례

　　다음은 고등학교 교실에서 흔히 만날 수 있는 세 건의 가상 사례를 서술하고 있다. 이들 사례에는 각 학생별로 주요한 진로문제의 특징들이 서술되고 있으며, 이들의 진로문제가 창의적 체험활동을 활용한 진로교육 지도를 통해 어떻게 해결되어 가는지 그리고 학생들의 진학지도와 어떻게 연결되어 진로발달 전반을 촉진하는지에 대해 구체적으로 보여 주고 있다.

사례 1　특별히 잘하는 것이 없다고 생각했던 지영이 사례

　■ **사례 특징**　지방 소도시에서 일반계고등학교 1학년으로 재학 중이던 지영이는 자신이 무엇에 특별히 재능이 있는지 뚜렷한 확신이 없었다. 성적이 아주 나쁜 편은 아니지만, 수학을 좋아하는 것은 아니어서 딱히 이과형 재능이 뚜렷한 것 같지는 않았다. 그러나 막상 문과를 가려니 대학을 졸업하고 나서 취업이 안 될 것 같아 걱정이었다. 하지만 지영이는 학교의 진로진학상담 선생님의 도움을 받아 1학년 첫 학기부터 다양한 창의적 체험활동을 통해 차근차근 자신의 진로를 탐색해 나갔다. 그러면서 자신의 진로흥미를 발견했다. 고등학교 3학년에 들어서는 찬찬히 진로목표를 실현할 수 있는 구체적인 계획을 세우고 이를 실천하면서 자신이 나가야 할 직업을 결정할 수 있게 되었다. 다음은 지영이가 3년간 경험한 창의적 체험활동 내용이다.

　■ **진로활동: 1학년 심리검사와 진로상담**　자신의 특기와 적성에 대한 이해가 거의 없었던 지영이는 진로교과 수업을 통해 자신의 적성과 흥미에 관한 심리검사를 체험했다. 1학년 1학기 중에 지영이는 MBTI검사와 워크넷 직업흥미검사를 체험하였다. 진로진학상담 선생님의 해석상담을 통해 지영이는 자신의 MBTI 유형이 ISFJ로 꼼꼼하고 성실하며 타인에게 친절한 성격이고, 직업흥미 유형은 사회형과 관습형이라는 것을 알았다. 지영이는 해석상담 내용이 대략 자신의 성격과 비슷한 것 같아 믿음이 생겼다. 지영이

는 사회형과 관습형에 추천되는 직업 목록을 확인하고 진로진학상담 선생님과의 면담을 통해 자신이 꼼꼼하고 성실한 성격으로 사람들에게 서비스를 제공하는 직업이 적절할 것 같다는 설명을 듣고 너무나도 평범한 것 같은 자신에게도 뭔가 적합한 직업이 있을 것이라는 기대를 갖게 되었다. 사회형과 관습형의 조합인 자신에게 워크넷 직업흥미검사에서 추천하는 직업 리스트 중에서 호텔리어와 스튜어디스라는 영어로 된 직업명에 눈이 갔다. TV 광고와 드라마에서 자주 등장하는 직업이라 멋져 보였지만 자신도 할 수 있는 직업이라고는 생각해 본 적이 별로 없었다. 그러나 심리검사 해석상담과 추천직업 목록을 통해 좀 더 자신감을 가지고 구체적으로 그 직업에 대해 알고 싶다는 생각을 했다. 워크넷 사이트를 접속해서 호텔리어에 대한 정보를 탐색해 보니, 연봉, 관련 전공, 요구 역량에 대한 정보를 알 수 있었다. 그리고 고객에 대한 서비스 정신과 다양한 특성의 고객에 대한 수용능력과 순발력이 중요하다는 것도 알게 되었다. 그동안 호텔은 좋은 음식과 하얗고 깨끗한 침대, 멋진 인테리어로만 생각했지 다양한 고객의 요구에 성실하게 응대하는 서비스라는 생각을 못했는데, 서비스를 제공하는 사람으로서 직업인으로 생각해 보니 갑질 고객에게도 침착하게 응대할 수 있을지 겁이 났다. 하지만 친구들의 생일을 꼼꼼하게 챙기길 좋아하는 자신의 특성과 호텔리어가 잘 맞을 수도 있겠다는 생각을 하게 되었다. 그리고 자신의 호의를 거절하거나 무례하게 구는 상황에서 어떻게 슬기롭게 대처할 수 있을지 생각해 보게 되었다.

■ 동아리활동: 독서동아리　1학년 때 참여한 독서동아리에서는 자신이 관심 있는 직업에 관한 책을 골라 읽고 이에 대해 토론하는 활동이 있었다. 지영이는 『호텔리어 그 화려한 이름』(김경윤, 김미선 지음, 이프레스, 2017)을 읽었다. 수십 년 경력의 현직 호텔리어가 직접 쓴 책으로 화려한 고급 서비스직 뒷면의 생생하고 솔직한 호텔리어의 삶을 간접적으로 경험할 수 있었다. 지영이는 이 책으로 호텔리어가 화려하지만은 않고 단단한 내공이 필요한 고된 감정노동이라는 것을 깨닫게 되었다. 또한 동아리의 독서토론 활동 중 다른 친구들이 발표한 응급의학 전문의, 벤처기업가, 패션디자이너 등 막연히 멋있게만 보이는 직업들 모두 애로사항이 많고 그러한 난관을 이겨내는 과정을 피할 수 없다는 것을 깨달았다. 지영이도 호텔리어에 대한 막연한 환상이 깨지면서도 그만

큼 더욱 매력 있게 느껴지고 도전해 보고 싶은 마음이 한층 깊어졌다. 외국어도 단순히 영어만이 아니라 중국어나 아랍어 같은 외국어도 배워야겠다는 생각을 하게 되었다.

■ 봉사활동 지영이는 심리검사 결과를 통해 자신은 남을 돕는 일을 좋아한다는 것을 알게 되었다. 그래서 호텔리어라는 직업에 관심을 갖게 되었지만, TV 뉴스나 드라마에서 갑질하는 사람들을 볼 때마다 서비스업이 만만치 않다는 것도 알게 되었고 자신이 진정으로 남을 돕는 일에 헌신적인지에 대해서도 확신이 서지 않았다. 이런 고민을 하는 지영이에게 진로진학상담 선생님께서는 다양한 봉사활동 경험을 통해 남을 돕는 일의 보람과 어려움을 동시에 경험해 보도록 추천하셨다. 지영이는 지역사회복지관에서 운영하는 한부모자녀 생일파티 행사의 도우미로 참여하게 되었다. 지영이는 평소 친구들 생일파티 이벤트해 주기를 좋아한다. 그래서 복지관 선생님들과 함께 생일파티를 준비하면서 실수도 많았지만, 한부모 가족과 아동들이 기뻐하는 것을 보면서 작은 봉사활동이었는데도 굉장한 뿌듯함을 느낄 수 있었다. 그리고 자신이 사람을 행복하게 하는 일에 높은 가치를 둔다는 것을 깨닫게 되었다.

■ 자율활동 지영이는 2학년이 되어서 좀 더 적극적으로 많은 사람들을 행복하게 하는 일에 참여하고 싶었다. 지영이는 학생회 간부로 기획부장을 맡게 되었고, 교내 가을축제를 기획하게 되었다. 가을축제는 지영의 고등학교에서 1년 중 가장 중요한 학생회 행사로 각종 동아리의 전시행사, 댄스경연대회, 뮤지컬 공연, 패션쇼 등 다채로운 행사가 열린다. 지영이는 20개가 넘는 교내 동아리들이 희망하는 발표 시간, 발표 장소, 발표 방식 등을 조율해서 1년 동안 각 동아리에서 준비해 온 활동의 결과물이 전체 학생들에게 잘 발표될 수 있도록 지원하는 중책을 맡았다. 지영이는 축제 기획 일을 통해 자신이 사람들의 얘기를 경청하고 원하는 것이 구체적으로 무엇인지를 재빨리 알아차리는 재능이 있는 것을 확인할 수 있었다. 하지만 동아리 간에 서로 선점하고 싶은 시간대나 발표 장소를 조율하고 불만을 가진 동아리 팀원들을 설득하는 일은 아직 어린 지영이에게는 버거운 일이었다. 또한 자신이 사람들 간에 갈등이 있으면 중간에서 많이 힘들어하고 상대방이 자신의 호의를 충분히 감사히 여기지 않을 때 많이 서운해한다는

것도 알게 되었다. 앞으로 사회생활을 할 때 이러한 점들을 보완해야 할 필요가 있음을 깨달았다.

■ 진로활동: 직업인 인터뷰와 진로상담　고등학교 2학년 때 진로교과 수업 중 관심 있는 분야의 직업현장을 직접 방문하고 현장에서 근무하는 직장인을 인터뷰하는 과제가 주어졌다. 지영이는 1년 전부터 관심을 가졌던 호텔리어와 스튜어디스 중 호텔리어를 인터뷰하기로 하였다. 지영이는 친척 이모의 아는 분을 통해 강원도 평창에 위치한 S호텔에 근무하시는 분을 소개받고, 주말에 가족여행을 겸해서 호텔 현직 근무자 인터뷰를 진행할 수 있었다. 진로교과 수업을 통해 직업동기, 근무여건, 직업보람과 애로사항 등 인터뷰 질문목록을 미리 만들어 인터뷰 준비에 임하였다. 여행 비수기인 4월에 투숙객으로 방문해서 그런지 호텔직원은 매우 친절하게 1시간 동안 인터뷰에 응해 주었다. 인터뷰 과정을 옆에서 지켜보시던 부모님도 딸의 모습을 대견하게 바라보셨다. 그 인터뷰를 통해 지방 근무의 어려움, 갑질 고객 대응방법 등뿐만 아니라 평창 올림픽 당시 많은 외국 관광객을 성공적으로 서비스해 냈을 때의 보람 등도 함께 들을 수 있었다. 이러한 현장 탐방과 직업인 인터뷰로 호텔리어는 이름만 멋진 직업이 아니라 우리나라 관광레저산업의 핵심 인력이라는 것을 알게 되었다.

지영이는 이후 진학상담을 통해 관광경영학과를 진학하기로 결정했다. 자신의 내신 성적과 모의고사 성적을 따라 합격 가능한 대학교를 검색하고, 그동안의 각종 창의적 체험활동을 통해 꾸준하게 계발해 온 진로목표, 진로계획, 실천과정 등에 관한 내용을 학교생활기록부에 반영될 수 있도록 정리하였다. 이후 지영이는 강원도 소재 대학교의 관광경영학과에 학생부종합전형으로 합격할 수 있게 되었다.

사례 2　이것저것 잘하는 게 너무 많아서 고민인 형규 사례

■ 사례 특징　서울의 한 일반계고등학교 1학년에 재학 중인 형규는 초등학교 때부터 공부뿐만 아니라 운동과 음악, 리더십 등 다방면에서 다른 학생들보다 월등한 재능을 보였다. 중학교 내내 전국 수학경시대회에 학교대표로 출전했고, 중학교 전체 학생회장이었고, 학교 농구부 주장이면서 동시에 컴퓨터 작곡 능력도 상당한 수준인, 그야

말로 엄친아였다. 이렇듯 여러 방면에서 남들보다 많은 다양한 재능은 주변 어른들의 칭찬과 친구들의 부러움을 샀지만, 정작 형규 자신은 이것저것 잘하는 게 너무 많아서 하나의 진로방향을 정하기가 어려웠다. 형규가 학교 성적이 최우등 수준이지만 상위권 학생들이 주로 진학하는 특목고에 진학하지 않은 이유는 어느 한 분야의 재능만을 키우거나 공부만 하는데 고등학교 시간을 보내고 싶진 않아서였다. 하지만 일반고등학교 진학 이후 자신이 좋아하는 음악, 운동, 학생회 활동을 충분히 하기에는 고등학교 교실의 분위기는 지나치게 성적 위주였고 친구들 중에서도 자신처럼 다양한 분야에 관심을 갖는 경우가 거의 없어서 혼자만 고립된 느낌이었다. 이렇듯 학교생활에 점차 지루함과 답답함을 느끼던 형규는 1학년 1학기 말에 학교 진로진학상담 선생님과의 면담을 통해 일반계고등학교 안에서도 형규와 같이 다재다능한 학생들을 위한 다양한 창의적 체험활동이 가능하다는 것을 알게 되었고, 이를 하나씩 경험해 나가면서 자신이 나가야 할 진로의 방향을 찾을 수 있었다. 다음은 형규가 3년간 경험한 창의적 체험활동 내용이다.

■ 동아리활동 형규는 어릴 때부터 관심은 많았지만 집에서 혼자 독학으로만 조금 해본 컴퓨터 코딩을 제대로 공부하기 위해 1학년 1학기에 코딩반에 참여하였다. 다른 친구들은 코딩을 배우기가 힘들고 지루하다고 하지만, 어릴 때부터 수학문제 풀이를 좋아했던 형규에게는 논리적인 사고가 많이 필요한 코딩 과정이 매우 흥미로웠고, 특히 한참 씨름한 결과로 어떤 프로그램 기능을 뚝딱 해결하는 것은 매우 어려운 수학문제를 풀어낸 것처럼 짜릿한 경험이었다. 2학년 때는 코딩 동아리 부장을 맡으면서 동아리 기획 활동으로 경기도 성남에 위치한 판교 테크노밸리의 앱개발회사를 방문하고 현직 프로그래머를 인터뷰하는 행사를 기획하였다. 주변에 친척이나 지인 중에 프로그래머로 활동하는 사람은 없었지만, 형규는 특유의 리더십과 추진력으로 동아리 친구들과 판교 테크노밸리에 입주한 앱개발회사의 전화번호를 일일이 검색하고 회사 관계자와 전화 연결을 시도하고 동아리의 방문 목적 등을 공손하게 설명하는 등 인터뷰의 성공을 위해 최선을 다했다. 다행히 청소년 대상 게임어플을 개발하는 한 회사가 새로 출시하는 베타버전 게임 체험과 고객 반응 조사에 참여하는 조건으로 동아리 인터뷰에 응해 주었다. 형규는 게임개발회사의 신상품 개발 과정에서 고객 반응 조사를 하는 것도

매우 재미있다고 느꼈다. 인터뷰와 현장 탐방은 매우 성공적으로 끝났고, 해당 학기에 형규의 동아리는 적극적인 진로활동을 펼쳤다는 점을 높이 평가받아 교내 최우수 활동 동아리로 선정되었다. 동아리활동을 통해 형규는 자신이 체계적이고 논리적으로 문제를 해결하는 데 관심이 많고, 구체적인 성과물을 내기위해 주변의 자원을 최대한 활용하는 추진력과 리더십이 있다는 것을 확실히 알게 되었다.

형규는 코딩동아리 외에도 '과학기술과 사회'라는 토론동아리 활동에도 참여하였다. 이 동아리에서는 인공지능, 생명공학과 같은 과학기술이 인간의 삶에 미치는 영향에 대해서 탐구하기 위해 한 달에 두 권씩 책을 읽고 이에 대해 토론하는 활동을 주로 한다. 독서와 토론활동을 하면서 형규는 자신이 프로그래밍 자체를 넘어 사회나 산업구조의 시스템을 분석하고 그 문제를 해결하는 데 관심이 많다는 것을 알게 되었다.

■ 자율활동 형규는 중학교 때는 학생회장과 같이 주로 학생회 활동에 적극적으로 참여했는데, 고등학교 때는 좀 더 창의적인 주제 탐구 활동에 몰입하고 싶었다. 형규는 게임과 같이 단순한 재미를 위해 코딩을 하는 것을 넘어서 사회문제를 해결하는 데 과학기술을 사용하는 것에 관심이 많았다. 그래서 마음 맞는 친구들과 팀을 짜서 교육청 주최 과학발명품경진대회에 출전하는 목표를 세우고 독거노인에게 외부활동 스케줄을 미리 알려주는 앱을 개발했다. 그러나 완성된 결과물은 기존의 일반적인 스케줄 알리미 앱과 비교해서 프로그램상에 큰 차이가 없고 독거노인의 수요를 적절히 파악하지 못했다는 점 때문에 예비심사에서도 탈락했다. 형규는 이번 창의 주제활동을 통해 비록 수상에는 실패했지만 발명품이 새롭다고 무조건 좋은 것이 아니라 사용자에게 얼마나 유용한지를 먼저 파악해야 한다는 것을 깨달았다. 혹시 나중에 창업을 하게 되면 사전에 충분한 자료조사가 선행되어야 실패 가능성을 줄일 수 있다고 생각했다.

■ 봉사활동 초등·중학교 내내 농구부 주장으로 활동한 형규는 고등학교 들어서는 코딩에 관심이 많아져서 동아리로 농구를 하지는 않았지만, 동네 친구들과 일요일마다 꾸준히 농구 시합을 해 왔다. 그러던 중 고등학교 1학년 여름방학 때 자신의 체육 재능과 리더십 재능을 살려서 장애인종합복지관에서 뇌병변 초등학생들을 위한 체육활동

멘토링을 실시하게 되었다. 신체활동에 어려움이 많은 아동들이기 때문에 무엇보다도 안전하게 체육활동을 할 수 있도록 농구공처럼 무거운 공보다는 펀치볼 같은 반응성이 좋고 가벼운 기구를 선택했고, 아이들이 재미를 느끼면서도 적절한 강도의 신체활동을 익힐 수 있도록 단순화된 운동규칙을 만들었다. 형규는 봉사활동을 통해 자신이 사회적 약자에 대한 관심이 많고, 이들을 돕기 위한 구체적인 실행방법을 분석적으로 접근하는 데 흥미와 재능이 있다는 것을 깨닫게 되었다.

■ 진로활동 형규는 중학교 때까지 잘하는 게 너무 다양해서 고민이었지만, 특유의 추진력과 집중력으로 여러 영역에서 일정 수준 이상 성취해 낼 수 있다는 것을 알게 되었다. 하지만 동아리활동, 자율활동 등에 참여하면서 자신이 프로그래밍 자체보다는 사회적인 문제해결을 위해 기존 시스템의 문제점을 체계적으로 분석해서 개선하는 데 관심이 많음을 알게 되었다. 고등학교 1학년 때 실시한 직업흥미검사에서 형규는 관습형을 제외한 다섯 가지 유형 점수가 모두 높았지만 그중에서도 진취형과 사고형이 가장 우세하였다. 이러한 결과는 분석적이면서 주도적인 형규의 성격을 잘 드러내는 것이었다. 형규는 컴퓨터공학과와 산업공학과의 전공 교육과정을 꼼꼼히 비교하고 각 대학의 졸업자 인터뷰 자료를 통해 졸업 후 진로방향에 대한 정보를 얻을 수 있었다. 또한 고3 때 졸업생 초청 진학 멘토링 행사에서 산업공학과와 컴퓨터공학과에 재학 중인 선배들을 만나본 후에, 컴퓨터 프로그래밍, 통계 등도 배우지만 좀 더 폭넓게 인간공학과 시스템 분석에 대해 배우는 산업공학과가 자신과 더 맞을 것 같다고 느꼈다. 그리고 대학 진학 후에는 장애인, 치매노인 등 사회적 약자를 위한 과학기술과 시스템을 개발하고 싶다는 미래의 비전을 세우게 되었다.

사례 3 여자 래퍼 가수가 되고 싶다는 지혜 사례

■ 사례 특징 지혜는 외동딸로 어머니는 영어유치원 교사, 아버지는 IT관련 회사 간부인 경제적으로 유복한 가정에서 성장했다. 부모는 지혜롭게 성장하라고 이름도 지혜로 지을 정도로 지혜의 재능 계발에 매우 관심이 많았다. 그래서 아주 어릴 적부터 영어, 발레, 수영, 플루트, 사진, 과학실험, 코딩, 논술 등 배워보지 않은 것이 없을 정도로

수많은 조기교육을 받았다. 방학 때면 해외 박물관을 견학하러 다녔고, 부모의 인맥으로 의사, 발레리나, 컴퓨터공학자, 작가 등 사회적으로 성공한 어른들도 많이 만났다. 지혜는 초등학교 6학년 때까지는 그렇게 부모가 이끄는 대로 다양한 과목을 잘 배워가는 것 같아 보였다. 그런데 중학교 1학년이 되어 특목고를 위한 본격적인 입시 공부가 시작되면서 지혜와 부모의 갈등은 점점 심해졌다. 국영수 입시공부에 집중하라고 매일 지혜의 학원 숙제를 체크하고, 친구와의 카톡을 일일이 감시하는 부모의 모습에 그동안 자신에게 아낌없이 여러 예체능 교육을 시켜주던 모습은 모두 위선으로 느껴졌다.

그뿐만 아니라 부모가 기대하는 바처럼 높은 수준의 전문가가 되기 위해서는 많은 공부를 해야 하는데, 초등학교 때까지야 적당히만 하면 잘할 수 있지만 중학교부터는 본격적으로 엄청난 노력이 필요하지 않은가? 그렇게 열심히 한다고 해도 자신이 정말로 부모가 원하는 수준으로 성공할 수 있을지 자신이 없었다. 부모의 높은 기대를 충족시키기 어렵다는 좌절감과 중학교 들어 급격하게 달라진 부모의 교육방식에 대한 배신감으로 지혜는 중학교 3년 내내 부모와 매일같이 싸우고 반항했다. 고등학교에 들어간 이후에도 지혜는 부모와는 대화를 거부하고 자기 방에서만 지냈다. 학업성적도 급격히 떨어졌다. 지혜의 유일한 탈출구는 방에 틀어박혀 유튜브의 힙합 방송 보면서 래퍼를 따라 하는 것이었다. 고등학교를 중간에 그만두면 모든 용돈을 끊어버린다는 협박에 어쩔 수 없이 학교는 끝까지 다닐 생각이지만, 고등학교 이후의 자신의 진로에 대해서는 전혀 개입하지 말라고 부모에게 통보한 상태이다. 지혜는 매일 밤마다 여성 래퍼가 되는 상상을 했다. 그러나 현실에서는 자신이 정말로 래퍼로서 재능이 있는지 자신이 없었다. 래퍼는 그저 부모의 기대라는 숨막히는 현실에서 도망가고 싶어 정한 진로일지도 모른다는 것도 지혜 스스로 조금은 알고 있다. 그러면서 부모에게 반항하면서 공부를 안 하고 흘려보낸 중학교 시간을 후회하기도 했다. 그렇게 공부를 안 했기에 고등학교 학교공부에 아무런 의미와 흥미를 느끼지 못했던 지혜는 고등학교 1학년 1학기에 학교 진로진학상담 선생님과 면담을 하였다. 선생님에게서 자신의 절망감을 깊이 공감받으면서 지혜는 조금씩 학교생활에 관심을 가지게 되었다. 또한 창의적 체험활동을 통해 공부 외에도 자신의 꿈을 다시 탐색해 볼 수 있는 기회가 있다는 것을 알게 되었다. 지혜는 서두르지 않고 학교의 다양한 창의적 체험활동을 하나씩 경험했다. 그 과정에서 스스로에 대한 자신감을 다시 회복했고 자신이 나가야 할 진로의 방향도 찾을 수 있게 되었다. 다음은 지혜가 3년간 경험한 창의적 체험활동 내용이다.

■ 진로활동 　고등학교 생활에 전혀 흥미가 없고 자신의 미래에 대해서도 절망적이었던 지혜에게 진로진학선생님과의 면담은 따뜻한 경험이었다. 직업흥미검사 결과에 따르면 지혜는 예술형과 탐구형이 높았고, 사회형과 진취형은 중간 정도였고, 관습형과 현실형은 매우 낮게 나왔다. 검사해석상담을 겸한 진로상담에서 진로진학상담 선생님은 지혜의 성격이 탐구적·분석적이면서도 자유분방하고 강제적 규율을 거부하는 성격인데, 거기서 나오는 반항심은 옳지 않은 것을 바로잡고 싶은 욕구라고 말씀하셨다. 지혜는 이제까지 반항심은 나쁜 것이라고 항상 지적만 받았는데 상담선생님께서 이를 긍정적인 특성으로 말씀해 주신 것이 큰 위로가 되었다. 지혜는 선생님과의 면담 이후 학교가 이전보다 따뜻하게 느껴졌다. 첫 상담 이후 2주일 후의 2차 상담에서 지혜는 중학교 때 특목고 입시 때문에 포기했던 음악, 미술, 체육 등 다양한 활동을 교내의 각종 창의적 체험활동에서 다시 시도해 볼 수 있다는 것을 알게 되었다.

■ 동아리활동 　지혜는 고1때 친구들과 자율동아리로 힙합반을 만들었다. 부모님들과 일부 선생님들은 지혜의 동아리를 반항적인 아이들만 모인 문제아 동아리로 보는 경향이 없지 않았다. 하지만 지혜는 용기를 내어 자신들의 자유분방함과 진지함을 이해해 주시는 국어선생님께 동아리 지도를 맡아달라고 부탁드렸다. 그리고 자유로움이 자칫 무질서로 변질될 수 있다는 것을 명심하면서 동아리 멤버들끼리 자발적으로 동아리활동 규칙을 정해서 모임시간 지각이나 욕설 등 타인에게 해를 끼칠 수 있는 행위를 금하려고 노력하였다. 지혜는 힙합동아리를 통해 일상에서 느끼는 감성과 고민들을 랩 가사에 담고 힙합 리듬으로 이를 표현하면서 중학교 때까지 가슴을 짓누르던 공부 스트레스가 해방되는 시원함을 느낄 수 있었다. 지도선생님을 비롯하여 주변 친구들은 지혜가 쓴 랩 가사가 진술하면서도 리듬감이 있다고 칭찬했다. 힙합동아리 공연을 준비하면서 지혜 스스로 춤은 영 재능이 없고 발음도 그다지 좋지 않아서 래퍼를 직접 하기

보다는 랩 작사에 더 재능이 있다고 느꼈다. 지혜는 진지하게 작사가나 글쓰기를 미래 직업으로 염두에 두고 국어, 역사, 사회탐구 과목 공부를 좀 더 열심히 해야겠다고 생각하였다.

■ 자율활동 지혜는 편견의 폭력성에 관한 랩 가사를 쓰면서 이를 영상으로 표현해 볼 수는 없을까 생각했다. 중학교 때부터 스마트폰으로 사진찍기를 좋아했기 때문에 영상촬영을 시도해 보기로 하였다. 그리고 1학년 여름방학 중 힙합반과 반친구 몇 명과 함께 창의주제활동으로 UCC만들기를 소집단 프로젝트로 진행하였다. 지혜와 친구들은 '다른 게 틀린 건 아니잖아요'라는 제목으로 장애인, 극빈자, 외국이주노동자, 성소수자와 같이 사회적 약자에 대한 편견과 혐오를 비판하는 내용의 UCC를 만들고, 자신들이 직접 만든 힙합노래를 배경음악으로 깔았다. 여름방학 4주 동안 친구들과 열심히 노력한 덕분에 청소년UCC경연대회에서 우수상이라는 성과를 얻을 수 있었다. 지혜는 자신이 영상과 랩 가사 등으로 사회적 메시지를 표현하는 것에 관심과 재능이 있다는 것을 확실히 알게 되었다. UCC를 제작하면서 자신에게 기획능력과 리더십이 있다는 것도 알 수 있었다. 지혜는 미래 직업으로 작사가뿐만 아니라 미디어콘텐츠를 기획하거나 제작하는 일을 좀 더 진지하게 생각하게 되었다. 또한 좋은 내용의 콘텐츠를 만들기 위해서는 독서가 절실히 필요하다는 것을 느꼈다. 반 자율활동으로 실시하는 1주 1독서 활동에 좀 더 적극적으로 참여해야겠다고 결심하는 계기가 되었다.

■ 봉사활동 지혜는 2학년이 되어서는 좀 더 사회적으로 의미 있는 봉사활동에 참여하고 싶었다. 특히 자신이 관심을 가지는 영상콘텐츠와 관련된 봉사활동을 찾던 중, 일본의 역사왜곡 바로잡기 활동을 하는 시민단체에서 청소년활동가를 모집한다는 공고를 보고 참여하게 되었다. 이 시민단체에서는 수많은 유튜브나 인터넷 영상에 올려진 역사왜곡 콘텐츠를 찾아 해당 사이트 관리자에게 정정요구 이메일을 보내는 일을 하였다. 지혜와 같은 청소년활동가는 역사왜곡 내용이 포함된 유튜브나 인터넷 영상을 검색하는 일을 하였다. 지혜는 10개월 동안 청소년활동가 임무를 수행하면서 역사왜곡 콘텐츠 여부를 확인하기 위해 별도로 우리 역사 공부를 깊이 있게 하였고, 유튜브와 인

터넷의 영어를 이해하기 위해 영어공부를 열심히 하게 되었다.

■ 진학상담   지혜는 동아리활동, 자율활동, 봉사활동, 진로활동 등 다양한 창의적 체험활동을 통해 이전에는 그저 반항심만 가득하던 소녀에서 사회적 부조리를 진지하게 탐구하고 이를 변화하는 데 작게나마 힘을 보태는 어엿한 청소년활동가로 성장했다. 지혜는 진로진학상담 선생님과의 진학상담을 통해 대학 미디어콘텐츠학과로 진학하여 좀 더 체계적이고 효과적으로 사회적 메시지를 전달할 수 있는 지식과 기술을 연마하겠다는 진학계획을 세울 수 있었다.

요약

2015 개정 교육과정에 따라 창의적 체험활동은 건전하고 다양한 집단활동에 자발적으로 참여하여 나눔과 배려를 실천함으로써 공동체 의식을 함양하고 개인의 소질과 잠재력을 계발·신장하여 창의적인 삶의 태도를 기른다는 목표하에 초·중·고 모든 학교급별로 자율활동, 동아리활동, 봉사활동, 진로활동 등의 영역으로 구성되어 운영되고 있다. 창의적 체험활동은 비교과 활동이면서도 동시에 고등학교 진로교육의 목표를 달성하는 데 매우 효과적인 활동이다. 학생들은 창의적 체험활동을 통해 자신의 재능, 흥미, 성격 등 자기 특성을 이해할 수 있고, 직업인으로서 갖추어야 하는 의사소통능력과 대인관계능력, 직업세계에 대한 정보, 미래 진로에 대한 비전 수립 등의 효과를 얻을 수 있다. 이러한 창의적 체험활동은 구체적인 학생 사례에 적용함으로써 실질적인 진로교육의 성과를 얻을 수 있다.

생각해 볼 문제

1. 학생이 학교생활기록부에 기재할 수 없는 외부 활동을 자신의 진로목표에 꼭 필요하다고 창의적 체험활동으로 수행하려고 한다면 어떻게 지도할 것인가?

2. 학생이 여러 가지 창의적 체험활동에 참여하고 있다면 이를 어떻게 통합하여 효과적인 진로지도로 이끌 것인가?

3. 학생이 창의적 체험활동에 매우 소극적으로 참여하고 있다면 학생의 진로지도에 창의적 체험활동을 어떻게 활용할 것인가?

참고문헌

교육부(2015). 창의적 체험활동 교육과정(안전한 생활 포함). 교육부고시 제2015-74〔별책 42〕.
교육부(2017a). 2015 개정 교육과정 창의적 체험활동 해설: 고등학교.
교육부(2017b). 2015 개정 교육과정 총론 해설: 고등학교.

3부

진로상담과
진로교육의
실제

8장

진학상담

이항심

학습목표

1) 고등학교 진학상담의 특징에 대해 전반적으로 살펴본다.

2) 고등학교 진학상담의 교육 목표에 대해서 살펴본다.

3) 고등학교 진학상담의 과정과 진학상담 모델을 소개한다.

4) 대학 입학전형을 포함하여 진학정보의 이해를 다룬다.

5) 고등학교 진학상담 시 진로진학상담교사가 고려해야 할 점들을 알아본다.

우리나라에서는 고등학교 학생들이 고등학교 졸업 후에 취업을 하기도 하지만 좀
더 많은 수의 학생들은 대학에 진학한다. 그러므로 많은 고등학생들이 대학 입시제도
와 진학을 희망하는 학교 및 학과에 대해 높은 관심을 갖는다. 이에 따라, 고등학교 진
로교육 및 상담 영역에서는 진학상담의 비중이 상당히 높기 때문에 이 장에서는 진학
상담의 특징에 대해 살펴보겠다. 고등학교 진학상담에 대한 이해를 높이기 위해 진학
상담 및 진로교육 목표와 진학상담 과정에 대해 단계별로 짚어 볼 것이다.

또한, 대학 입학전형은 진학상담 시에 중요한 참고 자료가 되기 때문에 진로진학상
담교사들은 변화하는 대학 입합전형을 신속하게 파악하고 숙지하는 것이 중요하다. 이
를 위해 다양한 전형 유형에 대해 살펴보고 진학정보를 활용할 때 고려해야 할 점에 대
해서도 논의하겠다.

1 고등학교 진학상담의 특징 및 개론

초등학교와 중학교에서의 진로상담은 진로의 인식, 자기이해를 비롯한 다양한 진
로탐색이 주를 이룬 것에 비해, 고등학교에서의 진로상담은 학교유형에 따라 약간의
차이는 있으나, 특히 일반계고등학교에서는 대학교 입시를 준비시키는 진학상담에 초
점이 맞춰져 있다. 그래서 고등학교에서의 진로상담은 진학상담이 큰 비중을 차지한다.
여기서 말하는 진학상담은 고등학교의 교육과정 안에서 미래의 진로계획을 실현시키
는 중요한 과정의 하나인 상급학교의 진학을 돕기 위한 일련의 모든 상담적 개입을 말
한다. 2015년 개정 교육과정에 따르면 학생부종합전형 및 비교과 영역을 포함한 다양
한 활동도 입학전형의 중요한 요소이다. 따라서 진학상담은 이제 성적일변도의 상담이
아닌 학생의 흥미나 적성을 충분히 고려한 학생의 전반적인 진로목표에 대한 충분한
탐색과 함께 이뤄져야 한다.

그런데 아직도 대부분의 학생들이 이런 취지에 맞는 체계적이고 구체적인 진학상

담을 받지 못하고 있다. 그래서 전공학과에 대한 정보도 부족한 상태에서 자신의 흥미나 적성보다는 성적에 맞추어 대학에 진학하고 있다. 한편 교사들은 학급 안에서 초등학교, 중학교를 거치면서 진로성숙도에 상당한 개인차를 보이는 여러 학생들을 함께 지도해야 하는 어려움을 겪고 있다. 따라서 이 장에서는 고등학교에서의 진학상담의 특징을 바탕으로 진학상담의 방향과 효과적인 진학상담을 위한 방안 및 개입방법에 대해 살펴보고자 한다.

1) 진학상담 및 진로교육의 목표

일반적으로 진로상담 및 교육의 목표는 크게 다섯 가지로 나누어 볼 수 있다. 진학상담 및 교육의 목표도 크게 이 다섯 가지의 범주 안에서 이해할 수 있지만, 근본적으로 달성하고자 하는 목표치는 다르기 때문에 진로상담 및 교육의 다섯 가지 목표와 진학상담 및 교육의 목표가 가지는 차이점에 대해 살펴볼 필요가 있다.

(1) 진학상담 및 교육의 일반적인 목표
① 자기이해

진로상담 및 교육은 일반적으로 자신의 흥미, 가치관, 적성, 능력 등에 대한 이해의 증진을 목표로 하고 있다. 진학상담 역시 진로상담 및 교육 안에 속해 있기 때문에 자신에 대한 이해를 증진시킨다는 목표와 큰 맥락은 같지만, 진학상담은 학생 자신이 진학하고자 하는 상급학교에 진학하기 위해서 필요한 역량 및 요구되는 기준 조건들에 자신이 어느 정도 준비가 되고, 기준 조건에 부합하는지에 대한 파악에 좀 더 초점을 두고 있다. 그러므로 객관적인 정보와 평가로 학생의 이해를 도와주는 것이 필요하다. 고등학교 저학년일수록 학생들은 자신의 위치와 역량을 막연하게 파악하고 있을 가능성이 높다. 하지만 고등학교 저학년부터 자신의 역량과 위치에 대해 명확히 파악하는 것은 앞으로 남은 시간에 필요한 역량을 키워서 원하는 상급학교에 진학할 가능성을 높이는 데 중요하다고 할 수 있다. 또한 학생들이 자신을 이해할 때 부족한 부분만 크게 인지하는 경우가 많다. 진로진학상담교사는 학생들이 자신의 강점을 더 많이 구체적으로 파악할 수 있도록 도와주는 것이 중요하다.

② 전공, 학과, 학교에 대한 이해

새로운 직업이 생겨나고 기존에 있던 직업이 사라지면서 대학교의 학과 및 전공들도 통폐합되어 새로운 이름을 가진 학과가 생겨나기도 하고, 학과들이 사라지기도 한다. 이런 대학교 교육과정의 변화는 미래사회의 직업세계가 변화함에 따라 앞으로도 지속적으로 일어날 가능성이 크다. 또한 단순히 학과들 간에 융합 전공이 늘어나는 것을 넘어서 대학들도 앞으로의 변화에 대처하기 위해 다양한 비교과 프로그램 및 진로 프로그램들을 운영한다. 이는 경쟁력 있는 학생을 배출하고자 하는 여러 가지 시도들 중의 하나이다. 이러한 시도로 각 학교가 키우고자 하는 인재상에 대한 초점이 조금씩 변화하고 있다. 따라서 진로진학상담교사는 각 대학교와 학과가 추구하고 키우고자 하는 인재상과 핵심역량은 무엇인지, 관심 있는 학과나 전공에 들어가면 실제로 어떤 수업을 듣는지, 졸업생들의 진로는 어떤지 등에 대해 정확하게 파악할 수 있도록 학생들을 도와주는 역할을 하는 것이 필요하다. 특히, 여러 학과가 통합되면서 통합된 학과 이름만 보고 진학했다가 자신이 공부하고자 하는 분야가 아니라서 방황하는 학생들이 늘어나고 있는 것을 감안하면, 학생들이 정확하게 전공, 학과, 학교에 대해 이해하고 진학할 수 있도록 지도하는 것은 매우 중요하다.

③ 합리적인 진학의사결정

합리적인 진로의사결정과 진학의사결정은 자신의 흥미나, 적성, 능력을 바탕으로 자신이 가장 만족할 수 있는 결정을 하는 부분이 공통점이라고 할 수 있다. 하지만 진학에 대한 의사결정은 진로의사결정에 비해 진학하고자 하는 상급학교에 대한 아주 구체적인 정보와 자료들을 바탕으로 하게 되며, 학생이 처한 주변 환경과 대학 입학전형의 변화에 더욱 큰 영향을 받을 수 있다는 특징을 가지고 있다. 더욱이 한 학생이 여러 학교에 지원할 수 있는 현 입학전형에서는 합리적일 뿐만 아니라 전략적인 진로의사결정이 필요하다.

진학지도를 담당하는 교사의 역할에는 단순히 학생 지도뿐만 아니라 학부모교육도 포함할 수 있다. 아직까지도 학부모들이 자녀의 진학 학교 혹은 전공 결정에 관여하는 경우가 많아서 부모를 대상으로 한 진학교육이 병행되어야 한다. 그럼으로써 부모가 자녀를 자신의 소유물로 생각하여 진로결정도 좌지우지하는 관행을 조금씩 바꿀 수 있을 것이다. 그래야 학생이 결정의 주체자로 역할을 할 가능성이 높아진다. 학생에게도 진학과 관련해서 의사결정권을 가지는 것의 의미와 본인이 한 결정에 대한 책임감을 가지도록 지도하는 것은 하나의 중요한 교육과정이라고 할 수 있다. 또한 진학지도 시 학생들의 흥미, 적성, 능력뿐만 아니라, 학생들의 의사결정에 영향을 미칠 수 있는 다른 요소(취업률, 학교의 장학금 시스템, 학생 관리 서비스 등)는 무엇이 있는지에 대해 생각해 보고 결정하도록 도와주는 것이 필요하다. 요약하면, 학생들이 스스로 자신의 실력과 진학하려는 학교와 전공을 알아보고 이렇듯 자신에게 중요한 진학 요소들에 대한 이해를 바탕으로 합리적인 의사결정을 하도록 도와야 한다.

④ 진학을 원하는 학교에 대한 정보탐색과 활용 능력

각 대학마다 입시전형이 다양하고, 중요하게 평가하는 요소들이 다를 수 있기 때문에 학생들이 진학하려고 하는 학교에 대한 정보탐색을 잘하는 능력이 중요하다. 학생들이 필요한 학교에 대한 정보를 탐색하고 이를 학교별로 정리하도록 지도할 필요가 있다. 또한 앞서 이야기한 학생 개인별로 중요한 요소와 진학정보(취업률, 장학금 지원 시스템, 전공 연계 프로그램, 학사 관리, 진로 및 경력 관리 시스템)를 포함하여 정리하도록 도와주는 것이 필요하다. 진학 포트폴리오와 같이 학생들이 진학을 원하는 학과·전공·학교에 대한 정보를 저학년부터 잘 수집하고 정리해서 진학준비 시 효율적으로 활용할 수 있게 도울 필요가 있다.

⑤ 진학에 대한 올바른 가치관 및 태도 형성

진학에 대해 학생이 어떤 가치관과 태도를 가지고 있는지 살펴볼 필요가 있다. 진학 가치관 교육은 아직 교육 현장에서 크게 활성화되어 있지는 않지만 미래사회에 점점 더 중요한 영역으로 자리 잡게 될 것이다. 상당수의 학생들이 진학에 대해 근시안적으로 접근하기도 하는데, 학생들이 진학할 학교를 자신의 진로목표 실현을 도와주는 징검다리 혹은 중요한 교육과정으로 인식하게 해야 한다. 학생들에게 좋은 학교에 진학하는 것은 사회적 시선을 의식해서가 아니라 자신이 이루고자 하는 진로목표 실현의 장(場)에 진입한다는 가치관을 심어주는 것이 중요하다.

2 고등학교 진학상담의 과정과 진학상담 모델

여기서는 고등학교 진학상담 과정과 모델에 대해 살펴보도록 하겠다. 진학상담은 학생의 진로계획 안에서 필요하다고 생각되는 교육과정을 이수하고 더 배울 수 있는 상급학교에 진학할 수 있도록 도움을 주는 일련의 개입이다. 그렇기 때문에 진학상담 시 학생의 진학이 학생의 진로계획의 전체 그림 안에서 이루어질 수 있도록 주의해야 한다. 진학은 진로진학상담교사와 학생 모두에게 '고등학교 졸업하면 대학'이라기보다는 학생이 궁극적으로 그리고 있는 진로계획에 한걸음 가까이 다가갈 수 있는 과정, 즉 중요한 징검다리로 이해가 되어야 할 것이다.

1) 1단계: 학생의 기본 특성 및 흥미, 적성, 능력 탐색하기

이 단계에서 진로진학상담교사는 학생의 진로성숙도 정도와 학생의 진로와 관련된 흥미, 적성, 능력 등에 대해 파악해야 한다. 초등학교와 중학교에서의 진로교육이 어느 정도 되어 있는가에 따라 고등학생의 흥미, 적성, 능력에 대한 탐색과 이해 준비도에 차이가 있기 때문에 진로성숙도에서는 개인차가 더욱 클 수 있다. 따라서 고등학교 시기는 진로진학상담교사들의 특별한 주의와 학생의 진로성숙도에 대한 정확한 평가가 필요한 단계이기도 하다. 즉 학생이 미래에 어떤 일을 하고 싶은지를 인식하고 그에 대해 충분히 탐색하고 있는지 살펴보아야 한다. 상급학교로의 진학이 장래의 목표한 일에 필요한 능력을 키우는 데 기여하는지를 점검하는 것이 가장 중요하다.

이 단계에서 활용할 수 있는 평가 도구는 진로성숙도 척도이며, 다음과 같은 질문을 할 수 있다.

활용할 수 있는 상담 질문
- 미래에 ○○는 무슨 일을 하고 싶니?
- 그 일을 하려면 어떤 역량과 준비가 필요한지 알고 있니?
- 그 직업 혹은 일이 어떤 면에서 ○○랑 잘 맞다고 생각하니?
- 그 일을 하기 위해서는 고등학교 졸업 후에 어떤 전공 혹은 학교로 진학하는 것이 도움이 될 것이라고 생각하니?

2) 2단계: 학생 스스로 진학정보를 찾을 수 있는 방법을 안내하기

이 단계에서 진로진학상담교사는 학생의 진로흥미 및 목표와 잘 일치되는 학과와 학교를 찾을 수 있도록 안내한다. 스스로 진학정보를 찾을 수 있도록 도와주는 것은 학생의 학습 동기를 높이는 데도 도움이 될 수 있다. 학생의 진로흥미 및 진로목표에 맞는 학과와 학교에 대해 학생이 처음에는 진로진학상담교사와 같이, 나중에는 학생 스스로 정보를 찾아볼 수 있도록 지도한다.

3) 3단계: 학생에게 필요한 진학정보를 제공하기

학생이 스스로 진학정보를 찾아보는 것만으로는 충분하지 않을 수 있다. 진로진학상담교사가 진학정보들을 어떻게 찾았는지 주기적으로 모니터링하면서 학생들이 놓치고 있는 진학정보를 제공하는 것이 필요하다. 입시전형이 점점 다양하고 복잡해짐에 따라 학생과 학부모들도 진학정보를 찾아보지만, 목표한 학과와 학교에 진학하기 위해 어떤 준비를 해야 하는지에 대해 잘 모를 가능성이 높기 때문이다. 따라서 진로진학상 담교사가 진학상담 시 목표한 학교·학과에 안전하게 진학할 수 있는 입학 요건들은 무엇인지 구체적인 진학정보를 제공하는 것이 중요하다.

4) 4단계: 학생이 진학을 원하는 학교와 학생의 준비 상태가 일치하는지 확인하기

학생의 현재 준비 상태와 진학을 원하는 학교에서 요구하는 성적과 역량이 어느 정도 부합하는지 확인하는 단계이다. 진학상담의 가장 중요한 부분이 학생의 현재 위치 및 원하는 상급교육기관에 진학하기 위한 준비상태를 정확히 파악할 수 있도록 도와주는 데 있다고 할 수 있다. 따라서 이 단계에서는 학생들이 파악한 학교·학과에 진학하기 위해 요구되는 요건을 바탕으로, 현재 자신이 어느 위치에 있으며, 부족하거나 필요한 역량을 어떻게 키울 수 있을지에 대해 고등학교 저학년부터 계획하고 구체적인 활동 계획을 세울 수 있도록 지도하는 것이 필요하다.

진학 관련 장애물 탐색 질문의 예시
만약 학생이 계획한 능력이나 역량이 보충이 잘 안 되거나 계획 실행이 잘 안 되고 있다면, 장벽을 같이 살펴보는 것이 필요하다.

장애물 탐색에서 활용할 수 있는 질문의 예:
"○○가 목표로 하는 학교와 전공에 진학하는 데 현재 어떤 점이 가장 어렵니?"
장애물에는 심리 내적 장벽과 외적 장벽이 있다.

심리 내적 장벽은 낮은 자신감이나, 부족한 실행능력, 계획을 세우는 데 어려움을 가지고 있는 것 등이 될 수 있다. 외적 장벽으로는 실제적인 시간 부족, 부모님의 반대 및 경제적 지원 부족 등 다양한 외적 환경 요인들이 있다. 학생들이 현재 자기가 경험하고 있는 어려움을 쉽게 떠올리지 못한다면, 진로장벽의 예시를 들어주면서 생각하게 도와주는 것이 필요하다.

5) 5단계: 학생들의 진학 활동 모니터링하고 피드백 주기

학생이 목표로 하는 학교와 전공에 따라 보충이 필요한 역량, 능력, 활동 등이 계획대로 잘 발달되고 있는지에 대해 모니터링하고 필요한 피드백을 주는 단계이다. 학생들이 진로진학상담교사와 함께 학생이 원하는 학교·학과에 진학하기 위해 부족하거나 필요한 역량을 키우기 위한 계획이 잘 실행되고 있는지, 실제로 역량이 개발되고 있는지를 모니터링하는 것을 말한다.

모니터링 질문의 예시
학생들의 학업 계획이 잘 진행되고 있는지 모니터링을 통해서 피드백을 주는 상담기법은 학생들이 계획을 좀 더 구체적으로 세울 수 있도록 돕는다.

모니터링 예시 질문
"○○가 필요한 역량을 보충하기 위한 계획들이 지금 어느 정도 성취되고 있다고 생각하니? 1이 가장 낮은 단계의 성취이고 10이 계획한 바를 다 성취했다고 보았을 때, 현재 ○○는 어디쯤에 있을까?"

■ 학생이 낮은 성취단계라고 이야기할 경우

진로진학상담교사: "어떤 것들이 그 계획을 방해한 것 같니?"

"어떻게 하면 그 방해 요소들을 줄이고, 다음 단계로 올라갈 수 있을까?"

"이 계획을 성취하기 위한 다른 활동들은 무엇이 있을까?"

■ 학생이 높은 성취단계라고 이야기할 경우(충분한 칭찬을 해주고)

"무엇이 그 계획을 실천하는 데 도움이 되었니?"

"어떻게 이 방법을 다음 계획에도 잘 활용할 수 있을까?"

진로진학상담교사는 학생의 계획대로 필요한 역량이 잘 보완되지 않는다면, 그 계획을 방해하는 장벽을 제거하는 개입방법을 쓰거나, 아니면 다른 대안적인 활동을 함께 계획해 볼 수 있다. 여러 개입방법을 썼음에도 불구하고 안 된다면, 학교·학과 목표 수정을 위한 상담을 학생과 다시 진행하는 것이 필요하다.

6) 6단계: 수시-학생부종합전형(면접, 자기소개서), 논술지도 정시-수능지원 지도

진학상담의 마지막 단계에서는 학생들의 입시 전략을 돕는다. 이때에는 학생들이 전략적으로 원서를 쓸 수 있도록 도와주어야 한다. 수시와 정시 중 어느 전형이 학생에게 유리한지를 판단하고, 대학수학능력평가 점수에 따라서 논술전형도 준비해야 하는지 아닌지를 전략적으로 판단해야 한다. 수시-학생부종합전형의 경우 자기소개서와 면접이 중요하기 때문에 이에 대한 준비를 돕는다. 정시의 경우 수능 점수가 잘 나왔다면 학교 전략적 지원을 돕고, 수능 점수가 부족하다면 논술전형에 도전할 수 있도록 한다. 학생의 상황과 필요에 따라 정보 제공과 진학지도 방향을 결정한다.

일반적으로, 위의 진학상담 과정을 학년과 학기별로 적용하면 다음과 같다.

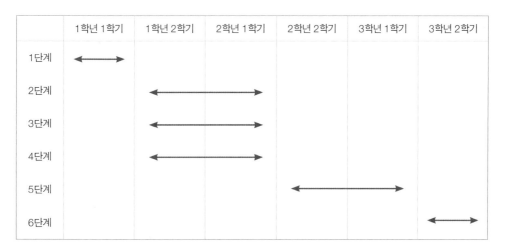

	1학년 1학기	1학년 2학기	2학년 1학기	2학년 2학기	3학년 1학기	3학년 2학기
1단계	←→					
2단계		←———→				
3단계		←———→				
4단계		←———→				
5단계				←———→		
6단계						←→

그림 8-1 진학상담의 모델과 학년·학기 별 중점 상담 활동

1학년 시기에는 중학교까지 탐색된 자기이해를 바탕으로 이뤄진 진로설계에 맞춰 동아리에 가입하도록 안내하거나 봉사활동을 계획하도록 지도하면서, 1단계에서 강조하는 활동들을 지속적으로 진행하면서 학생의 진로선택을 점검한다. 동시에 학생의 학습태도 및 학업성적 그리고 창의적 체험활동에 대한 모니터링은 1단계에서부터 5단계까지 지속적으로 이뤄져 학생의 소질과 적성이 선명해지고, 진학희망 대학에 합격할 역량이 보완되는지를 수시로 확인해야 한다.

요약하자면, 진학상담에서 중요한 부분은 학생의 교과성적, 비교과 및 창의적 체험활동 등으로 자신의 흥미와 진로계획에 부합되는 학교·학과에 진학이 가능한지, 어느 정도로 가능한지를 정확히 파악하도록 도와주는 것이다. 이에 더해 학생이 부족한 부분이 있다면 그 합격 기준에 맞도록 역량을 키우거나, 목표를 합격 가능한 대안으로 수정하도록 도와주는 것이 관건이다.

1) 대학 입학전형에 대한 이해

　　표준 대입전형의 체계는 크게 정시와 수시로 나누어 볼 수 있다. 정시는 수능성적 위주의 전형과 실기 위주의 전형으로 나누어진다. 수시는 학생부 위주, 논술 위주, 실기 위주로 크게 세 가지 트랙으로 나누어진다. 학생부와 논술 전형은 각 학교마다 반영 비율과 활용 유무에 차이가 있고, 수능최저학력기준을 적용하기도 한다. 대학 입학전형 중 가장 큰 비중을 차지하는 학생부위주전형은 학교생활기록부를 주된 전형요소로 평가하는 전형으로 크게 교과전형과 종합전형으로 나누어진다. 교과전형은 학생부 교과 내신성적을 중심으로 평가하는 전형을 의미한다. 반면에 종합전형은 학생부를 중심으로 교과(내신)성적과 비교과의 다양한 활동 및 진로 관련 활동, 교과수업의 특기사항 등을 관찰하고, 자기소개서, 추천서(1학년은 폐지), 면접 등을 활용하여 입학사정관과 각 전공관련 교수들이 학생을 종합적으로 평가해서 선발하는 전형을 의미한다.

표 8-1 표준대입전형 체계

구분	전형유형	주요 전형요소
수시	학생부 위주	(학생부 교과) 교과 중심
		(학생부 종합) 교과, 비교과 [자기소개서, 추천서, 면접 등 활용 가능]
	논술 위주	논술 등
	실기 위주	실기 등 [특기 등 증빙 자료 활용 가능]
정시	수능 위주	수능 등
	실기 위주	실기 등 [특기 등 증빙 자료 활용 가능]

　　학생부종합전형은 각 대학마다 다른 다양한 평가요소와 평가항목들을 가지고 학생

들을 선발함에 따라 학생 및 학부모, 진로진학상담교사들에게 많은 혼란을 주며, 전형의 예측 가능성을 떨어뜨린다는 비판이 있었다. 이러한 비판에 2016년 서울의 주요 6개 대학이 공동으로 대입전형 표준화 연구를 진행하였다. 학생부종합전형(해당 대학 명칭)으로 용어를 표준화하는 것을 시작으로, 학생부종합전형의 서류 평가에 공통평가요소와 용어를 동일하게 사용하는 것을 원칙으로 세웠다. 다음은 각 공통평가요소에 대한 설명이다.

① 전공 적합성

전공 적합성은 지원 전공 혹은 계열과 관련된 분야에 대한 학업성취도와 관심, 이해도, 준비 정도를 말한다. 전공 적합성은 다음에 설명된 세 가지의 세부 영역에 대한 평가로 예측한다.

- 전공관련 교과목 이수 및 성취도: 지원하고자 하는 전공과 계열에 필요한 과목들을 고등학교 교육과정에서 수강했는지 여부와 그 과목의 학업성취도 수준을 평가
- 전공에 대한 관심과 이해: 학생이 지원하는 전공과 계열에 대해 어느 정도 관심과 이해를 갖고 있는지 평가
- 전공관련 활동과 경험: 학생이 지원하는 전공과 계열에 대한 호기심과 관심을 반영한 다양한 활동과 그 활동을 통해 학생이 배운 점에 대한 평가

② 학업 역량

학업 역량은 학생이 지원한 전공과 계열에 진학해서 학업을 잘 수행할 수 있는 기초수학능력이 있는지를 살펴보는 것을 말한다. 학업 역량은 학업성취도, 학업 태도와 학업 의지, 탐구 활동 등의 세부 영역에 대한 평가를 통해 예측한다.

- 학업성취도: 학업성취도는 교과목의 원점수 혹은 석차 등급을 바탕으로 산정한 학업성취도와 교과목 이수 현황, 노력으로 인한 학업 발전 정도를 평가
- 학업 태도와 학업 의지: 학업 수행에 있어 학생의 자발적인 의지와 태도 평가
- 탐구 활동: 학생이 관심 있는 분야, 혹은 대상에 대해 호기심을 가지고 깊게 탐구할 수 있는지 평가

③ 인성

자신의 일로 자아실현뿐만 아니라 사회공동체 일원으로서 공공의 이익을 확대할수 있는 바람직한 사고와 행동을 할 수 있는지에 대해 살펴보는 것을 말한다. 인성은 크게 협업 능력, 나눔과 배려, 소통 능력, 도덕성, 성실성 평가를 통해 예측한다.

- 협업 능력: 협업 능력은 공동체의 목표를 달성하기 위해 다른 사람들과 그룹으로 효율적으로 일을 할 수 있는 역량을 의미한다.
- 나눔과 배려: 사회적 약자에 대한 관심과 다른 사람의 입장에 대한 관심을 바탕으로 상대방을 존중하고, 이해하며 상대방을 위해 배려와 함께 자신의 것을 기꺼이 나누어 주고자 하는 태도와 행동을 의미한다.
- 소통 능력: 상대방의 의견을 적극적으로 경청할 수 있으며, 자신의 정보와 생각, 감정을 효과적으로 정확하게 전달할 수 있는 역량을 의미한다. 다른 사람의 입장을 공감하면서 이를 전달하는 것도 포함된다.
- 도덕성: 공동체가 합의한 기본 원칙과 약속을 존중하고, 이를 지키는 정도를 의미한다.
- 성실성: 맡은 임무를 끝까지 책임감 있게 수행하는 태도와 행동을 의미한다.

④ 발전 가능성

학생들은 성장하는 존재이다. 따라서 현재의 수준, 준비 정도만 평가하는 것에서 벗어나 앞으로의 성장과 발전 가능성이 어느 정도 있는지에 대해 살펴보는 것을 이야기한다. 발전 가능성은 자기주도성, 경험의 다양성, 리더십, 창의적 문제해결력에 대한 평가를 통해서 예측한다.

- 자기주도성: 자기주도성은 입학 후 대학 성적과 유의미한 상관관계가 있다고 밝혀진 특성이다. 학생 스스로 목표를 설정하여 적절하고 효과적인 전략을 선택하여 계획하고, 이를 잘 수행해 나가는 특성을 의미한다.
- 경험의 다양성: 고등학교 교육의 다양한 영역에서 직접 경험하거나, 혹은 활동하면서 간접적으로 얻은 성장 과정 및 결과를 의미한다.
- 리더십: 공동체의 합의된 목표달성을 위해 구성원들의 화합과 단결력을 끌어내

는 역량을 의미한다.

- 창의적 문제해결능력: 학생들은 앞으로 더 복잡하고 답이 안 보이는 문제들에 봉착할 가능성이 높다. 이를 대비하여 창조적이고 논리적인 사고로 다양하게 일어날 수 있는 문제들을 해결하는 능력을 의미한다.

2) 전형의 유형

대입전형의 유형은 크게 일반전형과 특별전형으로 나누어진다.

(1) 일반전형

일반전형은 일반 학생을 대상으로 보편적인 교육적 기준에 따라 학생을 선발하는 전형으로서 대학의 교육 목적에 적합한 입학전형의 기준 및 방법에 따라 공정한 경쟁에 의하여 공개적으로 시행된다(고등교육법 제34조 및 동법 시행령 제34조 1항).

(2) 특별전형

특별전형은 특별한 경력이나 소질 등 대학이 제시하는 기준 또는 차등적인 교육적 보상 기준에 의한 전형이 필요한 자를 대상으로 학생을 선발하는 전형을 뜻한다. 이 역시 사회 통념적 가치 기준에 적합한 합리적인 입학전형의 기준 및 방법에 따라 공정한 경쟁을 통해 시행한다(고등교육법 제34조 및 동법 시행령 제34조 2항). 특별전형에는 정원 내 특별전형과 정원 외 특별전형이 있다. 정원 내 특별전형은 입학 정원 내에서 대학이 자율적으로 독자적 기준 및 차등적 평가기준이 필요한 학생을 대학마다 별도의 지원 자격에 따라 선발하는 것이다. 정원 외 특별전형에 지원할 수 있는 대상자와 이에 따른 가능한 모집인원은 대학마다 다르기 때문에 이에 유의해서 진학상담을 진행할 필요가 있다.

고등학교 진로진학상담교사가 학생들에게 효과적인 진학상담을 제공하기 위해서는 가장 중요한 부분 중 하나는 정확한 대학교 진학정보 수집이다. 이때 진로진학상담교사가 주의할 점은 다음과 같다.

1) 최신의 정보

대학교 입시전형요소, 전형 방법, 요소별 반영 비율 등이 매년 변하기 때문에 진학상담 시 교사가 최신 진학정보를 가지고 학생들을 상담하는 것이 중요하다. 이를 위해서는 자료의 생산 연도를 확인하거나, 진학정보 자료원에 수시로 방문해서 변경된 사항이 있는지 모니터링하는 것이 필요하다. 동료 진로진학상담교사들과 진학정보 데이터베이스를 함께 구축하여 진학정보를 공유하거나 학교별로 진학정보 모니터링을 분담할 필요가 있다. 또는 각 시·도별 교육청과 한국대학교육협의회 등에서 개발된 프로그램과 연계하여 관련 진학정보를 구축하고 관리하는 방법도 고려해 볼 수 있다.

2) 신뢰할 수 있는 정보

진학정보가 정확하고 신뢰할 수 있는 자료인지 확인하는 것이 중요하다. 온라인 사이트와 오프라인 진학정보 자료들이 피상적인 여러 가지 자료를 토대로 만들어졌을 가능성이 있기 때문에, 진학상담 시 기초 자료로 사용하는 자료들이 믿을 만하고 정확한 자료인지를 상담교사가 미리 확인해야 한다. 이를 위해서는 자료의 출처, 작성 시기, 현재성, 수집 방법, 절차, 자료의 대상과 목적 등에 대해 객관적인 평가를 하면서 확인할 수 있다. 일반적으로 정확하고 신뢰로운 정보는 해당 대학교의 홈페이지 입시사이트에 공고된 자료나 관련대학 입시 담당자가 주도한 세미나나 입시 설명회 등에서 배포된 자료, 유관 기관에서 배포하는 객관적인 진학 자료, 전문적으로 진학관련 내용을 다루는 연구자에 의해서 발행된 자료 등이다.

3) 참고할 수 있는 사이트

다음은 진학정보들을 수집할 때 도움이 될 수 있는 사이트들과 각 사이트에서 어떤 정보들을 활용할 수 있을지에 대해 소개하고자 한다.

(1) 온라인
① 한국대학교육협의회 대학입학상담센터(univ.kcue.or.kr)

한국대학교육협의회는 4년제 대학별 입학정보, 전공상담, 전형요소별 입학정보, 진로진학상담실을 온라인과 전화로 동시에 제공하고 있다. 대입관련 상담센터에서는 학생과 학부모를 대상으로 약 340여 명의 현직 진로진학상담교사들과 전문상담원들이 진로진학 관련한 상담을 제공한다.

② 어디가(www.adiga.kr)

한국대학교육협의회에서 개설한 어디가는 커리어넷이나 워크넷의 학과 및 직업정보와 한국대학교육협의회 및 한국전문대학교육협의회의 대입정보를 모두 모아놓은 대입 포털사이트로, 한 번의 접속으로 진로진학관련 정보를 쉽게 탐색할 수 있다. 구체적인 정보는 다음과 같다.

진로정보(직업정보, 테마별 직업정보, 직업심리검사), 대학/학과/전형정보, 성적분석(학생부성적, 수능성적, 수시대학별점수산출, 정시대학별점수산출), 대입상담(온라인대입상담, 온라인전공상담, 전화상담 안내, 전국시도교육청 진로진학센터안내, 대입입학상담센터 1600-1615), 대입정보센터(대입제도안내, 대입일정안내, 대입소식안내, 대학별 입시정보안내, 대입설명회안내, 대학체험프로그램안내, 대입정보 관련사이트안내) 등이다.

③ 대학알리미(www.academyinfo.go.kr)

대학 및 학과 선택에 용이한 각 대학의 다양한 공시정보를 제공한다. 각 대학교의 학교 운영 및 발전 계획, 특성화 계획을 비롯하여, 학생의 선발 방법, 교육과정, 진학 및 취업률 정보를 제공하며, 교원확보율, 연구 실적, 다양한 교육 여건(도서관 현황 및 기숙사 수용 현황 등)에 대해서도 안내하고 있다.

④ 푸른등대 한국장학재단(www.kosaf.go.kr)

대입준비생들이 궁금한 학자금대출과 국가장학금에 대해 안내하고 있으며, 사이버 창구를 통한 온라인 신청이 가능하다.

⑤ 나이스 대국민서비스(www.neis.go.kr)

1만여 개 초·중·고·특수학교, 178개 교육지원청, 17개 시·도교육청 및 교육부의 모든 교육행정 정보를 연계 처리하는 교육행정정보시스템으로 학교생활기록부를 열람 및 발급받을 수 있다.

⑥ 한국교육과정평가원 대학수학능력시험(suneung.re.kr)

한국교육과정평가원(KICE)에서 운영하는 대학수학능력시험 정보 제공 사이트로, 수험번호 조회 및 성적증명서 발급이 가능하다.

⑦ 워크넷(work.go.kr)

직업 적성과 적합한 직업정보를 제공하고, 고등학생 적성검사 서비스를 제공한다.

⑧ 커리어넷(career.go.kr)

진로심리검사, 진로상담, 직업/학과 정보, 진로교육자료, 진로뉴스 등의 정보를 제공하는 한국직업능력개발원에서 운영하는 사이트이다.

어디가 메인페이지

대학알리미 메인페이지

(2) 오프라인

수시·정시 대입 정보 박람회 및 대입 설명회, 대학교육협의회 및 다양한 교육기관에서 매년 대입 설명회 및 박람회를 개최하여 대학입학 정보들을 제공하고 있다.

　　K고등학교 3학년 담임 및 진로진학상담교사인 Y는 십여 년이 넘는 풍부한 진학지도 경험이 있으며, 학생 진학지도를 잘하기로 소문이 자자하다. 이렇게 주위 교사들의 부러움을 사고 있는 Y교사는 5년 전 자신이 담임을 맡았던 학생들 중 우수 학생이었던 영수만 생각하면 가슴이 답답해진다. 영수는 입시를 앞두고 Y교사와 진학상담을 요청했다. 고민의 요지는 자신의 점수로 갈 수 있는 대학과 학과가 딱 맞아떨어지지 않는다는 것이었다. S대를 가려면 자신이 별로 관심이 없는 과를 지원해야 하고, 원하는 과를 지원하려면 학교를 낮추어야 하는 상황이었다. 영수는 학교보다는 원하는 학과에 진학해서 하고 싶은 공부를 마음껏 해보고 싶은 생각이 든다고 했다. Y교사는 영수처럼 우수한 학생이라면 S대의 상대적으로 경쟁률이 낮은 과에 지원할 경우 합격 확률이 매우 높을 것이라고 판단하고 영수를 설득했다. 일단 S대에 진학해서 공부하다 보면 생각이 바뀔 수도 있을 것이라 생각하며 S대를 지원하도록 격려하였다. 결국 영수는 고민 끝에 Y교사의 조언과 설득에 따라 S대에 진학을 하였다. 하지만 문제는 그 다음부터였다. 영수는 진학한 학과 전공에 전혀 흥미를 느끼지 못했으며, 점점 학과 공부를 따라가기가 어려워졌고, 결과적으로 그의 학교생활은 점점 힘겨워졌다. 영수가 고등학교를 졸업한 지 1년이 지난 후 Y교사는 가슴이 철렁한 전화 한 통을 받았다. 영수였다. 왜 당시 자신이 진학 고민을 하고 있을 때 공부하고자 하는 전공으로 진학하도록 격려하지 않고 학교 명성만 높은 곳으로 진학 지도를 했는지 선생님이 원망스럽다는 전화였다.

　　Y교사는 제자의 힘든 상황을 듣고 너무 마음이 아프고 미안했으며, 그 사건으로 큰 깨달음을 얻었다고 하였다. 진학지도를 하는 교사의 역할은 학생의 진학을 결정해 주는 것이 아니라 학생이 스스로 고민하고 탐색하면서 결정하도록 옆에서 돕는 것이라는 단순하지만 큰 깨달음이었다.

• 위의 사례를 보면서 무엇을 느꼈는지 그리고 진학상담을 할 때 주의해야 할 점은 무엇일지 토론해 봅시다.

요약

이 장에서는 고등학교 진학상담의 특징과 목표에 대해 살펴보았다. 또한 고등학교 진학상담 모델로 진로진학상담교사가 각 학년, 학기에 따라 진학상담의 어느 부분에 중점을 두어야 하는지에 대해서도 알아보았다. 마지막으로 대학 진학정보는 학교별로 다양할 뿐만 아니라 매년 달라지기 때문에 진로진학상담교사들은 대학 입학정보를 숙지해야 한다. 진로진학상담교사는 숙지된 정보를 바탕으로 학생들이 학교별로 서류를 준비할 수 있도록 도와주는 동시에, 진학의사결정에 있어서 학생들이 주체적인 역할을 할 수 있도록 조력자의 역할을 하는 것이 필요하다.

생각해 볼 문제

1. 학생과 학부모가 원하는 진학의 방향이 다를 경우 진로진학상담교사는 어떻게 효과적인 상담을 할 것인가?

2. 대학이나 전공에 대해 고민하고 탐색하려는 동기가 낮은 학생들을 상담할 때 진로진학상담교사는 어떻게 학생들의 탐색 동기를 높일 수 있을까?

3. 빠르게 변화하고 다양해진 대입전형정보를 진로진학상담교사가 효과적으로 모니터링하고 활용할 수 있는 방안은 무엇인지 토론해 보자.

참고문헌

교육부(2016). 2015 학교 진로교육 목표와 성취기준.

김봉환, 정철영, 김병석(2017). 학교 진로상담. 서울: 학지사.

김봉환, 강은희, 강혜영, 공윤정, 김영빈, 김희수, 선혜연, 손은령, 송재홍, 유현실, 이제경, 임은미, 황매향
(2018). 진로상담, 2판. 서울: 학지사.

손은령, 문승태, 임경희, 김희수, 손진희, 임효진, 여태철, 최지영, 손민호, 고홍월, 공윤정, 허창수(2017).
진로진학상담교육론. 서울: 사회평론아카데미.

장교식(2018). 학생부종합전형 공통 평가요소 및 평가항목. 건국대학교.

9장

진학지도 활동

유현실 · 강성현

학습목표

1) 진학지도 활동으로서 진학상담, 진학정보, 학부모교육 등의 내용을 이해한다.

2) 진학지도 활동으로서 학과 및 학교 선택, 입시전형 선택, 진학관련 의사결정, 진학준비 과정
   에 관한 구체적인 지도 방법을 활용할 수 있다.

3) 진학지도 활동을 실제 학생지도에 적용할 수 있다.

일선 고등학교에서 이루어지는 다양한 진로교육 활동 영역 중에서 진학지도 활동은 학생, 학부모, 교사 모두에게 현실적으로 매우 중요하게 받아들여지고 있다. 특히 우리나라의 대학 진학률은 2018년 기준으로 68%라는 점(통계청, 2019)을 고려할 때, 진학지도는 고등학교에서 이루어지는 학생지도 영역 중에서도 매우 큰 중요도를 갖는다. 또한 대학 진학이 사회경제적 지위에 상당한 영향을 미치는 우리 사회의 특성을 고려할 때, 공교육 현장에서 학생에게 제공되는 진학지도 활동은 교육 평등에 기여하는 바도 매우 크다고 할 수 있다. 진학지도 활동은 진로진학상담교사, 담임교사, 각 교과목교사 등 다양한 부서에서 이루어질 수 있다. 이 장에서는 진로진학상담교사 및 담임교사가 수행할 수 있는 진학지도 활동에 주로 초점을 맞추어 설명하고자 한다.

1 진학지도 활동 내용

일반고등학교 진로진학상담교사 활동매뉴얼(교육과학기술부, 2012)에 따르면, 일선 고등학교에서 이루어지는 진로지도 활동 중에서 진학지도와 직접적으로 관련되는 활동은 진학관련 학생상담, 진학정보 제공 및 활용, 진학 관련 학부모교육 등이라고 할 수 있다.

1) 진학 관련 학생 상담

고등학교 시기는 졸업과 함께 성년기에 접어드는 시기로 상급학교 진학이나 취업 등 생애 전환기로서의 중대한 의사결정이 이루어지는 기간이다. 따라서 학생들은 진학 및 취업과 관련된 진로문제에 대해 부모나 교사 등 어른들의 현명한 조언을 열렬히 필요로 한다. 이들은 자신이 경험해 보지 않은 미래에 대한 불확실성 속에서 자신의 재능과 기회가 미래에 온전하고 충분히 꽃피우기를 희망한다. 특히 고등학교 이후 상급학교로 진학하는 경우 학교와 전공 선택을 위한 충분한 고민의 시간이 필요하고, 그만큼 이들의 합리적인 의사결정을 돕기 위한 진학 관련 상담에 대한 학생 및 학부모들의 요구는 매우 높다고 할 수 있다.

진학 관련 학생상담의 효과적인 운영을 위해서는 몇 가지 운영 시스템이 갖춰질 필요가 있다. 먼저 상담 예약을 받기 위한 이메일, 전화번호가 학생들에게 사전에 공개될 필요가 있다. 그리고 일단 학생이 상담을 예약하면, 상담예약기록부와 같은 컴퓨터 문서 양식을 통해 학생 성명, 신청일자, 상담희망일자, 연락 가능한 전화번호, 주요 호소 문제, 학생에 관한 기타 특이사항(예: 장애 등 특수학생 여부, 전학생, 우등생, 취약계층 여부) 등 학생에 대한 기본 정보를 기록해 두면 상담업무를 체계적으로 관리하기에 편리하다. 또한 상담신청서를 미리 구비해 놓는 것도 효과적인 상담의 진행을 위해 필요한 사전 준비라고 할 수 있다. 상담신청서에는 주요 인적사항 외에 상담받고 싶은 고민에 대해 구체적으로 적을 수 있는 난을 두어 신청서를 작성하면서 상담에 대한 기대와 목적을 명료하게 정리할 수 있도록 한다.

일반적인 진로상담에 비해 진학상담에서는 학생의 교과성적, 수상경력, 비교과활동 등 학생의 생활기록부 내역 정보가 필요하다. 따라서 진학상담 시 필요한 각종 성적 등 생활기록부 자료를 함께 구비할 필요가 있다. 진학상담 신청서에는 진학 희망 학교와 희망 전공 등에 대한 기입란을 둠으로써 상담 시 학생의 진학 희망 범위 및 수준을 파악할 수 있다. 진학 관련 학생상담의 과제와 기법에 관한 좀 더 구체적인 내용을 알고고자 한다면 이 책의 8장 진학상담 내용을 참고하기 바란다.

2) 진학정보 제공 및 활용

상급학교 진학이 만족스러운 결과로 귀결되기 위해서는 정확하고 다양한 진학정보가 사전에 충분히 제공될 필요가 있다. 학교에서는 학생들이 진학과 관련된 정보를 쉽고 빠르게 획득할 수 있는 체제를 갖추고 학생들이 진학하고자 하는 대학과 전공을 선택하고 결정하는 데 진학정보를 올바르게 활용할 수 있도록 지원해야 한다. 이를 위하여 학생들에게 도움이 되는 진학정보를 제공하고 이를 효과적으로 활용하도록 하기 위해서는 다음의 사항을 고려할 필요가 있다.

(1) 학생 개인별 진학정보 요구 확인 및 학생 기초 자료 수집

국내 대학뿐만 아니라 최근 해외 대학에 진학하고자 하는 학생들까지 고려하면 진학지도 시 고려해야 할 대학 입학 전형은 엄청나게 많아질 수 있다. 또한 학생들이 진학과 관련된 의사결정을 위해서 국내 모든 대학의 전형을 검토하는 것은 불가능할 뿐만 아니라 부적절하다. 따라서 학생들에게 진학정보를 제공하기에 앞서 학생마다 어떠한 의사결정을 위해 진학정보가 필요한지 학생 개인별 진학정보 수요를 먼저 파악할 필요가 있다. 각 대학들은 수능위주 전형, 논술전형, 학생부교과성적위주전형, 학생부종합전형, 면접고사, 구술고사, 정원외전형 등 매우 다양한 전형 유형을 활용하여 신입생을 선발한다. 또한 각 대학별로, 전형별로 평가요소에 대한 가중치가 상이하기 때문에 진학상담을 실시할 때 학생의 학업성취도, 비교과활동 내용에 따라 활용할 진학정보가 달라질 수 있다. 예를 들어, 교과성적은 평범하지만 다양한 창의적 체험활동을 통해 비교과활동을 충분히 쌓은 학생이라면 각 대학 학생부종합전형에 관한 진학정보를 중심으로 검색하는 것이 효율적일 것이다. 반면 교과성적이 우수하고 의학계열을 지망하고자 하는 지방 거주 학생이라면 지역인재전형의 가산점 정보가 필요할 것이다. 한편, 종자개발에 관심이 많아 식물자원 전공을 희망하는 농촌 소재 저소득층 가정의 학생이라면 학비와 생활비가 저렴하고 농업 관련 전공이 특성화되어 있는 지방 소재 국립대학교의 기회균형선발전형 정보가 필요할 것이다. 또한 학생별 특화된 진학정보를 제공하기 위해서는 학생의 진학정보 요구에 관한 기초 자료를 구체적으로 조사할 필요가 있다. 예를 들어, 수시 또는 정시 희망 여부, 희망 대학 및 학과, 합격 가능한 대학 및 학과, 최종 상향 지원 가능한 희망 대학 및 학과, 학교와 학과 중 우선순위, 대학교 결정 시 최우선순위(예: 서울지역/지방소재, 대학인지도, 전공학과, 학비) 등을 파악해 두는 것이 효과적이다.

(2) 진학정보 수집 및 분석

정확하고 신뢰로운 대학입학정보 수집을 위해서는 무엇보다도 각 대학별 모집요강을 수집하고 분석해야 한다. 특히 각 대학입학 모집요강에는 모집시기, 인원, 전형 내용을 비롯하여 학생부 반영 방법 및 수능점수 반영 방법 등이 수록되어 있다. 학생들마다 각자 수능점수나 학생부 반영비율에 따라 유리한 점이 달라지기 때문에 각 대학별 입학전형의 구체적인 내용을 꼼꼼하게 따져보면서 진학자료를 검토할 필요가 있다. 또한 각 대학의 공시 자료뿐만 아니라 한국대학교육협의회 대학입학상담센터나 한국교육과정평가원의 수능정보 등 각종 전문적인 공공기관에서 제공하는 진학정보를 활용하는 것도 유용할 것이다. 또한, 학생의 교과성적, 생활기록부 내용, 희망 대학 및 학과 등 개별 기초 자료 정보와 각 대학의 입학전형에 관한 자료를 함께 분석함으로써 학생의 의사결정 과정에 필요한 맞춤형 진학정보를 제공할 수 있다. 즉, 학생의 교과성적 수준과 수능점수 수준을 고려하고, 학생이 희망하는 대학 및 학과의 범위를 고려하여, 합격 가능 또는 지원 가능한 대학 및 학과의 전형 유형으로 수집 정보를 구체화할 수 있다.

한편, 진학정보는 각 대학의 입학전형상 전형 요소, 요소별 반영 비율, 전형 방법 등이 매년 변하고, 입시 시행 1년 전에 공시하도록 되어 있다. 따라서 진학정보는 수시로 보완되어야 하며, 가장 최신의 정보로 갱신해 두어야 한다. 또한 진학 업무의 효율적인 수행과 정보 오류로 인한 문제를 방지하기 위해 정확한 진학정보를 확보해야 한다. 반면 비전문가에 의해 피상적으로 수집된 진학정보는 진학 설계에 큰 도움이 되지 못한다. 따라서 진학 관련 전문가에 의해 만들어진 신뢰로운 자료를 확보하는 것이 중요하다.

진학정보의 최신성, 정확성, 신뢰성을 확보하기 위해서는 다양한 방법을 활용할 수 있다. 먼저 진학정보 자료 출처를 수시로 방문하여 정보가 최신의 것인지를 확인해야 한다. 신뢰할 만한 유관기관에서 배포하는 양질의 진학 자료를 확보하고, 자료의 생성 연도를 항상 확인하며, 자료 작성 시기, 업데이트 날짜 등을 명시하여 수시로 최신의 진학정보를 데이터베이스화한다. 또한 유관기관 및 대학교 입시 담당자를 초청하여 입시전형 정보를 직접 듣고, 동료 교사 및 인근 학교 간에 적극적인 정보교류를 도모할 필요가 있다.

(3) 진학정보 활용 방법 지도

진학정보는 교사가 제작하여 일방적으로 배포하는 방식을 지양해야 하며, 학생이 자기주도적으로 진학정보를 탐색하고 이를 자신의 진학설계에 능동적으로 활용할 수 있도록 진학정보 활용 방법을 적극적으로 코칭할 필요가 있다. 교사는 학생의 진학정보 요구에 맞추어 학생에게 의미 있는 정보를 제공하되, 학생 스스로가 자신의 학력 수준, 내신성적, 진로목표 등을 충분히 숙고하여 지원 가능한 학교와 학과를 선정하여 자기주도적으로 각 모집요강을 철저히 분석하고 그에 맞는 입시 목표를 세우도록 지도할 필요가 있다. 또한 대입정보포털 등 진학정보를 제공하는 관련 사이트(217쪽 참조) 및 주요 정보원을 학생들에게 소개하여 학생이 자신의 성적 및 진로목표를 객관적으로 고려하여 필요한 정보를 스스로 탐색할 수 있도록 한다.

3) 진학 관련 학부모교육

진학 관련 학부모교육은 일선 고등학교에서 이루어지는 진학지도 업무 중에서 학생 이외의 대상에게 행해지는 대표적인 지도활동이다. 우리나라 가족문화의 특징인 높은 교육열과 현재 운영되고 있는 복잡한 입시제도로 인해 학부모들은 진로 및 진학관련 정보를 비롯하여 자녀의 진로 및 진학지도를 위한 적절한 부모교육의 필요성을 절실히 느끼고 있다. 따라서 학교는 학부모들이 자녀의 진로 및 진학지도에서 어떠한 어려움을 겪고 있는지, 어떠한 진로 및 진학 관련 학부모교육을 희망하는지를 파악하여 부모교육 요구에 적극 부응하여 학부모들이 자녀의 진로발달과 진학계획을 효과적으로 추진하는 데 촉진적인 역할을 수행할 수 있도록 지원할 필요가 있다. 효과적인 진학 관련 학부모교육을 실시하기 위해서는 다음의 사항들을 고려할 필요가 있다.

첫째, 성공적인 학부모교육을 실시하기 위해서는 무엇보다도 교육 참여자에게 실질적인 도움이 되는 교육 프로그램을 제공할 필요가 있다. 이를 위하여 해당학교 학생들의 주요 특성, 학부모들의 학교 교육에 대한 관심 및 사회경제적 수준, 지역사회 교육 환경 등의 특성을 적절히 파악하고 그에 맞는 학부모교육 목표를 설정할 필요가 있다. 예를 들어, 해당 학교가 위치한 곳이 학원 밀집지역으로 학부모들이 자녀교육에 대한 관심이 높고, 진학 관련 정보 접근이 상대적으로 쉬운 경우에는 일반적인 수준의 진학정보로는 학부모의 요구 수준을 만족시키기 어려울 것이다. 한편, 대규모 산업단지에 인접해 있고 학부모의 상당수가 해당 지역의 고소득 생산직 근로자인 특성화고등학교 학생의 경우라면, 학부모들은 자녀의 취업 준비에 구체적으로 도움이 되는, 평일 저녁 시간대나 주말 시간대의 학부모교육을 희망할 것이다.

둘째, 학부모들이 진로 및 진학 관련 학부모교육에 대해 무엇을 희망하는지를 파악하기 위해서는 설문조사나 면담을 통해 구체적인 의견을 조사하는 것이 도움이 된다. 설문조사는 사전에 설문문항을 제작해야 하고 수집할 수 있는 정보가 제한된다는 단점은 있지만, 가정통신문 등을 활용하여 다수의 학부모로부터 일괄적으로 응답을 수집할 수 있다는 장점이 있다. 한편 면담조사는 기존 프로그램과 현재 개설을 고려하는 프로그램 전반에 대한 풍부하고 깊이 있는 의견을 수집할 수 있다는 장점은 있으나, 학교의 실정상 면담에 참여할 수 있는 학부모를 섭외하기가 쉽지 않을 수 있다. 특히 효율적인 면담조사를 위해 학교를 자주 방문하는 운영위원 학부모나 학생회 간부의 학부모 등을 접촉하기 쉬운데, 이들 학부모의 교육 요구가 전체 학부모의 요구를 반영하지 않을 수도 있다는 점을 유념할 필요가 있다. 요구조사의 내용으로는 기존 학부모교육 프로그램에 대한 불만 사항, 새로이 개설되기를 희망하는 프로그램 내용, 개설을 고려하고 있는 프로그램에 대한 사전 참여 의향 등 다양한 내용을 포괄할 수 있다. 이렇게 조사된 내용은 향후 구체적인 교육계획을 설계하는 데 유용한 자료로 활용될 수 있다.

셋째, 학부모교육에 대한 참여도를 높이고 교육 행사를 효과적으로 운영하기 위해서는 연간 계획에 따른 체계적인 행사 계획을 설계할 필요가 있다. 특히 고등학생 학부모의 경우 학교에서 학부모 행사가 열릴 때마다 학교를 방문하기란 쉽지 않다. 따라서 학부모교육 계획 수립 시 다수의 부모가 학교에 방문할 수 있는 일자에 명사 초청 특강, 담임교사 상담, 학부모 총회 및 입시 설명회, 학부모 간담회 등 교내 여러 부서에서의 학부모 관련 업무 등을 동시에 실시하기도 한다. 이렇듯 몇 가지 행사가 동시에 진행되는 경우 발생할 수 있는 담당부서 간, 업무 간 혼선을 피하기 위해서는 사전에 충분한 준비와 조율 과정을 거칠 필요가 있다. 종종 연간 계획에 따라 준비 중인 프로그램을 예기치 않은 상황으로 인해 중간에 급히 변경해야 하는 상황이 발생할 수 있다. 특히 학부모가 직접 학교를 방문하는 행사의 경우에 충분한 사전 공지 기간을 두지 않고 일정을 변경하거나 취소하는 것은 학부모들에게 많은 불편을 초래할 수 있다. 따라서 행사를 기획할 때는 무엇보다도 치밀하고 꼼꼼한 준비가 필요하며, 문제 발생 시의 대안도 초기 기획 단계에서부터 고려할 필요가 있다.

2 진학지도 활동 실제

일반적으로 고등학교에서 이루어지는 진학지도는 다양한 활동들로 구성되어 있다. 여기서는 학과 및 학교 선택 지도, 입시전형의 선택 지도, 그리고 학생부기록 관리 지도, 자기소개서 작성 지도, 면접 지도를 통해 고등학교에서 진학지도 활동이 실제로 어떻게 이뤄지는지 살펴보고자 한다.

1) 학과 및 학교 선택 지도

진학하고자 하는 대학과 전공학과를 선택하는 일은 진학과 관련된 매우 중요한 의사결정 사항이다. 학생들은 학교와 학과에 대한 정보를 얻기 위해 희망 대학의 홈페이지를 방문하거나 희망 대학을 직접 방문할 수 있는데, 이때 교사는 학생들이 수집한 학교 및 학과에 대한 정보를 바탕으로 개개인의 진로목표에 맞게 학교 및 학과를 선택할 수 있도록 다음과 같이 지도할 필요가 있다.

첫째, 학생이 대학에 진학하려는 이유가 선명한지 고민하게 한다. 다음의 질문을 학생에게 던질 수 있다. 대학 진학은 자신의 꿈과 어떤 관계가 있는지, 대학에 진학하면 어떤 학문을 하고 싶은지, 자신이 희망하는 직업에 대학 진학이 반드시 필요한지,

자신의 가정환경을 고려할 때 대학 공부를 감당할 수 있는 재정적 뒷받침이 있는지 등의 질문을 학생 스스로 답하면서 대학 진학의 동기가 한층 공고해질 수 있다. 둘째, 대학의 유형 및 학문 연구의 특성에 따라 세분화된 전공 계열과 학부(과)가 있음을 안내하고, 관심 있는 대학교(대학)와 학과(계열)를 잠정적으로 결정하도록 한다. 셋째, 잠정적으로 결정된 학과가 자신의 특성(흥미, 적성, 가치관)에 어울리는지 정보를 수집하도록 한다. 넷째, 대학과 학과를 선택한 이유가 합리적인지 점검하고 그 기준을 제시하도록 한다. 다섯째, 대학졸업과 동시에 취업이 보장되는 계약학과(고용보장형)에 대해서도 관심을 갖도록 한다. 여섯째, 복수전공, 부전공, 다전공제도 등을 안내하고, 흥미나 적성이 다양하여 전공학과 선택에 어려움을 겪는 학생들이 참고하도록 한다. 일곱째, 선택한 대학·학과 정보를 바탕으로 희망 대학·학과를 정리하게 한다. 표 9-1에서는 진로목표와 관련된 대학 및 학과 탐색활동에서 활용할 수 있는 활동지를 예시로 제시하였다.

표 9-1 진로목표와 관련된 대학 및 학과 탐색활동지 예시

나의 진로목표는	(		) 다	
구분	제1희망	제2희망	제3희망	기타
희망대학(희망학과)				
교육과정				
취업 분야				
전망				
학생복지(시설, 장학금)				

2) 입시전형 선택 지도

학교 및 학과를 선택했다고 하더라도 학생들이 어떤 입시전형을 선택하느냐에 따

라 합격 여부가 달라질 수 있다. 학생의 교과성적, 수상 실적, 비교과활동 실적 등을 객관적이고도 종합적으로 분석하여 적절한 입시전형을 선택할 때 합격 가능성이 높아질 수 있다. 입시전형 정보는 대입정보포털(adiga.kr)과 각 대학교의 입학 관련 홈페이지를 통해서 모집요강(정시, 수시), 학생부종합전형 안내자료를 내려받아 수집하도록 한다. 입시전형 선택 지도 활동은 입시전형명, 전형별 지원 자격, 전형별 모집 정원, 전형별 전형 요소, 전형 요소별 반영 비율 등을 고려하여 다음과 같이 진행할 수 있다.

첫째, 정시모집요강에서 희망하는 학과의 모집 인원, 수능성적 반영방법을 확인하도록 한다. 학생이 수시전형을 선택할 때는 먼저 희망대학·학과에 정시전형(수능성적)으로 합격 가능한지 고려하도록 해야 한다. 이에 대한 탐색이 충분하지 못하면 수시전형에서 자신이 원하지 않는 대학에 합격하여 낙담하는 경우도 있다. 즉 학생은 정시전형으로 합격가능한 대학·학과에 대해 자신이 내린 평가를 바탕으로 수시지원전략을 세우도록 한다. 둘째, 수시모집요강에서 전형유형(전형명)별, 지원 자격, 모집 인원, 전형별 전형 요소 평가방법을 확인하도록 한다. 수시전형은 크게 학생부종합전형, 학생부교과전형, 논술우수자전형, 실기우수자전형이 있다. 학생부종합전형에는 각 대학에 따라 명칭이 조금 다르나 지원자격에 따라 지역균형일반전형, 고른기회전형 I·II, 특성화고 졸업자전형, 특성화고 졸업재직자전형이 있으며, 고른기회전형 I·II는 지원자격이 세분화되어 있다. 셋째, 전형별 전형 요소 및 반영 비율(단계별 전형, 일괄합산)을 확인시킨다. 넷째, 학생이 원하는 전형에서 수능최저기준을 반영하는지, 그 기준이 어느 정도인지, 학생이 그 최저기준을 충족시킬 수 있는지도 함께 살펴보도록 한다. 다섯째, 대학에서 요구하는 인재상, 제출서류(자기소개서, 교사추천서 등), 서류평가에서 중요하게 생각하는 항목, 면접 유무, 면접 유형(서류기반, 토론, 전공적성)을 확인하도록 한다. 여섯째, 학생에게 자신의 성적(교과, 모의수능) 및 교과·비교과 활동을 평가하도록 한다. 이때 희망하는 대학교 홈페이지의 입학자료실에 있는 이전 학년도의 전형별경쟁률 현황, 합격자의 학생부교과 평균등급, 등급분포 현황, 수능성적분포 현황 등을 참고하여 학생의 현재 시점의 위치를 평가하고, 다음 순서에 따라 자신에게 유리한 전형방법을 성찰한 뒤 선택하도록 한다.

- 교과성적 우수: 학생부위주전형(학생부종합·학생부교과전형)을 고려한다.
- 교과성적 우수, 수능성적 우수: 학생부종합·학생부교과·정시전형을 고려한다.
  (예: 수시전형에서 수능최저기준을 적용하는 의·치의학 계열, 서울 소재 명문대학 등)
- 교과성적 우수, 비교과활동 우수: 학생부종합·학생부교과전형을 고려한다.
- 교과성적 우수, 수능 전 영역 성적 저조: 학생부교과전형을 고려한다.
- 교과성적 우수하나, 비교과활동실적 저조: 학생부교과전형을 고려한다.
- 교과성적 우수하고, 일부 영역의 수능성적 우수: 학생부위주전형 및 수능최저기준을 적용하는 전형을 고려한다.
- 수능성적이 교과성적에 비해 낮고, 교과성적은 낮은데 비교과 활동 우수: 학생부종합 전형을 고려한다.
- 교과성적에 비해 수능성적 월등하게 우수: 정시전형을 고려한다.

※ 이상에서 기술한 교과성적 우수, 수능성적 우수라는 표현은 반드시 객관적으로 성적이 우수하다는 것을 의미하지 않으며 학생 자신의 교과성적과 수능성적을 상대적으로 비교한 것임에 유념하도록 한다.

3) 진학준비 지도

(1) 학교생활기록부 관리 지도

학교생활기록부 관리 지도는 학생들의 진학준비 지도에서 가장 중요한 서류준비 지도이다. 진로진학상담교사는 학생들이 자신의 학교생활기록부가 어떻게 기술되고 있는지 관리하도록 다음과 같이 지도한다. 첫째, 학생들에게도 학교생활기록부 기재요령을 숙지시켜서 학생부가 어떻게 기록되고 있는지 이해시킨다. 이때 인적사항, 학적사항, 출결상황, 수상경력, 자격증 및 인증 취득상황이 정확하게 기록되었는지 확인하게 한다. 둘째, 학생들은 자신의 진로목표를 고려하며 학교에서 운영하는 교과 및 비교과 활동에 주체적으로 참여하여 자신의 개별 특성이 드러나도록 한다. 셋째, 진로담당교사는 학생들이 진로심리검사나 개별 상담 그리고 정보탐색을 통해 확인된 올바른 정보를 바탕으로 각자의 진로가 합리적 의사결정 과정을 거쳐 선택되었는지 살펴서, 학교생활 기록부의 진로희망의 이유(진로선택의 동기, 계기) 등이 구체적으로 진술되어 학교생활 기록부에 학생의 진로특성이 잘 드러나게 기술되도록 돕고, 이를 확인하도록 지도한다. 넷째, 학생들에게 평소에 교과활동 및 창의적 체험활동에서 자신에게 의미가 있었던 활동들을 다음과 같은 사고과정을 거쳐 스스로 기록하도록 훈련시킨다.

- 무엇을 왜 (도전)하였는지 (동기)
- 하는 동안 힘들거나 어려움은 없었는지 (역경)
- 어려운 점은 어떻게(어떤 마음으로) 극복했는지 (역경극복)
- 그 결과로 무엇을 얻었는지 (결과)
- 그 활동을 통해서 자신이 변한 점은 무엇이고, 무엇을 느꼈는지 (결과 분석 및 방향 제시)

다섯째, 학생들에게 자신들이 스스로 기록해 두었던 내용을 직접 대화나 보고서를 통해 관련 담당교사(교과·동아리·담임교사 등)와 공유하여 교과 담당교사는 교과발달 학습상황의 세부능력 및 특기사항에, 동아리 담당교사는 동아리활동 특기사항에, 담임 교사는 자율활동 및 진로활동 그리고 행동특성 및 종합의견에 잘 반영하였는지 확인하 도록 한다(단, 학교생활기록부는 교사가 작성하는 것임을 분명히 알리고, 자신이 수행한 활동 이 누락되지 않도록 선생님들과 공유하는 과정임을 이해시킨다). 여섯째, 학생들에게 평소에 읽은 책의 제목과 저자 그리고 독후감을 독서활동기록장에 기록해 두거나 담당교사 또 는 교과교사와 그 내용을 공유해서 학교생활기록부 개인별·교과별 독서활동상황에 기 록되도록 한다. 일곱째, 학기마다 학교생활기록부를 마감하기 전에 학교생활기록부를 개인별로 출력하여 읽게 한다. 자신의 활동이 사실에 근거하여 결과뿐만 아니라 과정이 잘 드러나게 제대로 기록되었는지 확인하고, 누락된 사항(특히 개인봉사나 독서활동)이 나 의문사항은 담당교사와 상의하여 정정하도록 지도한다. 이때 창의적 체험활동의 각 영역 활동들이 자신의 진로특성과 관련성이 있는지도 살펴보고, 교과 관련 또는 그 외의 독서활동이 어떻게 이뤄졌는지 살펴서 다음 학기 활동에 반영하도록 한다.

(2) 자기소개서 작성 지도

자기소개서 작성 지도는 진학준비 지도에서 학생들의 학교생활기록부를 보완할 수 있는 중요한 서류 지도이다. 따라서 교사는 학생들이 고교기간 중에 활동한 내용을 표 9-2의 예시와 같이 자기소개서 문항을 사용하여 작성하도록 지도한다.

실제 자기소개서 작성 지도는 학생부종합전형을 지원하는 학생들이 서류를 제출하기 위해 작성할 때 자기소개서 제출자에게 개인적으로 피드백하며 집중적으로 이뤄진다. 이때 진로진학상담교사들은 다음 사항을 고려한다.

① 지원대학의 자기소개서 작성에 관한 유의사항을 충분히 읽게 하여 그 내용을 숙지시킨다.
② 자기소개서 문항을 충분히 이해하고 그 물음에 답하도록 지도한다. 예를 들면 공통문항 1번의 경우, 학업에 기울인 노력만 쓰는 학생이 많은데 학습 경험에서 배우고 느낀 점도 함께 기술하도록 지도한다.

표 9-2 한국대학교육협의회 제시 자기소개서 문항(2020년 기준)

구분	번호	문항 내용
공통 문항	1	고등학교 재학기간 중 학업에 기울인 노력과 학습 경험을 통해 배우고 느낀 점을 중심으로 기술해 주시기 바랍니다(1,000자 이내).
	2	고등학교 재학기간 중 본인이 의미를 두고 노력했던 교내활동(3개 이내)을 통해 배우고 느낀 점을 중심으로 기술해 주시기 바랍니다. 단, 교외 활동 중 학교장의 허락을 받고 참여한 활동은 포함됩니다(1,500자이내).
	3	학교생활 중 배려, 나눔, 갈등 관리등을 실천한 사례를 들고, 그 과정을 통해 배우고 느낀 점을 중심으로 3개 이내로 기술해 주시기 바랍니다(1,000자 이내).
자율 문항	4	지원동기 등 학생을 종합적으로 판단하기 위해 필요한 경우 대학별로 1개의 자율문항을 추가하여 활용(1,000자 내지 1,500자 이내-대학선택).

출처: 대입정보포털 어디가(adiga.kr). 대입정보센터 – 대입전략자료실.

③ 학생이 고등학교 기간을 돌이켜 보며 자신이 했던 학습활동 및 창의적 체험활동을 나열하게 하고, 그 활동과 관련하여 학교생활기록부에서 충분히 표현되지 않은 활동의 동기와 과정, 노력 등 자기 고유의 특성 및 역량이 드러나는 사례를 중심으로 구체적으로 작성하도록 한다. 이때 활동 전후의 일기, 제출한 수행과제나 활동보고서, 독서감상문 등을 참고하도록 한다.

④ 학교생활기록부에서 자신의 진로목표와 관련되었거나 자신의 성장에 특히 의미 있었던 학습활동들을 모아 대학교육을 수행할 학습역량이 준비되었음을 다음 질문들을 통해 성찰하며 구체적으로 기술하도록 지도한다.

- 새로운 지식을 습득하기 위해 자기주도적인 태도로 노력한 적이 있는가?
- 자발적인 성취동기를 가지고 깊게 학습한 경험이 있는가?
- 지식의 폭을 확장하고 새롭게 배운 것을 더 넓고 깊게 확장하기 위해 노력한 사례가 있는가?
- 창의적 결과물을 산출한 적이 있는가?

⑤ 학교생활기록부 내용을 단순히 기술하는 것이 아니라 학교생활기록부에 구체적으로 나타나지 않는 내용, 즉 학생의 숨겨진 특성, 자질, 노력, 의미부여 이유 등을 중심으로 서술하도록 한다.

⑥ 관심 분야와 관련된 활동을 심화시키거나, 다른 활동으로 발전시키고 융합한 사례, 지원학과와 관련되어 활동한 것 중 자신의 관심과 열정을 부각할 수 있는 사례 등을 시작 동기, 활동 과정, 깨달음 등을 중심으로 작성하도록 한다.

⑦ 자발적인 협력을 통해 공통의 과제를 완성한 경험이 있는지, 협력이 부족한 상태에서 다른 사람들을 설득하여 협동을 끌어낸 경험이 있는지, 봉사를 통해 나눔을 실천한 경험이 지속적으로 나타났는지 등에 대해 생각하며 쓰도록 한다.

⑧ 자기소개서는 면접전형에서 진위여부를 평가하는 서류가 되므로 사실에 입각하여 솔직하게 작성하도록 지도한다.

(3) 면접 준비 지도

면접 준비 지도는 학생부종합전형이나 의학 계열, 사범 계열, 경찰대 및 사관학교와 같이 특수목적대의 입학을 희망하는 학생들에게 필요한 준비로서 진로진학상담교사는 입시전형 기간이 되면 학생 개인별로 면접 준비를 시키기도 하고, 여러 명의 교사와 함께 면접준비팀을 구성하여 다음 사항을 고려하여 집중하기도 한다.

① 지원한 대학의 홈페이지에서 기출 면접 문제, 면접 진행 방법 등을 찾아 학생이 충분히 숙지하도록 한다.

② 면접 유형에는 서류기반 면접, 출제문항 면접, 토론 면접 등이 있으므로 각 면접 유형에 맞게 준비시킨다.

③ 서류기반 면접은 학교생활기록부나 자기소개서의 기록내용에 부합한 학생의 긍정적 강점과 자질들을 확인하고 서류와 일치하는 답변을 할 수 있도록 예상 질문과 답변을 만들어 연습시킨다. 예컨대 리더십이 탁월한 학생은 리더십 활동의 의미, 독서활동이 풍부한 학생은 독서기록에 대해 확인하게 하고, 전공적 합성이 우수한 학생은 지원학과와 관련된 활동의 의미를 준비시킨다.

④ 출제문항 면접은 주어진 제시문을 이해하고, 이를 기반으로 자신의 생각이나 경험을 논리적으로 답변하는 과정에서 학생의 논리적 사고력을 확인하는 것이 목적이다. 따라서 출제문항 면접에서 제일 중요한 것은 주어진 제시문을 정확하게 이해하는 것이므로 기출문항을 중심으로 제시문을 정확하게 파악하는 연습을 많이 하도록 한다. 또 특정 주제에 대한 학생의 처음 관점이 교수의 반론 제기로 무너지지 않고 일관성 있게 답할 수 있도록 주지시킨다.

⑤ 사회나 윤리 관련 교과서에서 주요 사회문제를 확인하고, 그 주제들을 다루는 구체적인 사례들을 신문기사나 방송을 통해 수집한 뒤 자신의 입장을 세우도록 한다. 그리고 나서 교과서에 제시된 해결 절차에 따라 자신의 의견을 정립해 보도록 연습시킨다.

⑥ 토론 면접은 기출문제로 출제 유형을 숙지하고 친구들과 토론팀을 구성하여 연습시킨다.

⑦ 도중에 포기하지 않고 끝까지 최선을 다해 성실하게 임하도록 지도한다.

⑧ 전공 면접에 대비하기 위해 지원할 전공학과에서는 무엇을 배우며, 졸업 후 진

로는 어떤지, 타 대학의 동일전공과 비교해 어떤 장점이 있는지 등을 학과 홈페이지나 관련 서적을 통해 미리 준비하도록 한다.

⑨ 지원동기를 포함한 자기소개와 마무리 말에 대해 준비하도록 한다.

3 진학지도 활동 사례

다음에서는 고등학교 교실에서 흔히 만날 수 있는 두 건의 가상 사례를 서술하고 있다. 이 사례들에서는 각 학생별로 주요한 진학 고민의 특징이 서술되어 있으며, 이들의 진학 고민이 교사의 진학지도활동을 통해 어떻게 해결되어 가는지에 대해 구체적으로 제시되어 있다.

사례 1 교과성적은 최우등이지만 대학 전공을 선택하지 못하는 세연이 이야기

■ **사례 특징** 세연이는 도청 소재지가 있는 지방도시에 살며 집 근처의 일반계고등학교에 다니고 있다. 세연이는 앎에 대한 욕구가 크고 독서를 통해 스스로 그 욕구를 채워 가는 것을 즐기는 학생으로 사교육을 전혀 받지 않고도 학교 교육과정을 성실히 이수하여 입학 당시부터 줄곧 전교 1등을 하였다. 전 학년 전 교과 등급이 1등급으로 내신 평균등급이 1.0이었다. 수능모의평가에서도 4영역 모두 1등급이었다. 세연이가 성취한 학업성적은 대학입시에서 어떤 대학, 어떤 학과, 어떤 전형을 선택해도 합격가능성이 높은 상태였다. 학교에서는 세연이가 명문대에 합격해 줄 것을 기대했다. 진로진학상담교사는 서울대학교는 수시전형이 100% 학생부종합전형이기 때문에 세연이가 진로목표를 세우고, 그에 맞는 창의적 체험활동을 적극적으로 하도록 안내했다.

세연이는 학급에서는 부반장을 하며, 영자신문 제작 동아리에 가입하고, 각종 대회에도 적극적으로 참여했다. 학교에서 운영하는 진로캠프에 참여해서는 진로심리검사도 받고, 잡월드나 서울 소재 명문대 탐방프로그램에 참여하는 등 나름 진학준비를 열

심히 했다. 그런데 교사들이 보기에 세연이의 비교과활동 성과에는 눈에 띄는 특장점이 부족했다. 생활기록부를 작성하던 교사들은 세연이의 진로희망이 궁금했다. 하지만 정작 세연이는 진로희망과 이유를 대답하지 못했다. 세연이는 나중에 어떤 직업을 가질지 깊이 생각해 본 적이 없고, 어떤 전공을 택할지 결정할 수 없어서 매일 괴로웠다. 세연이는 고등학교 진학하기 전에는 그 누구에게도 '나중에 뭐하고 살래'를 질문 받지 않았기에 무슨 직업을 갖고 살지를 생각해 본 적이 없었다.

세연이가 자신의 진로문제를 상의하자 부모는 '네가 하고 싶은 일을 해라'라고 세연이가 자신의 진로를 스스로 선택하기를 원했다. 세연이는 부모가 준 기준에 따라 생각해도 자신이 하고 싶은 일이 무엇인지 알지 못해 고민스러웠다. 진로진학상담교사는 그러면 '네가 좋아하는 것을 하라'고 권했는데 자신이 직업으로 삼을 만큼 좋아하는 일도 생각나지 않았다. 진로진학담당교사가 세연이의 진로결정을 돕기 위해 노력했지만 쉽지 않았다.

1학년이 끝나갈 무렵 세연이는 숙고 끝에 철학을 전공하겠다고 했다. 전교 1등하는 학생이 철학을 전공하겠다는 것은 흔치 않아서 그 이야기는 학교에서 곧 이슈가 되었다. 세연이는 '지금은 아무리 생각해도 무슨 일을 직업으로 삼을지 모르겠으며, 앞으로 어떤 직업을 갖든 생각이 있는 사람으로 살고 싶어서' 대학에서는 철학을 전공하고 싶었다. 또 고등학교에서 배운 교과 중에 윤리 교과가 자신에게 잘 맞는 것 같다는 생각도 철학을 전공하려는 데 영향을 주었다. 철학에 대해 정확하게는 모르고, 철학으로 박사학위를 목표로 하게 될지도 모르지만 대학에서는 철학을 전공으로 선택하겠다고 말했다. 부모도 별 이의가 없었다.

그런데 2학년 겨울방학 즈음 세연이는 부모에게서 '철학과는 졸업 후 취업전망이 어둡다'며 의대에 진학하라는 권유를 받았다. 어머니는 세연이의 교과성적으로 인문계 학생이 지원할 수 있는 의과대학 두 곳에 대한 정보를 주었다. 아버지는 철학을 전공한 뒤 직장을 구하지 못한 구체적인 사례를 들며 삶에서 취업이 얼마나 중요한 일인지 설명하였다. 세연이는 부모와 대화를 많이 하는 편이라 자신을 가장 잘 알고 사랑하기 때문에 자신에게 도움이 되는 이야기를 한다는 생각이 들어서 부모의 권유를 거스르기가 힘들었다. 그러나 세연이는 아무리 생각해도 피를 보는 것만으로도 무서워서 의학은 전공할 수가 없을 것 같았고 의사라는 직업을 갖고 싶지도 않았다. 그래서 세연이는 부모에게 의학 공부는 잘할 수 없을 것 같다고 말했다. 그러나 부모는 물러서지 않고 "너는 새로운 지식을 습득하는 능력이 탁월하니까 의학공부도 잘 해낼 것"이라며 진로 변경을 권유하였다.

■ 진학지도 활동 내용 세연이는 최우등학생이기 때문에 학업과 관련해서는 교사들의 별도 지도는 필요하지 않았다. 오히려 세연이에게는 학과 선택과 관련된 의사결정 문제가 주된 고민이었기 때문에 학생부종합전형을 선택할 시에 요구되는 진학준비를 중심으로 다음과 같은 진학지도 활동이 수행되었다.

- 학과 및 학교 선택 지도 전공학과의 선택을 지도하기 위해 진로진학상담교사는 세연이가 철학과의 졸업 후 전망, 철학 전공 학생들에게 요구되는 수학능력 등을 탐색하기 위해 학교와 가까운 지역 대학교의 철학과 교수와 면담하도록 주선했다. 또 윤리교사는 세연이가 가지고 있는 의사 직업에 대한 생각의 폭을 넓혀주기 위해 『죽음의 수용소에서』를 읽고 이야기를 나누자는 과제를 주었다. 동시에 서울대에서 의학을 전공하고 미국에서 철학을 전공하여 현재 서울대 철학과 교수인 ○○○ 교수의 신문기사를 보여 주며 부모가 권하는 의사라는 직업을 무조건 거부하지 말고 자신에게 어울리고 잘할 수 있을지 고민해 보게 했다. 이런 탐색과정을 거친 후 세연이는 아직도 자신이 커서 정확히 무엇이 되고 싶은지 잘 모르기 때문에 철학을 배우고 싶었고, 졸업 후 어떤 일을 하든지 간에 '생각 있는 사람이 되기 위해서'는 철학을 배워야 한다고 생각한다며 철학과를 희망전공으로 택했다. 무엇을 직업으로 하여 살지는 철학과에 진학해서 철학을 배운 뒤에 고민해야 할 문제라고 정리했다.
- 입시전형 선택 지도 희망 전공을 철학과와 의예과로 좁힌 후에 입시전형 선택 지도를 위해 먼저 S대학교의 학교장추천전형을 고려하였다. 특히 지방 소재 일반계고 등학교에 재학하고 있기 때문에 지역균형선발전형이 유리할 것으로 생각하여 교과성적, 학교생활기록부, 자기소개서, 교사추천서, 서류기반 면접 등에 대해 구체적으로 탐색할 수 있도록 지도하였다. 또한, 부모의 요구도 수용하여 문과생도

지원할 수 있는 의과대학의 학생부교과전형도 검토하도록 하였다. 더불어 다른 대학교의 학생부종합전형도 함께 검토하도록 지도하였다.

- **생활기록부 관리 지도** 세연이는 전 교과 및 비교과활동에 적극적으로 참여하고 성적 또한 우수하여 학교생활기록부의 전반에 우수한 학업 역량, 학업 태도가 잘 스며 있다. 한편 대학의 철학전공과 관련이 깊은 교과교사인 윤리교사는 교과시간에 수행과제로 동서양의 고전 독서를 추천하였다. 고전 중에서 마음에 와닿은 문장이 무엇인지, 왜 그것이 마음에 닿았는지 생각나는 자신의 경험들을 구체적으로 적도록 지도하였다. 윤리교사는 학교생활기록부의 교과특기사항과 세부활동 그리고 교과독서 특기사항란에 세연이의 교과·독서활동을 정확하게 기록하기 위해 세연이의 진로희망 이유를 확인하였다. 특히 생활기록부의 진로희망란에 철학과를 선택한 이유를 상세히 기록하도록 하고, 창의적 체험활동이나 교과활동을 통해서 의미 있었던 활동, 교과 세부능력 및 특기사항의 내용을 확인하도록 하였다. 특히 철학전공과 관련이 깊은 윤리와 사상교과에서 지적 호기심이 강하고, 배움 자체를 즐기는 자세를 폭넓은 독서·토론 활동 이력에서 보여 줄 수 있도록 지도하였다.

- **자기소개서 및 면접 지도** 자기소개서는 세연이의 폭넓은 독서이력과 사고과정이 담긴 수행과제보고서, 학업부담이나 인간관계에서 오는 스트레스를 '장자'를 읽으며 다스렸다는 발표자료, 토론활동을 통해 드러낸 논리력, 학급부반장으로서 학습부진아를 도왔던 멘토 역할, 신영복 교수를 롤모델 삼아 사회에 기여하고자 하는 신념 등을 포트폴리오에 담아 작성하였다. 그리하여 철학전공자로서의 준비과정을 드러내고, 지원대학의 인재상에 부합하는 수학능력이 충분함을 피력하게 지도했다. 세연이의 학교생활기록부에서 나타난 평범해 보이는 비교과활동을 구체적 사례 중심으로 서술하여 내성적인 성향의 세연이의 활동이 외향적인 학생의 활동에 묻히지 않게 작성하도록 지도했다. 마지막으로 면접 지도는 3학년 부장교사가 중심이 되어 구성한 면접지도교사들에 의해 다른 면접준비대상자들과 함께 서류기반 면접을 예상질문을 만들어 준비했다. 세연이는 본래 자신이 선택한 일의 이유가 선명하기 때문에 어떤 질문에도 막힘없이 솔직한 이야기를 편안하게

풀어냈다. 세연이는 이상과 같은 다양한 진학지도 활동으로 지원한 학교에 모두 합격했으며 최종적으로는 S대학교 철학과로 결정하였다.

사례 2 가정형편이 어렵고 자기이해와 진로정보가 부족했던 연수 이야기

■ **사례 특징** 연수는 부모의 이혼으로 시골에서 조부모와 함께 사는 경제적 형편이 어려운 학생으로, 진로나 대학 정보가 부족하여 막연히 학비가 저렴한 국립대학에 가는 것이 목표였다. 도시의 고등학교에 입학하면서부터 연수는 학교 진로교육을 통해 여러 가지 대학 입시 정보를 얻을 수 있었고, 창의적 체험활동, 특히 동아리활동이 중요하다는 것을 알게 되었다. 또 진로목표를 빨리 정해서 그에 적합한 동아리활동을 하는 것이 대학 진학에 유리하다는 정보를 들었다. 연수는 우연히 친구들이 하는 이야기와 선배들의 동아리 홍보 내용을 듣고 기자라는 직업에 관심을 가지기 시작했다. 그래서 잠정적으로 자신의 진로 꿈을 '기자'로 정하고 비슷한 꿈을 가진 친구들과 함께 학교신문 제작 동아리에 가입했다. 연수는 동아리 친구들과 함께 여러 신문사의 신문을 읽는게 재미있었다. 조부모와 함께 시골에서 살았던 연수에게 종이 신문을 읽는 경험은 처음이었고, 사람들을 만나 인터뷰하고 그 이야기들을 신문 기사로 작성해 보는 일이 흥미진진했다. 연수는 중학교 때까지만 해도 하교 후에 조부모와 주변 친척 어른들의 따분한 이야기만 듣다가 친구들과 함께 어울리면서 미래의 꿈을 함께 설계하고 대학 진학을 준비하는 고등학교 생활이 무척 즐거웠다. 연수는 학교 생활에 더욱 열성을 보였고, 학교에서 안내하는 진로 프로그램에 적극적으로 참여하였다. 연수는 직업체험 프로그램으로 운영하는 '직업인 면담'을 선택하여 지역방송국을 찾아 기자를 인터뷰하였다. 또 대학교와 연계하는 전공학과 탐색프로그램을 통해 인근 대학교의 신문방송학과에 다녀오면서 기자가 되기 위해 준비해야 할 것 등 전공학과의 교육과정들도 탐색했다. 또 동아리에서는 '학교행사'에 관한 기사를 출판사 직원의 멘토링을 통해 피드백을 받으면서 기사작성법을 연습했다. 3학년이 되자 연수는 그동안 꾸준히 관심을 가졌던 대로 국립대학교의 신문방송학과에 진학하기를 희망했다. 그런데 진로진학상담교사는 연수의 학교생활기록부, 연수가 희망하는 대학의 홈페이지에 있는 작년도 모집결과 분석자료, 그리고 한국대학교육협의회에서 만든 성적분석 프로그램에 연수의 성적을 투

입한 결과들을 보여 주며 해당 대학교의 신문방송학과 진학은 어렵다고 진단했다. 진로진학상담교사는 정시전형의 가, 나, 다 군에 응시할 대학을 결정하기 위해 지난 2년 동안 수행했던 진로활동 포트폴리오를 보며 진로를 재탐색하기로 연수와 합의했다.

■ 진학지도 활동 내용 연수의 진학지도는 진로진학상담교사의 진로상담과 담임교사의 진학지도가 유기적으로 결합되어 이루어졌다.

• 학교 및 학과 선택 지도 먼저 진로진학상담교사는 연수가 기자라는 꿈을 가지게 된 동기와 기자직을 수행할 수 있는 역량을 검토했다. 무엇보다도 연수는 고등학교 1학년 때부터 동아리활동을 꾸준히 적극적으로 수행했고, 기자가 되려는 꿈은 분명했다. 하지만 교사가 판단하기에 연수는 기자가 되기에 필요한 기본적인 학업 역량이 부족하고, 과제수행능력이나 보고서 작성에서 보여 준 논리력이나 사고의 깊이, 문제의 본질적인 핵심을 파악하는 능력이 또래에 비해 출중하지는 않았다. 또한 중학교 때까지 시골에서 조부모 슬하에서 자라 직업세계에 대한 이해나 자기이해가 매우 한정되었던 연수는 도시의 고등학교에 진학하여 신문제작 동아리 활동을 비롯하여 새롭게 경험하는 고등학교 생활 자체가 즐거웠을 가능성이 있다. 그런 경우라면 연수의 학교생활 및 동아리활동의 즐거움과 언론직에 대한 적성 및 흥미와는 별개일 가능성도 있다. 진로진학상담교사는 이러한 가설을 검토하기 위해 먼저 심리검사와 진로성숙도검사 결과를 놓고 연수와 진학상담을 실시하였다. 진로성숙도 검사 결과에는 연수가 일반적인 직업정보가 거의 없고, 관심 있는 부분에만 지속적으로 몰입하지만 진로목표 실현을 위한 구체적인 계획은 부족한 상태라고 설명되어 있었다. 또한 연수의 스트롱 검사 결과는 사회형과 관습형으로 나와 진취형과 부합되는 언론직과는 다소 거리가 있었다. MBTI 검사에서는 ISFJ형으로 나왔는데, 연수는 MBTI 결과가 자신의 성향을 잘 설명한다고 말했다. 실제 연수는 친구들을 따뜻하게 배려하고 성실하고 부지런하며 책임감이 강했다. 어려움에 처한 친구들을 빨리 알아차리고, 그 곁에서 직접 그 친구의 힘든 상황을 들어주고, 문제를 해결하기 위해 교사에게 도움을 청하는 일도 많았다. 그뿐만 아니라 원거리 통학생임에도 불구하고 일찍 등교하여 교실의 창문을 열어

환기시키는 등 책임감이 강했다. 진로진학상담교사는 연수에게는 진취적이고 변화에 기민하고 융통성과 개방적인 성격을 요구하는 언론직보다는 타인을 책임감 있게 돌보는 사회 서비스 직종이 더 적합할지도 모른다고 심리검사 결과를 해석해 주었다. 연수는 자신의 성격특성이나 재능 및 자질에 대한 충분한 탐색이 부족한 상태에서 매력적인 외부 환경의 경험을 무비판적으로 받아들였던 것이다. 이 또한 자기 스스로의 생각을 탐색하기보다는 외부의 영향에 자신을 맞추려는 연수의 성격 특성을 반영하는 것이라고 할 수 있다.

• 입시전형 선택 지도 담임교사는 연수의 내신성적, 비교과활동자료 등을 종합적으로 분석하여, 연수가 신문제작 동아리 활동과 언론 체험활동 등의 비교과 활동 실적은 우수했지만 모의고사성적보다 교과성적이 상당히 낮아서 수시전형은 불리하고 오히려 정시전형이 유리하다고 지도하였다. 이에 진로진학상담교사와 담임교사의 지도를 통해 연수는 오랫동안 관심을 가져온 언론직과 관련된 학과로 신문방송학과나 국문학과에 지원서를 넣으면서 동시에 연수의 성격 유형과 적성에 더 잘 어울리는 사회 서비스 직업군에서 희망 학과를 추가하기로 하고, 사립대 간호학과에도 지원하였다. 그 결과 연수는 지방 국립대학교의 국문학과에도 합격하고, 사립대학 간호학과에도 합격할 수 있었다. 사립대라서 비싼 학비가 고민스러웠지만 국가장학금 등의 학비보조를 받기로 하고 자신의 성격 특성, 재능, 졸업 후 취업 가능성 등을 종합적으로 고려하여 간호학과로 최종적으로 결정하였다. 연수는 현재 지방의 종합병원 간호사로 근무하면서 자신의 직업에 매우 만족하고 있다.

요약

우리나라의 높은 대학 진학률을 고려해 보면 고등학교의 진학지도 활동은 매우 중요한 학생지도 활동이라고 할 수 있다. 고등학교에서 이루어지는 진학지도 활동의 내용은 크게 진학 관련 학생상담, 진학정보의 제공과 활용에 관한 지도, 진학 관련 학부모교육으로 분류할 수 있다. 실제 학교 현장에서 이루어지는 진학지도는 다양한 활동들로 구성되어 있는데, 학생이 자신의 흥미, 적성, 가치관 및 진로목표에 부합하는 진학 희망 학과와 학교를 올바르게 선택할 수 있도록 지도하며, 학생이 학업성적과 생활기록발달 상황에 비추어 합격 가능한 입시전형을 합리적으로 선택할 수 있도록 지도하고, 학교생활기록부 관리, 자기소개서 작성, 면접준비 등에 맞추어 구체적인 진학준비과정을 지도할 필요가 있다. 이러한 진학지도 활동들을 흥미와 적성, 보호자의 의견과 본인의 의지, 학교생활과 진로준비 등 각 학생의 구체적 사정에 맞게 적용함으로써 실질적인 진학지도의 성과를 얻을 수 있다.

생각해 볼 문제

1. 학생이 자신의 특성과 학업 역량을 고려하지 않고 무리한 진학 목표를 고집하는 경우에는 어떻게 지도할 것인가?

2. 학생은 대학 진학을 희망하지만 집안 형편상 졸업 후 바로 진학하기 어려운 상황일 경우에는 어떻게 진학지도를 할 것인가?

3. 학생과 학부모가 진학 방향에 대해 서로 다른 의견을 가지고 있을 경우에 어떻게 이들을 도울 수 있을 것인가?

참고문헌

교육과학기술부(2012). 진로진학상담교사 활동 매뉴얼: 일반고. 교육과학기술부.
교육부(2019). 2019 학교생활기록부기재요령: 중·고등학교. 교육부.
통계청(2019). 2018 한국의 사회지표.

10장

취업상담

안진아

학습목표

1) 고교 취업진로지도의 기본 요소를 살펴본다.

2) 고교 취업유형을 세분화하여, 각 유형별 지도 개입 방안을 살펴본다.

3) 고졸 취업 후 경험할 수 있는 진로장벽에 대한 지도 개입 방안을 살펴본다.

4) 창업에 대한 진로지도 방안을 살펴본다.

대학에 진학한 후 진로를 모색하며 입시를 장려하던 이전 풍토와 다르게, 고교 졸업 후 바로 취업을 선택하는 비율이 점차 증가하고 있다. 이는 대학을 졸업한다 하여도 높은 청년실업률로 고용어려움을 겪는 현실에 대한 재고와 더불어, 고교 단계의 취업 중심 직업교육이나 선취업·후진학 정책을 장려해 온 정부의 정책적 성과로 보인다(김수정, 송성화, 조민경, 2013). 2017년 경제활동인구조사 통계에 따르면, 대졸 이상 학력자의 실업률은 4.0%로, 고졸 학력자 실업률(3.8%) 보다도 높은 것으로 나타났다. 이는 2000년대 실업률 집계를 시작한 이후 대졸 이상 학력 실업률이 고졸 실업률에 비해 처음으로 더 높게 나온 결과로 보고되고 있다(연합뉴스, 2018.01.13.). 또한 고교단계 취업교육을 장려하는 정부 정책이 현실화되면서 특성화고, 마이스터고, 일반고 내 직업반 등 고교단계 내 직업교육이 활성화되었고, 이에 따라 고교 졸업 후 취업률은 증가 추세에 있다.

고교 졸업 후 취업을 희망하는 학생들은 더욱 증가할 것으로 예측되며, 따라서 이 학생들에 대해 적절한 진로지도 및 취업지원을 하는 것이 진로진학상담교사의 또 다른 주요 역량으로 고려된다. 실제로 취업에 대한 고민으로 진로상담을 신청한 학생들 중 주로 진학정보만을 얻고 취업 정보가 부족한 것을 아쉬움으로 언급한 경우가 있었다. 따라서 이 장에서는 고등학생 시기 취업을 고려하는 학생들을 대상으로 어떠한 진로상담 및 지도를 할 수 있을지 논의하고자 한다. 먼저, 취업을 희망하는 고등학생들을 위한 일반적인 진로지도안을 제시할 것이다. 그다음으로는 심층 취업지도 상담을 위해 취업 관련 진로의사결정 단계별 개입 방안 및 취업 유형별 진로지도 방안을 논의할 것이다.

　　고등학교 졸업 후 취업을 고려할 시에는, 고등학교 재학 중인 1~3년 내에 취업을 위한 준비 과정을 거쳐 취업을 하게 된다. 즉, 고교 재학 동안 교과과정을 이수함과 동시에 직업교육과 취업준비를 병행해야 하므로, 장단기 진로설계가 빠르게 이뤄져야 한다. 따라서 고교 졸업 후 취업을 하는 진로가 어떤 식으로 전개되는지 학생들이 일반적인 진로발달 경로를 이해하고, 이에 맞춰 중장기 진로계획을 설계해 보는 것이 일반적인 취업상담이 될 것이다. 동시에, 이러한 향후 계획을 성공적으로 이행하기 위해 남은 고등학교 기간을 어떻게 활용할지에 대한 전략 수립이 필요하다. 다음 그림 10-1은 특성화고와 마이스터고등학교를 졸업한 후 진로발달 경로를 제시하고 있다. 이 그림을 가지고 취업 후 1~3년, 4~6년 등 취업 후의 삶을 현실감 있게 계획하고 그려보는 시간을 가질 수 있을 것이다.

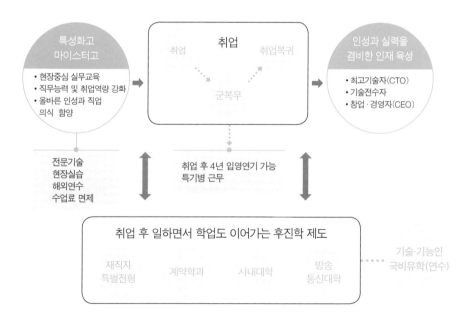

그림 10-1 특성화고 · 마이스터고 학생의 성장경로
출처: 교육부, 한국직업능력개발원(2018).

졸업 후 진로를 구체적으로 설계해 보는 시도는 막연한 미래를 좀 더 현실적으로 체감하는 기회가 될 수 있을 것이다. 다음 활동지 1을 작성하며 취업이라는 과업을 좀 더 생생하게 느끼며, 앞으로 남은 고등학교 기간은 어떻게 보낼지 계획해 볼 수 있다. 또한 취업을 위한 계획과 전략 수립의 필요성을 이해하는 데 동기 부여가 될 것이다.

활동지 1 **미래 진로설계 후 고등학교 생활 계획 및 전략 수립하기**

희망 취업 분야/직장				
	취업 직후~1년 (나이:)	2년 차 (나이:)	3년 차 (나이:)	취업 5년 후 (나이:)
취업 후 단기 진로 계획				
취업을 위한 준비	(예: 지원서류 작성, 필수/필요 자격증, 교육이수, 현장실습, 포트폴리오 작성, 면접 준비 등)			
	1학년 목표	2학년 목표	3학년 목표	
나의 고등학교 생활은?	1학기: 여름방학: 2학기: 겨울방학:	1학기: 여름방학: 2학기: 겨울방학:	1학기: 여름방학: 2학기: 겨울방학:	

취업상담을 한 때는 먼저 취업 관련 의사결정을 검토하고, 취업 희망 동기에 따라 유형별로 구체적인 진로지도를 해야 한다.

1) 취업 관련 의사결정 단계

고교 졸업 후 취업을 하고자 하는 학생을 대상으로 교사는 어떤 진로지도 및 진로상담을 할 수 있을까? 먼저, 졸업 후 취업 결정을 내리게 된 배경 및 동기를 파악하고, 이 의사결정의 타당성을 함께 점검하는 작업부터 시작할 수 있다. 다음과 같은 질문들이 취업 의사결정을 어떻게 하게 되었는지 과정을 탐색하는 데 사용될 수 있을 것이다.

① 취업을 결정하게 된 주요 동기 및 이유
- 어떤 이유(계기)로 취업을 결심하게 되었는가?
- 고교 입학할 때부터 취업을 고려하였는가? 그 이유는?
- 고교 재학 도중 취업하기로 결정하였다면 고교 입학 당시의 미래 계획은 무엇이었고, 지금 이 결정으로 바꾸게 된 이유는 무엇인가?
- 어떤 분야로 취업을 생각하고 있는가? 이 분야를 정한 이유는? 이 분야가 본인의 흥미·적성·일 가치를 고려할 때 얼마나 잘 맞는가?

② 취업 결정에 대한 확신 정도
- 취업 결정의 확신 수준은 어느 정도(0~100)? 확고한 수준의 결정인지 아니면 50% 이하로 수준인가? 확신이 높은 수준이라면 그 이유는?

- 확신이 낮은 수준이라면 그 이유는? 취업에 대한 확신이 낮음에도 취업을 고려하고 있는 이유는?
- 취업 결정과 관련하여 염려, 고민, 우려가 되는 부분이 있는가?

③ 취업과 관련된 미래 계획
- 취업을 위한 현재 단기 계획은 무엇인가?
- 취업이 된 후 2~3년간 향후 단기 계획은 무엇인가?
- 취업 후 진로와 관련된 중장기 계획은 무엇인가?

④ 취업과 관련된 준비행동
- 현재 졸업 후 취업을 위해 어떤 것들을 준비하고 있는가?
- 원하는 분야 취업을 위해, 실제로 모집공고, 구인공고, 원하는 기관의 채용공고를 알아보았는가?
- 원하는 분야 취업을 위해 필요한 지원 자격 요건을 잘 알고 있는가?
  실제 자격 요건을 갖추기 위해 현재 어떤 노력과 준비를 하고 있는가?
  구체적으로 지원 서류 준비, 직무 경험, 교육 이수, 자격증 취득, 직업훈련 등을 하고 있는가?

⑤ 취업 결정에 대한 가족과 주변의 지지 및 지원
- 진학이 아닌 취업 선택에 부모님 포함 가족들은 동의하였는가?
- 취업 결정에 대한 부모님의 지지와 지원 정도는 어떠한가?
- 취업을 준비하는 과정에 실질적인 정보나 채용준비를 도와줄 수 있는 선배 혹은 지인이 있는가?

이러한 질문들을 통해 취업을 결정하게 된 주요 동기와 이유, 취업결정에 대한 확신 정도, 취업과 관련된 미래 계획 및 준비행동 수준을 점검할 수 있다. 즉, 취업에 대한 동기가 타당하고, 이 결정에 확신이 있고, 주변 가족의 지지를 받고 있고, 실제 취업에 필요한 자원·역량을 갖추고 있다면, 주체적으로 진로의사결정을 내리고 진로과업을 잘 수행하고 있는 경우로 볼 수 있을 것이다. 따라서 그다음으로 학생이 필요로 하거나 원하는 상담 주제를 탐색하고, 취업 관련 정보를 더 얻을 수 있는 방안을 논의하거나, 취업 관련 지원 제도, 정보의 연계가 후속 작업이 될 수 있을 것이다. 또한, 취업과 관련된 의사결정 과정이 타당하다 하더라도 취업준비 과정의 어려움, 미해결 과제, 장벽 등을 추가적으로 논의할 수 있을 것이다.

그러나 위의 질문들 중 대답이 막히거나 답변하기 어려운 문항이 있다면, 이에 대한 해결책을 모색하며 취업과 관련된 의사결정 과정 전반을 점검하는 과정이 필요하다. 예를 들어 취업을 하고자 하는 확실한 동기가 없거나, 취업은 계획하고 있으나 그에 상응하는 취업준비행동이 이뤄지지 않을 수 있다. 혹은 취업 이외 다른 진로대안도 함께 고려하며 취업 결정에 대한 확신수준이 낮거나, 취업 희망 분야가 흥미·적성과 불일치하는 등 다양한 어려움이 있을 수 있다. 가장 큰 어려움을 파악하고 필요에 따라 의사결정을 수정·보완하도록 진로의사결정 과정을 점검하는 작업이 진행될 필요가 있다. 이에 다음 절에는 먼저 학생의 취업 동기 및 이유를 파악하는 것부터 시작하여, 각 유형별 진로상담 개입 방안을 소개할 것이다.

2) 각 유형별 취업 관련 진로지도

이 절에서는 학생들이 취업을 희망하는 동기를 유형별로 분류하고, 각 유형별 상담교사의 개입 방안을 논의하고자 한다. 고교 졸업 후 취업하고자 하는 학생들의 동기는 다음과 같이 분류해 볼 수 있다.

표 10-1 고교 졸업 후 취업 유형

취업 희망 주요 동기	내용
경제적 이유·자립 등의 이유로 일단 취업 희망	• 당장 생계유지를 위해 경제활동을 해야 하는 경우 • 자립·독립이 시급한 경우
선취업·후진학을 고려	• 관련 일 경험과 직무 경험을 먼저 쌓고 필요한 경우 진학을 고려하는 경우 • 일을 하며 학위과정 병행이 가능한 경우

진학에 대한 낮은 관심 또는 자신감 저하로 취업을 희망	• 진학에 대한 동기 및 필요성 인식이 낮은 경우 • 진학보다 취업이 더 가능성이 높다고 지각한 경우 • 진로설계과정에 관심이나 흥미가 없어서 심사숙고하지 않고 결정한 경우
희망 진로가 진학과 무관하며 바로 취업이 가능	• 관심 있는 진로분야가 실제적 일 경험, 현장 직무 경험을 더 중요시하는 경우 • 관심 있는 진로분야가 굳이 진학이 필요치 않은 경우
창업 혹은 가업을 이어받기로 결정	• 자신만의 아이디어가 구체적으로 있고 이를 토대로 사업을 구상하는 경우 • 부모님의 직업을 바로 물려받고자 하는 경우

각 유형별로 취업상담 담당교사는 어떤 진로지도 및 진로상담을 실시할 수 있겠는가?

(1) 경제적 이유·자립 등으로 일단 취업을 희망하는 경우

먼저, 고등학교 졸업 후 생계를 책임져야 하거나 자립을 해야 하는 경우 학생들은 진학보다는 취업을 먼저 고려할 수 있을 것이다. 이는 진로를 결정하는 데 내적 요인보다 경제 사정과 같은 외적 요인이 더 시급하게 작용하는 경우이다. 이에 대해 외적 요인의 영향력은 인정하면서도 진로선택 및 결정과 관련된 내적 주체성은 계속 유지해 나갈 수 있도록 도와주어야 한다. 즉, 외적 요인의 영향력에 압도되거나 수동적으로 따르기보다는 (예: "지금 상황에서는 어쩔 수 없이 취업해야 해요. 당장 돈을 벌어야 하니 취업해야죠.") 진로설계과정에서 주체성이 손상되지 않도록 개입할 수 있을 것이다. 예를 들어, 취업이 불가피하다 하더라도 내적 요인인 흥미, 적성, 일 가치관이 최대한 반영되는 분야를 잘 찾을 수 있도록 직업탐색을 촉진하거나, 현실적 여유가 생기면 궁극적으로 하고 싶은 일은 무엇인지 탐색하며 진로설계는 계속 이어지는 진행형 과제임을 상기시킬 수 있을 것이다. 이와 관련하여 취업사관학교, Hi(고졸청년 취업지원) 프로그램 혹은 내일이룸학교(학교밖청소년 해당) 등과 같은 외부 취업 프로그램을 활용하되, 내적 진로역량을 탐색하여 원하는 곳에 취업이 이뤄지도록 지원할 수 있을 것이다.

최근 제안된 진로이론들에서도 경제적 제약은 진로의사결정 및 진로발달에 지대한 영향을 미치는 변인이긴 하나, 이 경제적 어려움이 진로에 미치는 영향력은 개인내적 요인(개방적·외향적 태도, 낙관성, 외부 자원의 적극적 활용, 인적 네트워크 활용 등)에 따라 달라질 수 있음을 제안하고 있다(Duffy, Blustein, Diemer, & Autin, 2016). 따라서 지금으로선 외부 제약을 인정하는 것이 불가피하나, 자신은 어떤 성격적 강점이 있는지, 희망 진로를 서서히 달성해 나가는 데 이러한 강점들을 어떻게 활용할 수 있는지 탐색해 볼 수 있을 것이다. 요약하자면, 외부 제약을 인정하면서도 동시에 진로선택과정에서 주도성과 주체성을 지지하는 상담 개입이 필요할 것이다.

(2) 선취업·후진학을 고려하는 경우

선취업·후진학 제도는 먼저 취업을 하여 현장 실무 경험을 바탕으로 지속적인 경력 개발을 이룰 수 있도록 일과 학습을 병행하는 제도이다. 이 대안을 고려하는 학생들은 실제로 취업과 진학을 동등한 비중으로 고려하거나, 취업과 진학에 모두 관심이 있다고 볼 수 있다. 우리나라 또한 선취업·후진학과 관련한 다양한 제도를 실시하고 있는데, 다양한 선취업·후진학 제도 중에 어떤 것이 이 학생에게 가장 적합할지 탐색해 볼 수 있을 것이다. 관련 제도는 표 10-2와 같다.

표 10-2 선취업·후진학 제도

제도 유형	세부 설명
재직자 특별전형	특성화·마이스터고 졸업 후 3년 이상 산업체 근무경력을 가진 재직자가 대학(정원외 특별전형)에 입학한 후 일과 학업을 병행
사내대학	산업체가 소속 재직자의 교육을 위해 직접 사내에 학교를 운영하여 학위(전문학사, 학사)를 부여. 관련 학위는 2년제 전문대학 과정, 2년제 학사학위과정, 4년제 학사학위과정 등이 있을 수 있다.
계약학과	산업체의 특별한 교육과정 요구에 따라 대학에서 설치 운영하는 학과 • 재교육형: 산업체 소속직원의 재교육, 직무능력 향상 • 채용조건형: 산업체들이 채용을 조건으로 학자금 지원계약을 체결하고 특별한 교육과정 운영
방송통신대	고등학교 졸업자를 대상으로 전공학부, 유연한 학사관리, 장학금 지원을 통해 고졸 재직자 대상의 후학습 기회 확대
사이버대학	PC와 스마트폰 등 정보통신을 활용하여 재직자에게 최적화된 실무중심의 교육 기회 제공
학점은행제	학교 밖에서 이뤄지는 다양한 형태의 학습·자격을 학점으로 인정하고, 학점이 누적되어 일정 기준을 충족할 시 학위를 취득하게 되는 과정

출처 : 특성화고·마이스터고 포털 하이파이브(www.hifive.go.kr)

위와 같은 제도적 지원들을 탐색함과 동시에 선취업·후진학을 고려하게 된 심리적 요인과 준비도 또한 논의하는 시간을 가질 수 있다. 예를 들어, 취업과 진학 중 취업을 먼저 선택한 확실한 이유는 무엇인지? 이 선택은 선진학·후취업 대안과 비교해 봤을 때 어떤 장점과 단점이 있는지? 선취업·후진학을 실제 수행한다고 했을 때 예상되는 현실적 어려움은? 이러한 현실적 어려움이나 염려는 어떻게 해결할 수 있을지? 등등의 질문들을 학생과 탐색해 볼 수 있을 것이다. 실제로, 선취업·후진학이 본인에게 가장 적절하다고 진로결정을 하였으나, 고졸 취업에 대한 사회적 편견이나 부당한 대우, 향후 학업을 병행할 수 있을지에 대한 자신감 부족을 토로하는 학생들도 상당수 있다. 선취업·후진학을 선택하였으나, 한편으로 위와 같은 고민을 토로하는 학생들과 어떻게 상담을 할 수 있을까? 먼저, 이러한 문제들을 미리 염두에 두고 고민하는 자세는 현실적으로 일어날 수 있는 장벽을 회피하거나 무시하지 않고 결정을 내리기 전에 충분히 점검하는 긍정적인 진로태도로 볼 수 있다. 진로장벽은 장벽이 있음을 확인하는 것에 의의가 있는 것이 아니라, 장벽을 확인하고 이에 좀 더 유연하게 혹은 좀 더 건설적으로 대처할 수 있는 탄력성을 함양하는 데 의의가 있다. 따라서 학생들의 염려가 실제로 일어남 직한 고민이라면, 이 가능성을 인정하고 이를 고려하여 의사결정 과정을 다시 시도하거나, 이런 일이 실제로 일어났을 때 취할 만한 건설적인 대처방안을 다음에서 제시된 질문들을 활용하여 같이 논의할 수 있을 것이다. 취업 후 적응과정에 대한 준비와 진로지도는 추후 다시 다룰 것이다.

선취업·후진학을 고려하는 학생을 위한 개입 방안

- 선취업·후진학과 선진학·후취업의 장단점을 각각 써 보고 비교하기
- 취업과 진학에 대한 결정을 내리기 위해 필요한 정보가 무엇인지 확인하고 찾아보기
- 선취업을 하기로 결정했을 때 가장 문제가 되는 어려움을 정리하고 대처방안 다루기
- 선취업·후진학을 한 선배, 지인, 이웃이 있는지 확인하고 실제 경험에 대한 자문 요청하기

"그냥요. 지금 공부한다고 해서 좋은 대학에 잘 갈 것 같지도 않고. 취업이나 하려고요."

"지금 내신도 별로이고, 어설프게 대학 갔다가 시간 낭비, 돈 낭비하느니 그냥 일찍 취업하는 게 나을 거 같아요. 어차피 대학 가도 취업도 안 된다는데…."

"전 공부는 영 아닌 것 같아요. 딱히 뭘 하고 싶은지도 모르겠고. 부모님은 차라리 기술을 배우거나 취업하라고 하세요."

위와 같이 말하는 학생들에게서 발견되는 공통점이 무엇인가? 진로선택과정에서 본인이 주체적으로 원하는 것을 우선적으로 고려해 선택하기보다는 안 맞거나 자신 없는 것을 제외하고 남는 것을 선택한다는 점이다. 즉, 취업을 정말 원하고 취업에 대한 동기와 의사가 있어서 취업이라는 진로결정을 했다기보다는 여의치 않은 다른 것들을 제외하고 남는 대안을 수동적으로 취한다는 점이다. 이처럼 취업을 희망하는 일부 학생들 가운데에는 진학이 여의치 않거나, 진학에 자신이 없어서, 혹은 진로에 대한 관심이 낮은 상태에서 '하기 쉬운 아무 분야'로 취업을 생각하는 학생들이 있을 수 있다. 이러한 경우 교사는 어떤 지도를 할 수 있는가?

먼저, 최상의 대안이 아닌 수동적으로 남는 대안으로 취업을 선택하는 경향성이 관찰될 경우, 이 학생의 의사결정 방식이 어떠한지 먼저 확인해야 할 것이다. 그동안 살아오면서 중요한 의사결정을 어떤 방식으로 해 왔는지, 자기주도적이기보다는 타인 의존적이거나 수동적인 의사결정을 반복적으로 하지 않았는지, 다른 의사결정을 할 때도 우유부단하거나 결정을 잘하지 못하는 성향이 있는지 등을 탐색할 수 있을 것이다.

의존적이거나 수동적인 태도로 결정 상황을 유보하거나, 남은 대안을 취하는 경향성이 있을 경우, 스스로 자신의 의사결정 습관을 돌아보도록 하고, 이 의사결정이 '본인'을 위한 것임을 환기하는 과정을 가질 수 있다. 그 연습의 일환으로, 의사결정 과정에 '나'를 포함시키는 훈련을 함께 해 볼 수 있을 것이다. 예를 들어, '나는 ~을 가장 원한다. ~이 여의치 않아도 나는 ~을 선택한다. 다 좋지만 나는 ~이 가장 괜찮다고 생각한다.' 등 주어에 자신을 위치시킴으로써 자신이 가장 원하고 선택하는 바를 명명하는 훈련을 해 볼 수 있다. 처음에는 쉽게 호불호를 말할 수 있는 사소한 주제, 예를 들어 좋아하는 취미·취향부터 시작하여 점점 진로와 관련된 대안들 가운데 자신이 원하거나 관심 있는 바를 표현하고 선택하는 진로탐색 훈련으로 진행할 수 있을 것이다.

또한 취업을 희망하긴 하나 취업에 대한 동기와 흥미·계획이 분명하지 않으며, '취업이 되는 쪽으로 아무거나'를 말하는 경우에도 주체적인 진로탐색을 독려할 필요가 있다. 이 경우 자기이해, 직업세계 이해, 정보 수집, 타당한 의사결정 훈련, 진로준비행동 시도로 이어지는 진로상담 전반의 과정을 심층적으로 이행하도록 도울 필요가 있다. 우리 사회 내 고졸 취업률이 증가추세이긴 하나, 취업 후 고졸 청년들의 직업사회 적응 및 경력 관리와 관련해서는 어려운 점이 계속 보고되고 있다. 고졸 청년들의 첫 직장 근속기간은 다른 학력집단에 비해 짧은 편이고, 취업과 실업, 비경제활동 상태가 자주 반복되며 일자리의 질이 열악한 방향으로 재취업이 이뤄진다는 점, 동일 직종 내 이직 비율이 높지 않다는 점 등이 지적되고 있다(김성남, 하재영, 2018; 김안국, 신동준, 2006; 윤형한, 신동준, 2012). 이는 특정 직업(job)에 취업을 했다·못했다라는 취업 유무만을 중시할 것이 아니라, 고등학교 시기 자신의 전 생애 진로(career)를 시작한다는 관점에서 체계적인 진로준비 및 신중한 취업 분야 선택이 이뤄져야 함을 시사한다. 자기이해부터 시작하여 충분한 직업세계 탐색을 거쳐 만족스러운 직업대안들을 추리고, 이상적인 분야 내 취업을 할 수 있도록 교사가 조력할 필요가 있다. 그래서 취업 후 부적응, 중도 이탈, 경력단절과 그로 인한 경력 쇠퇴 등의 문제를 줄일 수 있을 것이다. 따라서 취업 결정을 '아무 데나 되는 곳'으로 정하고 진로준비가 충분하지 않은 경우, 전 생애 진로의 첫 단추인 입직의 중요성을 설명하고 좀 더 진지하게 진로탐색 과정을 거칠 것을 독려해야 하겠다.

(4) 희망진로가 진학과 상관없는 경우

학생이 희망하는 직종 및 직업에서 진학보다는 숙련된 기술과 실무 역량을 더 요구할 수 있다. 이 때는 진학보다도 취업이 더 실무경력을 갖추는 데 유리한 진로선택이 될 수 있다. 이 경우 학생이 가장 희망하는 분야와 기관에 취업할 수 있도록 취업준비 과정을 교사가 도와줄 수 있다. 먼저, 교사는 학생이 어느 기관 혹은 회사로 취업을 희망하는지 탐색하고 그곳에 취업하기 위해 갖추어야 할 자격요건을 확인하는 것부터 시작할 수 있다. 또한, 원하는 기관으로 취업하기 위해서 남은 고등학교 기간 동안 어떻게 취업 역량을 강화할지를 논의하고 준비할 수 있다. 예를 들어, 실무경쟁력을 갖추는 데 도움이 되는 자격증을 취득하거나, 관련 교육을 수료하거나, 혹은 인턴·업무보조·단기근로 등의 직업체험 기회를 장려할 수 있을 것이다.

(5) 창업을 희망하는 경우

학생들 중에는 자신이 가진 사업 아이디어로 창업을 하거나 자신만의 사업을 구상하는 경우도 있을 것이다. 4차 산업혁명 시대에 진입하여 개인이 가진 아이디어와 아이템 그리고 이를 사업으로 실현화할 수 있는 창업능력은 미래에 필요한 진로역량으로 간주되고 있다. 실제로 이를 반영하여 중고교 진로수업 내에서 창업 준비·창업 역량을 도모하는 진로 프로그램이 구체적으로 다뤄지고 있다. 개인이 자신만의 일을 창출하고, 이로써 사회적 기여를 할 수 있음은 창업의 매력적인 요소이다. 이에는 개인이 업무 관련 인프라 구축, 기획, 생산, 판매, 유통 등을 전적으로 총괄해야 한다는 점에서 창업의 장점에 상응하는 높은 위험도 뒤따른다. 창업을 희망하는 학생을 상담하는 교사 또한 이러한 위험감수와 관련하여 진로지도에 부담감을 느낄 수 있다. 그 경우, 창업을 지지한다·반대한다 혹은 창업을 할지말지 결정하는 '선택'에 상담의 초점이 맞춰질 수도 있다. 그러나 창업 관련 진로탐색을 학생이 충분히 할 수 있도록 그 과정을 지원하는 접근을 고려해야 할 것이다. 창업역량 계발 및 창업 준비와 관련된 진로지도는 추후 다시 논의할 것이다.

3) 취업 후 적응을 위한 지도

고교 졸업 후 취업에 성공하였다 하더라도 이후 직업생활에 대한 적응과 진로설계는 여전히 숙제로 남아 있다. 실제로, 고졸 취업률은 높으나 고졸 취업자로서 직업생활을 시작하는 데는 한계와 제약 또한 있다. 앞서 간략히 언급한 것처럼 고졸 취업자가 입직하게 되는 일자리의 질적 문제(낮은 임금 수준과 임금 격차, 비정규직 근무형태 및 고용 불안정성, 열악한 근무환경, 장시간 근무와 높은 업무강도), 장기적 관점에서 경력 개발 및 진로설계 지원 미흡, 기업 내 고졸 취업자에 대한 차별적 대우 및 인사관리 체계의 열악함, 고졸 학력에 대한 사회의 부정적 인식 등이 어려움으로 제시되고 있다(김성남, 하재영, 2018). 따라서 진로진학상담교사는 취업준비단계와 관련된 진로지도뿐만 아니라, 취업 이후 직업생활 적응, 취업 후 경력관리계획, 고졸 취업과 관련된 진로장벽을 미리 생각해 보도록 하고, 이에 대한 대처방안을 논의해야 할 것이다.

김성남과 하재영(2018)은 고졸 취업자가 입직 후 30세가 될 때까지 노동시장 내 어떤 경로를 거쳤는지 알아보고자 2002년부터 2012년까지 총 10년간 고용패널자료를 분석하였다. 그 결과 안정적으로 정규직을 지속하고 있는 비율이 전체 남성 고졸 취업자 중에서는 34.7%, 전체 여성 고졸 취업자 중에서는 31.3%로 나타났다. 또한 여성 고졸 취업자가 남성 고졸 취업자보다 실업 및 비경제활동 상태가 경력단절 경우까지 포함하여 더 높은 것으로 나타났다. 또한 남성 집단에게만 나타나는 유형으로 창업형, 여성 집단에게만 나타나는 유형으로 후진학형이 보고되었다.

이는 취업 후에도 진로변경이 다양하게 나타날 수 있다는 것과 안정적으로 정규직을 지속하는 빈도가 남자와 여자 모두 1/3 정도임을 보여 주는 최신 결과이다. 따라서 고교 졸업 후 취업을 고려하는 학생들에게 취업 성공뿐만 아니라 입직 후에도 경력과 경쟁력을 발전시키기 위한 전략이 필요하며, 진로를 위한 투자를 지속해야 한다고 안내할 필요가 있다. 취업 후에도 건강한 진로발달을 지속하도록 하기 위해서는, 입직 후 부딪힐 수 있는 장벽에 대해 충분히 생각해 보고 이에 대한 대응전략을 수립하는 진로지도 또한 이뤄져야 한다. 고졸 취업과 관련된 진로장벽, 취업 후 적응과정에서 겪을 수 있는 어려움에 대한 대응전략은 다음 활동지 2를 참고하여 다룰 수 있을 것이다.

나의 소중한 첫 직장! 그런데 이것이 걱정된다.

고졸 취업과 관련된 장벽들	이 장벽이 내게 주는 스트레스(0-10 기준)	이렇게 하면 되지! (나의 대응 전략 혹은 도움 청할 수 있는 기관·사람)
"고졸이야? 고등학교만 졸업했네"라고 말하는 주변 혹은 회사 사람들		
"왜 일은 똑같이 하는데, 대학 졸업한 사람은 나보다 월급을 더 많이 받거나 더 빨리 승진하지?"		
"어렵게 취업은 했는데, 막상 일해 보니 나랑 맞지 않는 것 같아."		
"좋은 곳에 잘 취업한 것 같긴 한데, 여기 오래 다니진 못할 것 같아. 다른 곳으로 이직하고 싶은데."		
"밖에서 보기에는 좋아 보였는데, 막상 일하다 보니 근무환경이 너무 열악한 것 같아. 이게 바로 노동력 착취인가?"		
"나도 다른 친구들처럼 대학 생활 해 보고 싶다."		
기타 1		
기타 2		

- '고졸 취업과 관련된 장벽들' 칸에 본인이 졸업 후 일을 하며 겪을 수도 있을 것 같은 어려움을 적도록 한다. 학생이 예상되는 장벽에 대해 잘 적지 못할 경우, 위에 제시된 예시를 활용할 수 있다.
- 각 장벽이 10점 만점으로 본인에게 얼마나 스트레스가 될지 점수를 매겨보도록 한다(점수가 높을수록 힘들고 스트레스가 되는 장벽).
- 학생이 어떤 장벽을 제일 두렵고 힘들게 생각하는지, 그리고 현실적으로 일어남 직한 장벽인지, 학생의 과도한 우려인지 교사가 객관적인 탐색을 도모한다. 또한, 고교 졸업 후 취업했을 경우, 무엇에 대해 가장 걱정하는지 그 진로 고민을 탐색한다.
- 각각의 장벽에 대해 어떻게 대처할 수 있는지 대처 방안을 탐색한다. 본인 스스로 취할 수 있는 노력과, 외부에 도움을 받을 수 있는 기관(노동 상담을 받을 수 있는 노동청, 지자체 고용복지센터, 인력개발센터 등), 각각의 장벽을 극복하는 데 필요한 지원, 지원과 지지를 받을 수 있는 방안 등을 적어 본다.

3 창업 지도

이 절에서는 창업과 창업자라는 개념을 학생들과 어떻게 나눌 수 있는지, 본격적인 창업에 앞서 창업역량을 훈련할 수 있는 유사진로활동을 교사가 연계하는 방안을 살펴볼 것이다. 이 내용들 가운데 해당 학생에게 가장 필요한 내용을 일부 발췌하거나, 이를 토대로 교사가 창업역량 강화 진로 프로그램을 기획할 수도 있을 것이다.

1) 창업 기본 요소 및 창업자로서 자질 검토

창업은 기본적으로 창업자, 자본, 사업 아이디어라는 3요소를 중심으로 실현된다. 따라서 먼저 창업에 관심을 가지는 학생의 경우, 이러한 기본 3요소가 얼마나 갖춰져 있는지 스스로 점검하도록 하는 것을 시작으로 이 학생이 창업을 무엇이라 생각하며, 얼마나 준비되어 있는지 등을 탐색해 볼 수 있을 것이다. 탐색 질문의 예시는 표 10-3과 같다.

표 10-3 창업의 기본 3요소와 탐색 질문 예시

기본 요소	탐색 질문 예시
창업자	• 주된 창업자는 누구인가? 단독인가 공동인가? • 창업자로서 본인은 어떻다고 생각하는가? • 창업을 하는 과정에서 본인의 성격적 장단점은 무엇이라 생각하는가? • 창업자의 자질을 검토할 때, 나의 창업자 자질은 어떠한가? • 창업자 자질 중 앞으로 더 향상·계발할 필요가 있어 보이는 자질은? 이러한 자질을 향상시키기 위해 무엇이 도움이 될 수 있을까?
창업 자본	• 창업 비용은 어느 정도로 추정하는가? 그 산출근거가 타당한가? • 창업과 관련된 초기 비용 및 유지에 필요한 모든 비용이라 할 수 있는 초기 투자자금은 어느 정도로 추정하는가? 그 산출 근거가 타당한가? • 이러한 창업 자본은 어느 정도 마련이 되어 있으며, 앞으로 어떻게 마련할 수 있는가? 자본 마련 계획이 타당한가? • 이러한 창업을 통해 어느 정도의 소득을 얻을 수 있다고 추정하는가? 추정소득 대비 투자 비용의 비율은 타당한가?
사업 아이디어	• 어떤 사업 아이템을 가지고 있는가? • 이 사업 아이템에는 어떤 측면에서 상업적 가치가 있는가? • 이 사업 아이템의 현실적 실현 가능성은? • 실제로 이 사업 아이템과 유사한 아이템은 무엇이며, 이것은 현재 시장에서 어떤 상업적 가치를 가진 것으로 판단되는가? • 이 사업 아이템의 희소 가치는 어느 정도인가? (현재 상용화된 시장에 존재하는 유사한 아이템이 있는가? 그 아이템들과 어떻게 차별화되는가?) • 현재 이 사업 아이템은 어느 정도로 구체화되어 있는가? • 이 사업 아이템이 실현 가능성이 있는지, 창업하기에 충분히 구체화되었는지에 대해 사업적 조언을 해 줄 수 있는 사람이 있는가?

출처 : 교육부, 한국직업능력개발원(2017).

2) 창업과 관련된 진로계획 세우기

창업은 개인이 자신의 사업 아이템이나 사업장을 독자적으로 만들고 운영한다는 면에서 일반 구직절차와 상이한 과정을 거친다. 창업의 일반적 절차는 그림 10-2와 같다.

창업과 관련된 일반적인 절차를 따라 현실성 있는 사업 계획서를 작성하는 것이

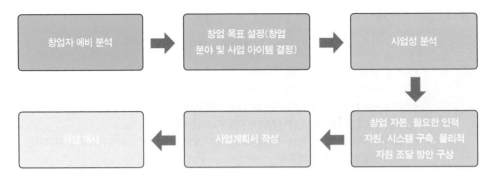

그림 10-2 창업의 일반적 절차

출처: 교육부, 한국직업능력개발원(2017).

궁극적인 목적이 될 것이다. 창업을 고려하는 경우, 자신의 창업 아이디어 및 아이템을 실제로 상용화할 수 있는 역량이 중요하다. 이러한 역량은 위 절차를 거치며 충분한 시장 조사, 사전 평가, 계획서 작성 과정을 반복하는 과정에서 확인되고 계발될 수 있을 것이다.

표 10-4는 창업 아이템을 선정하고 사업화 가능성을 검토하는 작업, 그리고 구체적인 실행계획을 세우는 데 도움이 될 수 있다.

표 10-4 창업 아이템 선정을 위한 사전 조사

아이템명	아이템 평가 기준	기존 시중 제품과 차별화 및 경쟁력 제고 방안	사업화 과정상의 어려움, 과제	필요한 창업 자본 및 조달방안	사업화 순위
1 ○○○○	• 기존 상품 대비 우수성/차별성이 있는가? • 경제적 이윤 창출 가능한가? • 사업 아이템 생산 능력/역량이 충분한가?	• 기존 상품과 가장 차별화되는 이 아이템의 강점은?		• 예상 자본: • 필요 인력 및 역량: • 필요 시스템: • 물리적 자원: • 자금 조달방안:	
2 △△△					
3 □□□					

출처: 교육부, 한국직업능력개발원(2017).

3) 창업 역량을 계발할 수 있는 진로활동 연계

창업을 진지하게 고려하는 학생을 위한 진로지도로서, 마지막으로 창업 관련 진로준비행동 혹은 유사진로활동을 연계해 볼 수 있을 것이다. 즉, 인지적인 아이디어 수준에서 아무리 계획과 창업가 역량을 점검한다 하더라도 한계가 여실하다. 이렇게 인지적으로 충분히 재고·평가·계획한 창업 관련 요소들이 실제로 어떻게 발휘되고, 달성 가능한지는 실제 행동적 관여, 즉 관련 경험들을 축적하면서 비로소 더 잘 알 수 있을 것이다. 진로의사결정의 마지막 과정이 결국 진로준비행동이듯이, 창업과 관련해서도 실질적인 경험치를 축적하며 창업이 본인에게 타당한 진로대안인지 확인해 볼 수 있을 것이다. 따라서 창업과 관련된 진로지도의 마지막 단계로 교사는 학생의 관심 분야 내 일 경험, 체험활동, 실제 창업계획서를 이행하고 실현할 수 있는 프로젝트 체험 등을 적극적으로 권장해야 한다. 이러한 경험치를 바탕으로 해야만 창업과 관련된 의사결정을 내릴 수 있을 것이다. 관련 분야 내 아르바이트 혹은 일 경험, 피상적 수준이 아닌 장기적인 직업체험훈련 등을 학생 스스로 알아보고 실제로 이행하도록 지도할 수 있다. 또한, 창업과 관련된 절차들을 모두 거쳐 볼 뿐만 아니라, 그 창업 역량을 공식적으로 평가받을 수 있는 다양한 공모전, 창업 관련 대외활동을 안내하거나 연계할 수도 있다. 고등학생 대상 창업 관련 대회와 관련 프로그램 예시는 표 10-5와 같다.

표 10-5 고등학생 대상 창업 대회

대회명	주최 기관 및 관련 사이트	참여 자격	기간 (2018년 기준)
소셜벤처 아이디어 경연대회	한국사회적기업진흥원 (socialenterprise.or.kr)	만 13세~18세 청소년 (청소년 부문)	2018.05.02~07. 09.
두드림(Do Dream) 창업경진대회	인천대학교 창업지원단 (startup@inu.ac.kr)	전국 고등학생	2018.11.01.~12. 02.
HSBC-JA Company Of the Year (COY) 실물창업동아리 모집	JA KOREA (www.jakorea.org)	고등학생	2018.02.22.~03.20.

대회명	주최 기관 및 관련 사이트	참여 자격	기간 (2018년 기준)
창업영재 새싹기업 육성프로그램	창업진흥원 (www.k-startup.go.kr)	전국 고등학교 창업동아리 중 우수 아이템 보유하고 있는 동아리팀(2인 1팀)	2018.04.26.~05.25.
대한민국 청소년 창업경진대회	교육부 (yeep@koef.or.kr) *중고교 창업동아리들의 우수 결과물과 창업체험교육 우수사례 전시	제한 없음	2019.01.15.

요약

"젊은이가 꾸미는 것을 비웃지 말라. 그는 그저 자신의 얼굴을 찾기 위해 하나하나 차례로 걸쳐 보고 있는 것이다."

입직이란 단어는 흰 도화지에 시작점을 찍는 것 같아 왠지 조심스럽다. 고교 졸업 후 취업을 선택한 결정을 후회하게 되면 어떡하지? 진학이라는 대안을 내려놓는 것에 교사 또한 부담스러울 수 있다. 그러므로 취업상담에서는 고교 졸업 후 취업을 하고자 하는 분명한 동기 확인, 취업을 위한 타당한 계획을 설정하고 취업 역량을 함양할 수 있도록 도와줘야 한다. 취업 후 부딪힐 수 있는 진로장벽에 대한 대비도 기본적으로 다뤄져야 할 것이다. 교사는 학생이 어떠한 이유로 취업을 원하는지 그 원인 및 동기를 스스로 명확히 이해하도록 돕고, 취업 준비를 원만히 하도록 조력자의 역할을 할 수 있다.

생각해 볼 문제

1. 취업과 진학을 모두 고려하는 학생들에게 어떻게 진로지도를 할 것인가?

2. 고등학교 졸업 후 취업 시 당면할 수 있는 진로장벽에 대해 교사는 어떻게 준비시킬 것인가?

3. 고등학교 졸업 후 취업한 학생들이 직업세계에서 중도 이탈하지 않고 진로발달을 지속하기 위해서는 어떠한 진로역량을 갖출 필요가 있는가?

참고문헌

교육부(2016.10.14.). 특성화고·마이스터고 졸업생 취업률 7년 연속 상승. 교육부 보도자료. 1-8.

교육부, 한국직업능력개발원(2017). 고등학생의 진로탐색을 위한 창업동아리 가이드북.

교육부, 한국직업능력개발원(2018). 특성화고 학생의 선취업 후진학 설계 지원을 위한 교과연계 진로 교육 교수학습 매뉴얼(국어. 상업. 공업).

김성남, 하재영(2018). 고졸 취업자의 노동시장 이행 경로 유형화. 진로교육연구, 31(4), 89-111.

김수정, 송성화, 조민경(2013). 전문계 고등학교 학생의 진로준비행동에 영향을 미치는 변인 연구. 진로교육연구, 26(4), 85-107.

김안국, 신동준(2006). '고졸 청소년의 노동시장 이행과 취업 실태', 제2회 한국교육고용패널 학술대회 논문. 한국직업능력개발원.

연합뉴스(2018.01.13.). 대졸 실업률 고졸 첫 역전...고학력화에 눈높이 영향. https://www.yna.co.kr/view/MYH20180113010500038?section=search

윤형한, 신동준(2012). 고졸 청년 취업 실태 분석. *The HRD Review. 15*(1), 36-63.

Duffy, R. D., Blustein, D. L., Diemer, M. A., & Autin, K. L. (2016). The Psychology of Working Theory. *Journal of Counseling Psychology, 63*, 127-148.

11장

고등학교 진로 프로그램

이아라

학습목표

1) 고등학교 진로교육에서 활용되는 진로 프로그램의 목적과 기능을 이해한다.

2) 고등학교 진로교육에서 활용되고 있는 진로 프로그램의 주요 주제를 살펴본다.

3) 진로 프로그램을 계획하고 진행하는 구체적인 과정과 방법, 각 과정에서 고려해야 할 내용을
   습득한다.

앞서 살펴보았던 다양한 진로교육들은 개인적으로 이루어지기도 하지만, 집단적으로 이루어지는 경우도 많다. 특히 고등학생들의 경우 진로교육이 필요한 학생들과 그렇지 않은 학생들이 구분되어 있지 않으며, 모든 고등학생들에게는 진로지도의 기회가 주어질 필요가 있기 때문에(김봉환, 김병석, 정철영, 2006), 실제 학교 현장에서의 진로교육에는 다양한 집단 진로 프로그램이 활용된다. 특히 학년이나 관심사, 주요 진로장벽이나 목표 등이 유사한 학생들을 대상으로 이루어지는 진로 프로그램은 개인 진로교육보다 효율적일 수 있을 뿐 아니라, 집단프로그램이 주는 추가적인 장점을 활용하여 진로발달과 성장을 이끌 수 있는 좋은 전략이 될 수 있다. 이 장에서는 진로 프로그램의 목적과 그 효과를 살펴보고, 실제 고등학생을 대상으로 사용 가능한 프로그램의 주제와 프로그램 진행 내용을 차례로 살펴보고자 한다.

1 진로 프로그램의 개요

1) 진로 프로그램의 정의

상담 및 심리교육 현장에서 프로그램이란 특정 목표를 달성하기 위해서 하는 체계적인 활동으로 볼 수 있다. 프로그램과 관련된 선행연구들의 정의를 토대로 김창대, 김형수, 신을진, 이상희, 최한나(2011)는 프로그램의 구성요소를 ① 목적 및 목표, ② 내용 및 활동구성의 원리, ③ 구체적 내용 및 활동으로 볼 수 있다고 정리하였다. 또한 김창대 등(2011)은 상담 및 심리교육 프로그램의 목적을 개인 및 집단의 다양한 문제해결 및 발달·심리교육적 욕구를 충족시키는 것으로 보고, 심리학 및 교육학의 주요 원리에 기초한다는 것과 집단 활동이 중심이 된다는 것을 프로그램의 주요 특성으로 설명하고 있다.

또한 진로 프로그램은 진로 집단상담과 상호교환적인 개념으로 사용되기도 하는데, 진로 집단상담은 '일반적인 집단상담의 형태를 가지면서도, 집단 진로발달 및 진로선택에 초점을 두어 집단 구성원들의 예방, 발달, 성장과 문제해결을 달성하는 목표로 이루어지는 것(김봉환 외, 2013)'으로 정의된다. 이상의 집단상담 및 프로그램의 정의에 따르면 청소년 대상 진로 프로그램이란 "청소년들의 발달을 촉진하고 진로문제를 해결하기 위한 목적으로 심리학·교육학 원리에 따라 만들어진 체계적인 활동"으로 정의내릴 수 있을 것이다.

특히 이 장에서 살펴볼 진로 프로그램은 학교에서 이루어지는 프로그램을 그 대상으로 하는데, 이러한 진로 프로그램에는 진로상담, 진로교육, 진로지도의 성격이 혼재해 있다고 볼 수 있다(이명희, 이제경, 2012). 진로 집단상담은 다른 집단상담보다도 훨씬 교육적인 요소를 많이 포함하고 있다고 설명되기도 하는데(김봉환 외, 2013), 이는 진로 의사결정에 필요한 주요 요소에 합리적인 결정 과정이나 인지적인 과정이 포함되는 것과 무관하지 않은 것으로 보인다. 따라서 고등학생을 대상으로 하는 진로 프로그램은 청소년들의 진로발달에 필요한 교육적인 역할을 수행하면서도 발달적인 필요에 맞춘 전문적 이론에 기반한 것이어야 한다. 이러한 맥락에서 좋은 진로 프로그램이란 다음과 같은 기준을 만족시킬 필요가 있다.

- 대상이 되는 청소년의 진로발달 과업이나 청소년들이 당면한 진로문제와 직접적인 연관이 되는 주제인가?
- 구성요소와 원리가 심리학·교육학 측면에서 신뢰할 만한 이론에 기반하고 있는가?
- 각 구성요소와 주제의 목적성 간의 연계성이 논리적으로 타당한가?
- 프로그램의 내용이 청소년들의 실질적인 요구에 기반하여 개발되었는가?
- 프로그램에 구현되어 있는 상담적·교육적·지도적 요인이 해당 청소년들에게 적합한가?
- 프로그램 회기, 시간, 환경 등이 해당 청소년들에게 적용하기 적절한가?
- 프로그램의 효과가 신뢰롭고 타당하게 보장되었거나 보장될 것이라고 예측할 수 있는 근거가 있는가?

2) 진로 프로그램의 목적

프로그램의 정의에서 살펴보았듯이, 진로 프로그램이 단순히 좋은 활동들을 모아 놓은 것이 아니라 하나의 의미 있고 신뢰로운 진로교육의 일환으로 기능하기 위해서는 프로그램의 목적이 분명해야 하며, 프로그램의 각 구성요소들은 프로그램의 목적과 연계되어 있어야 한다. 청소년 진로 프로그램의 목적은 궁극적으로 청소년들의 진로와 관련된 문제해결 및 예방, 청소년 발달 과정에 적합한 진로발달과 성숙의 증진에 있을 것이다.

이와 관련하여 김봉환 등(2013)은 집단 진로상담의 목표를 다음과 같이 네 가지로 설명하고 있다.

① 합리적인 자기평가: 전문가 면담, 자기관찰, 검사 등을 통해 집단 구성원들이 자기 자신을 객관적으로 이해하는 것
② 가능한 진로대안 창출: 가능한 많은 대안을 만들고, 중요한 기준에 따라 줄여나가는 작업 등을 통해서 선택 가능한 진로대안을 만들어 나가는 것
③ 기술 연습: 집단 지도자의 시범이나 모델링 등에 의해 역할을 연습하고, 정보 수집, 취업기술 등을 직접 연습하는 것
④ 정보 수집: 공신력 있는 정보의 원천을 알고, 정보를 활용하는 방법을 이해함으로써 관심 진로에 대한 정보를 수집하는 것

즉, 고등학생들을 대상으로 진로 프로그램을 실시하고자 하는 교사·상담자들은 해당 프로그램을 통해 청소년들로 하여금 '무엇을 경험하도록 할지' 구체적으로 고려해야 한다. 진로결정 이전에 자기 자신의 흥미나 적성, 가치관 등을 객관적으로 이해하고자 하는 목적으로 시행되는 프로그램과, 특정한 관심 직업에 대한 정보를 수집하고 관련 기술을 훈련하고자 하는 목적으로 시행되는 프로그램은 그 구성요소와 필요한 회기, 프로그램의 시행 방법이나 대상 등에서 다양한 차이가 있을 것이다. 프로그램의

구체적인 목표를 명확하게 이해하고 기획·시행하는 것은 프로그램을 진행하는 전 과정에서 무엇에 초점을 맞추어야 할지 방향성을 가지도록 도와주고, 궁극적으로 진로교육 목표를 달성할 수 있도록 하는 데 긍정적인 영향을 준다.

3) 진로 프로그램의 기능

고등학생을 대상으로 하는 진로교육 장면에서 진로 프로그램은 진로 개인상담이 불가능한 상황에서 사용할 수 있는 대안 이상의 기능을 가진다. 즉, 진로 프로그램은 시간적·비용적 측면에서 어쩔 수 없이 진행하게 되는 진로교육이 아니라, 개인상담과는 차별적인 기능을 가지는 효과적인 교육 방법 중 하나라고 볼 수 있다. 특히 체계적이고 신뢰롭게 개발된 프로그램을 사용하면 청소년들로 하여금 진로와 관련된 교육 내용을 체험으로 내면화하게 도움으로써, 기존의 교육방식이 가지는 낮은 동기와 낮은 효과성의 한계를 보완하는 훌륭한 전략으로 활용할 수 있다. 진로 집단프로그램이 진로 개인상담보다 효과적일 수 있다는 연구 결과(Oliver & Spokane, 1988)는 진로 프로그램이 가지는 기능과 효과를 보다 강조하는 것이다.

(1) 보편성

보편성은 집단상담이 가지고 있는 중요한 치료 요인 중 하나이다. 집단프로그램에 참여하는 고등학생들 간에는 성별이나 관심사 등의 다양성이 존재할 수 있으나, 그들이 경험하는 진로 고민이나 어려움에는 유사성이 존재할 가능성이 높다. 이러한 보편성은 진로와 관련된 어려움을 자신만 경험하고 있는 것이 아니라 청소년기에 누구나 경험할 수 있다는 것을 알게 함으로써 심리적인 안도감을 느끼도록 한다. 청소년들은 자신의 경험을 자신만의 개인적인 것으로 생각하는 경향이 있고, 이에 따라 자신이 겪는 어려움에 대해서도 '그러한 고민을 하는 내가 이상한 건지'에 대해 또 다시 고민하는 경우가 있다. 따라서 이러한 보편성이 주는 안도감은 자신의 생각과 고민의 내용 자체에 집중할 수 있도록 도와주는 기능을 한다. 또한 유사한 고민을 가진 친구들과의 상호작용과 협력작업은 유대감을 더욱 증진시켜, 함께 고민을 해결해 나가는 과정에서 동기와 힘을 향상시킬 수 있다. 즉 진로 프로그램은 같은 발달단계에 있는 비슷한 시기의 또래들의 집단활동을 통해 공통적인 진로문제를 해결하는 데 효과적(손은령, 이순희, 2011)인 기능을 가진다.

(2) 상호작용

청소년들은 다른 발달단계에서보다 또래관계를 중요하게 생각한다. 따라서 청소년 시기에는 또래관계에서 받는 영향력 역시 가장 높다. 이러한 특성을 고려했을 때 이들이 진로 관련 여러 활동을 상호작용을 통해서 함께 달성하는 것은 서로에게 보다 큰 영향력을 가질 수 있다. 진로 프로그램은 단순히 고등학생들을 한곳에 모아놓고 같은 작업을 시키는 것에서 끝나는 것이 아니며, 프로그램의 구성요소를 진행하는 과정에서 의견과 피드백을 적극적으로 나누는 기회를 포함한다. 이러한 과정에서 프로그램 진행자와 또래가 제공하는 피드백은 청소년들이 자신의 선택과 행동에 대해서 객관적으로 생각해 보게 하는 기회로 작용하며, 지금까지 생각하지 못했던 관점에서 새로운 대안을 고려하게 하는 역할을 하기도 한다. 무엇보다도 청소년들의 생각이나 결정에 또래들이 제공하는 공감과 지지는 청소년들이 경험하는 부정 정서를 완화하고, 긍정적인 방향으로 나아갈 수 있게 하는 원동력으로 기능한다.

(3) 진로정보 공유

청소년기 진로탐색 과정에서 진로와 관련한 정보를 수집하는 것은 필수적인 작업 중 하나이다. 이 책의 4장에서 진로정보를 사용하는 목적과 방법에 대해 안내하였다. 진로정보는 진로결정 준비에 대한 동기를 높이는 데에서부터 진로대안을 좁히고 진로를 결정하는 과정에 이르기까지 전 과정에 활용될 수 있다. 진로 프로그램은 이러한 진로정보를 함께 공유하기에 아주 효과적이고 적절하다. 참가자들이 모두 같은 직업에 관심을 갖지 않았다 하더라도 대표적인 직업 및 직무와 관련된 정보에 대해서 공유하는 것은 유용한 작업이 된다. 또한 진로정보를 어떠한 방법으로 수집하고 선택할 수 있을지에 대해서도 진로 프로그램을 통해 교육될 수 있다. 나아가 진로 프로그램에 각자의 관심사에 대한 정보를 탐색·공유하는 과정이 포함된다면, 구성원들이 새로운 직업 세계를 이해하고, 대안을 생성하는 데에도 도움이 될 수 있다.

(4) 심리적 문제와 통합적 개입

진로 프로그램은 교사·상담자가 일방적으로 진로정보를 전달하는 것이 아니라 참가자들 간의 상호작용을 통해 이루어지는 개입이므로 프로그램이 진행되는 과정에서 학생들은 자연스럽게 여러 정서를 경험하고 심리적 문제에 접근한다. 고등학생들이 진로결정 과정에서 경험하는 여러 정서들 중에는 발달단계상 자연스럽게 경험하는 정서들도 있으나, 진로준비와 결정을 어렵게 하는 내적 장벽으로 기능하는 부정적인 정서들도 있다. 따라서 고등학생들의 진로장벽을 다루는 프로그램이나 수행 불안 등 진로준비 과정에서의 정서적 측면을 포함하는 프로그램들은 구성원의 정서적인 접촉과 심리적 문제해결을 중요하게 다룰 수 있다. 진로를 준비하고 결정하는 과정은 심리적인 문제와 밀접하게 관련이 있기 때문에, 필요한 경우에 진로상담과 심리치료가 적절하게 통합되어 진행되는 것이 중요하다(Gysbers, Heppner, & Johnston, 2006). 이러한 관점에서 진로 프로그램의 참여는 학생들이 진로를 방해하는 정서적인 어려움이 무엇인지 자각하고 진로준비 과정에서 해결해 나가도록 통합적인 개입을 가능하게 해 준다.

(5) 실용성

진로 프로그램이 가진 가장 뚜렷하고 기본적인 기능 중 하나는 바로 실용성에 있다. 진로준비도나 진로관심 분야는 다를지라도 진로발달과 성장이 필요하지 않은 고등학생은 없기 때문에 진로교육의 대상은 모든 학생이 된다. 많은 학생들을 대상으로 진행되는 진로교육 상황에서 진로 프로그램은 좀 더 적은 시간과 인력으로 가능한 효율적인 개입 방법으로 기능할 수 있다. 특히 유사한 진로문제·진로목표를 가진 대상들을 한 집단으로 묶어 개입하는 프로그램은 목적에 초점을 두어 성과를 최대화하는 교육방법이 될 수 있다. 또한 많은 진로 프로그램은 비교적 구조화된 단기 활동으로 구성되기 때문에 접근이 용이하며(임은미, 임찬오, 2003), 상담전문가뿐 아니라 훈련된 교사들 역시 활용할 수 있다는 장점이 있다.

4) 진로 프로그램 효과

이상에서 살펴본 바와 같이 진로 프로그램은 진로 개인상담이나 다른 형태의 진로교육과는 차별화된 기능을 가지고 있으며, 신뢰롭고 타당한 프로그램의 사용은 효율적인 교육 전략이 될 수 있다. 그렇다면 고등학생들을 대상으로 진로 프로그램을 실시하는 것이 실제로 얼마나 효과가 있는지 살펴보자.

진로 프로그램과 관련된 많은 선행연구들은 개발된 프로그램이 실제 고등학생들의 진로발달과 성장에 얼마나 효과적인 영향을 주었는지 객관적으로 측정하여 효과를 검증하고자 노력해 왔다. 특히 초·중·고·대학생을 대상으로 한 진로 프로그램의 효과를 비교한 연구(임은미, 임찬오, 2003)에서는 초·중·대학생 대상 프로그램보다 고등학생을 대상으로 한 진로 프로그램의 효과크기가 가장 높았다고 보고된 바 있다. 이러한 연구 결과는 고등학생 시기라는 진로의 탐색기 특성과 고등학생의 인지적 발달상태 및 진로준비에 대한 동기 등의 여러 특성이 진로 프로그램의 기능을 보다 효과적으로 만드는 데 영향을 줄 수 있음을 시사한다.

좀 더 구체적으로 고등학생 대상 진로 프로그램 논문 109편을 대상으로 효과를 메타분석한 강윤경, 선혜연(2017)의 연구를 살펴보면, 고등학교 진로 프로그램이 남녀 고등학생의 진로발달에 미치는 전체 평균 효과는 0.805로 높은 효과크기를 나타냈다. 고등학생 대상 진로 프로그램은 고등학생들의 진로준비행동을 높이는 데 가장 큰 효과가 있었고, 다음으로 진로장벽을 낮추는 것, 진로결정 자기효능감을 높이는 것 순으로 효과크기가 크게 나타났다. 또한 진로 프로그램은 일반적인 상담이론에 기초한 것보다 진로이론에 기초한 경우 그 효과가 더 컸으며, 진로이론 중에는 진로학습이론에, 일반 상담이론 중에는 성격유형론에 기초한 경우 보다 높은 효과크기를 보였다.

유사한 맥락으로, 특성화고 고등학생이라는 좀 더 구체적인 집단을 대상으로 만들어진 진로 프로그램 효과를 메타분석한 연구 결과(이현경, 김진숙, 2018) 역시 진로 프로그램의 전체 평균 효과크기가 0.966으로 매우 큰 효과크기를 나타냈다고 보고하였다. 또한 해당 연구는 단순히 진로변인(진로탐색, 진로발달, 진로장벽 등)만을 중심으로 개발한 프로그램보다는 상담이론을 함께 활용한 경우가 더욱 효과적이었다고 보고하였다.

프로그램 진행 결과 학교와 관련된 변인(학교 적응, 학업성취 등)에서의 변화가 가장 큰 효과를 나타냈고, 진로장벽, 진로준비행동, 자아관련, 진로결정 순으로 변화를 보였다.

메타분석을 통해 프로그램들의 효과크기를 산출한 연구 결과들은 첫째, 고등학생 대상의 진로 프로그램이 이들의 행동변화와 장벽 대처, 학교에서의 수행에 유의미한 긍정적인 변화를 가져온다는 것이며, 둘째, 프로그램의 대상, 목적이 되는 변인이나 이론적 배경 등에 따라서 효과 정도는 달라질 수 있으므로 프로그램의 선정과 개발과정에서 이를 고려할 필요가 있다는 것을 시사한다.

2 고등학교 진로 프로그램의 주요 주제 및 구성요소

1) 고등학교 진로 프로그램의 주요 주제

고등학생을 대상으로 한 진로 프로그램은 현재 매우 다양한 주제로 개발되어 있으며, 프로그램 대상자나 목적에 따라서 새롭게 개발될 수도 있다. 기본적으로는 ① 고등학생의 진로발달 과정 및 진로결정과 관련된 주제이며, ② 해당 주제에 대한 개입이 집단으로 이루어졌을 때 효과가 있을 것이라고 판단되는 내용이라면 진로 프로그램의 주제가 될 수 있을 것이다. 그러나 이러한 판단은 교사·상담자의 주관적인 기준이 아니라 진로발달과 결정에 관련된 다양한 이론에 근거하여 이루어져야 한다.

고등학생 대상 진로 프로그램의 주요 주제를 확인하기 위해서, 먼저 국내 고등학생 대상 진로 프로그램의 동향을 개관한 연구들에서 대표적인 주제가 무엇인지 살펴보고, 다음으로 실제 고등학생들을 대상으로 개발된 진로 프로그램의 예시를 살펴보고자 한다.

먼저 2005년~2014년에 개발된 진로 프로그램 125편을 분석한 김래경과 장선철(2015)의 연구에 따르면, 진로 프로그램의 주요 주제는 진로탐색, 진로의사결정, 진로자기효능감, 진로발달, 진로인식, 진로준비 등의 진로요인을 증가시키려는 내용이 55.2%

로 가장 많았다. 다음으로는 직업카드, 영화치료, 독서치료, 인터넷 활용 등 매체를 활용한 진로 프로그램이 28%로 많았으며, REBT이론, 현실치료, 아들러이론, 다중지능이론 등 상담이론을 활용하여 진로문제의 해결에 초점을 둔 프로그램이 10.4%, MBTI, 홀랜드(Holland), 애니어그램 등의 심리검사를 중점적으로 사용한 진로 프로그램이 5.6%였다.

다음으로 100편의 진로 프로그램 논문을 대상으로 분석한 이명희, 이제경(2012)의 연구에 따르면, 진로 프로그램의 목적은 '진로성숙도 증진'이 가장 많았고, 진로결정 자기효능감, 진로의사결정, 진로준비행동, 진로정체감 등을 증진시키고자 하는 프로그램이 그다음으로 많이 발표되었음을 알 수 있다. 현재 개발되어 접근이 용이한 진로 프로그램의 주제들을 살펴보면 이 외에도 진로신화나 역기능적 진로사고를 발견하고 감소시키는 목적의 프로그램, 그릿을 증진시키는 프로그램, 진로장벽에 대처할 수 있는 프로그램들이 있으며, 진로탐색과 준비에 영향을 미치는 자아정체감, 자아존중감, 성취동기, 학습된 무기력 등을 다루는 프로그램도 있다.

정리하면, 현재 고등학생들을 대상으로 개발된 진로 프로그램 중 가장 대표적인 주제들은 진로변인들을 높이는 것이며, 특히 진로탐색, 진로성숙도, 진로의사결정, 진로결정 자기효능감 및 진로준비행동을 증가시키는 것이다. 또한 고등학생의 주요 진로문제를 해결하기 위해서 다양한 매체나 검사, 관련 심리적 변인들을 통합적으로 고려한 프로그램들도 다양하게 활용되고 있다.

2) 고등학교 진로 프로그램의 실제

(1) 진로이론·상담이론에 기반한 프로그램

고등학생들이 경험하는 다양한 진로문제를 해결하고 진로성숙을 촉진한다는 목적은 단순히 흥미로운 프로그램 활동지를 작성하게 하는 방법으로는 달성될 수 없다. 따라서 많은 진로 프로그램들은 진로이론과 상담이론을 토대로 프로그램을 구성하여 프로그램의 효과를 촉진하고, 그 변화 기제를 논리적으로 설명하고자 한다. 진로이론 혹은 상담이론을 토대로 개발된 프로그램들은 프로그램의 목적을 달성하기 위해서, '무엇을', '어떻게' 개입해야 하는지 방향성을 제공하고, 각 구성요소들이 합목적적으로 설정될 수 있도록 돕는다. 진로 프로그램의 목적 달성을 위해 적용될 수 있는 다양한 상담이론과 진로이론 중에서 REBT이론과 홀랜드 이론을 근거로 개발된 프로그램의 예시를 살펴보면 다음과 같다.

■ REBT 진로탐색프로그램

프로그램 대상	특성화고등학교 남학생
프로그램 목표	진로신화 감소 및 진로결정 자기효능감 증진
프로그램 효과	− 프로그램에 참여한 실험집단의 진로신화 감소 − 프로그램에 참여한 실험집단의 진로결정 자기효능감 증가

회기 구성요소

단계	회기	영역	활동내용
도입	1	들어가기	• 나의 약속 작성하기, 목표 정하기, 자기소개서 작성 • 친밀감과 신뢰감을 높이는 다양한 신체활동하기 • 진로와 별칭 짓기 • (과제: 나의 장단점 10개씩 찾아오기)
	2	내가 잘하는 일	• REBT이론, 진로신화, 진로자기효능감에 대한 이해(합리적·비합리적 신념 연결) • 장단점 피드백하기 • 나의 흥미와 적성 알기 • 내가 잘하는 일
전개 (1)	3	합리적 신념과 비합리적 신념 구분 및 수정	• 합리적인 신념과 비합리적 신념 구분하기 • 합리적인 신념과 비합리적 신념 찾기 및 수정 • 사건에 대한 ABCDE 만들기 및 발표하기
	4	나의 진로와 진로신화 개념 정립	• 직업 스피드 게임 • 좋아하는 교과와 직업 연결하기, 숨은 직업 찾기 • 미래사회 유망한 직업과 자격증 정보 수집
	5	진로신화 탐색	• 일을 하는 이유 • 내가 하고 싶은 일/부모님이 원하는 일 • 나의 진로신화
	6	진로신화 탐색 및 수정	• 비합리적 신념과 진로신화의 종합적 이해 • 피드백을 통한 자기점검하기

단계	회기	영역	활동내용
전개 (2)	7	진로자기효능감 향상을 위한 합리적 신념으로의 전환	• 긍정/부정메시지 자기대화법1 • 긍정/부정메시지 자기대화법2 • 감정의 꼬리표
	8	진로자기효능감 향상을 위한 합리적 진로탐색	• 나의 가치 탐색하기 • 진로가치 명료화 • 소중한 보물
	9	진로자기효능감 향상을 위한 합리적 진로탐색	• 직업선정의 태도 및 고려할 사항 • 내가 선택한 나의 직업
	10	행복한 나의 진로 설계	• 내 진로의 걸림돌 없애기 • 목표 설정하기 • 생활계획서 작성하기
종결	11	미래의 나와 인사하기	• 나의 성공예언 • 미래의 나의 명함 만들기
	12	격려하기	• 변화된 내 모습, 초기 목표와 최종 목표에 대해 작성, 토론하기(롤링페이퍼 형식) • 사후검사 실시

출처: 백은정, 유순화, 송현아(2015).

■ 홀랜드 진로탐색프로그램

프로그램 대상	고등학교 학습부진아
프로그램 목표	RIASEC유형별 진로효능감 증진
프로그램 효과	– 프로그램 참여 대상들의 진로성숙 향상 – 실험집단이 통제집단에 비해 실재형 진로효능감, 예술형 진로효능감, 사회형 진로효능감, 기업형 진로효능감, 관습형 진로효능감 상승

회기 구성요소			
단계	회기	영역	활동내용
1단계	1	들어가기	• 나에게 관심을 가져 주세요!
	2	행복한 삶	• 행복은 성적순이 아니잖아요!
	3	자아이해	• 나는 어떤 사람인가(진로탐색검사)
	4	자아이해	• 나의 흥미, 나의 적성

	5	RIASEC	• 내 모습의 RIASEC 보석 상자
2단계	6	RIASEC	• LCA(생애진로평가)를 통한 RIASEC 유형별 이해
	7	RIASEC	• RIASEC 유형 속의 좋은 나, 좀 더 좋은 너!
	8	진로효능감	• RIASEC 유형별 진로효능감을 키워 보자!
3단계	9	진로효능감	• RIASEC 유형별 진로효능감을 키워 보자!
	10	진로효능감	• 내가 제일 좋아 하는 것! 내가 제일 잘하는 것! 내가 제일 하고 싶은 것!
4단계	11	일의 세계	• 다양한 직업세계
	12	일의 세계	• 미래사회와 직업세계
	13	학과 탐색, 학교 선택	• 내가 찾는 전공학과와 대학은 어디로 숨었지!
5단계	14	진로선택능력	• 나의 꿈의 목록 작성
	15	미래 설계	• 20년 후 우리들의 만남
	16	정리하기	• 진로탐색프로그램 활동평가 및 소감 나누기

출처: 공인규, 송종원(2012).

(2) 매체를 이용한 프로그램

청소년을 대상으로 프로그램을 진행함에 있어, 참가자들이 동기와 흥미를 가지고 적극적으로 프로그램에 참여하도록 돕는 것은 매우 중요하다. 고등학생들의 경우 진로에 대한 흥미와 적극성을 가지고 프로그램에 참여하는 경우도 많으나, 무기력함과 낮은 동기를 가진 경우도 상당수 있다. 아무리 좋은 프로그램을 선정했다고 하더라도 참가자들의 낮은 동기는 효과적인 목표 달성을 방해할 수 있다. 이때 프로그램에 직업카드, 책, 게임, 영상·영화, 인터넷 등 다양한 매체를 활용하는 것은 청소년들로 하여금 프로그램 활동에 몰입할 수 있도록 돕는다. 이러한 매체 사용은 비자발적인 내담자의 저항감을 자연스럽게 줄이고, 자기 의견이나 감정 표현을 어려워하는 청소년들이 좀 더 쉽게 생각과 정서를 표현할 수 있도록 돕는다. 매체를 이용한 진로 프로그램 중 사진 치료를 활용한 프로그램의 예시를 살펴보면 다음과 같다.

프로그램 대상	고등학생
프로그램 목표	진로성숙도, 진로정체감, 진로자기효능감 증진
프로그램 효과	– 실험집단의 진로성숙도, 진로정체감, 진로자기효능감 향상 – 실험집단의 평가지 분석 결과, 진로준비, 선택, 결정, 계획 수립 등을 긍정적으로 인식

회기 구성요소		
단계	주제	활동내용
1	• 사전검사 • 프로그램 소개 • 집단형성	• 프로그램의 목적 및 활동 내용 소개 • 뮤직비디오(GOD, 길) 시청 • Ulla Halkola 가 개발한 투사적 '문' 사진 선택 • 촛불 의식, 나에게 쓰는 편지 작성
2	• 적성 및 흥미 탐색	• 투사적 사진을 활용한 자신의 오늘 감정 표현 • 투사적 사진을 활용한 개인별 흥미, 성격 이해 • 홀랜드 적성 검사 및 검사 결과 이해 • 자기 사진 촬영
3	• 직업세계 탐색	• 투사적 사진을 활용한 자신의 오늘 감정 표현 • 개인별 직업인 롤모델 소개 • 사진을 활용하여 성공한 직업인을 콜라주로 표현
4	• 직업가치관 탐색	• 투사적 사진을 활용한 자신의 오늘 감정 표현 • 내담자가 찍거나 수집한 사진을 활용한 가치관 탐색 • 직업가치관카드를 활용한 직업 가치관 탐색 • 자기 사진 촬영
5	• 직업에 대한 합리적 결정	• 투사적 사진을 활용한 자신의 오늘 감정 표현 • 가족 사진을 활용한 직업 가계도 만들기 • 자기 사진 촬영
6	• 전공 탐색 및 진로목표 수립	• 투사적 사진을 활용한 자신의 오늘 감정 표현 • 내담자가 찍거나 수집한 사진을 활용하여 자신의 진학 희망 대학 및 전공 학과에서의 미래 활동을 콜라주로 표현 • 자기 사진 촬영
7	• 강점 찾기, 진로장벽 깨뜨리기 및 진로계획 수립	• 투사적 사진을 활용한 자신의 오늘 감정 표현 • 강점, 진로장벽을 대변하는 투사적 사진을 활용하여 개인별 강점 찾기와 진로장벽 찾기 • 풍선 터뜨리기를 통한 진로장벽 깨뜨리기 • 내담자의 과거 및 현재 사진, 미래의 모습을 표현한 사진을 활용하여 자신의 꿈의 지도(dream map) 만들기 • 자기 사진 촬영

| 8 | • 마무리
• 사후검사 | • 투사적 사진을 활용한 자신의 오늘 감정 표현
• 2~7회기에 촬영한 자기 사진을 활용하여 명함 만들기(미래
  진로의 구체화)
• 미래의 직업인 인터뷰
• 편지 개봉(변화된 자신 발견) |

출처: 이정수, 김은하(2017).

(3) 특정 대상을 위해 개발된 프로그램

최근 진로상담은 모든 집단이 가지는 포괄적이고 공통적인 측면에 초점을 맞추기보다 특정 집단이나 개인이 가지고 있는 구체적이고 차별적인 특성에 관심을 둔다. 특히 청소년이라는 집단 내에서 독특성을 가지고 있는 세부집단의 진로경험을 구체적으로 확인하고자 한 연구 결과들은 특정 집단의 진로경험을 토대로 다른 집단의 특성을 추측하는 것이 적절하지 않을 수 있음을 시사한다. 예를 들어, 학교밖청소년들이 경험하고 있는 진로 어려움은 학교에 재학중인 청소년들이 경험하는 진로 어려움과 다르기 때문에, 이들을 대상으로 하는 프로그램 역시 재학생들을 위한 프로그램과는 내용이 달라야 한다는 것이다. 이러한 목적으로 만들어진 고등학생 대상 진로 프로그램은 장애학생, 남학생이나 여학생, 다문화 청소년, 영재 청소년, 학습부진 청소년, 특성화 고등학생 등 구체적인 집단에 초점을 두어 개발되어 있다. 이러한 프로그램들 중 다문화 청소년을 대상으로 개발된 진로 프로그램의 예시는 다음과 같다.

■ 다문화 청소년을 위한 진로집단상담 프로그램

프로그램 대상	다문화 청소년
프로그램 목표	긍정적 자기이해, 직업이해, 진로장벽 탐색 및 진로계획
프로그램 효과	– 프로그램 참여대상의 자아정체감, 진로장벽, 진로성숙도 향상 – 프로그램 참여대상의 진로성숙도 향상

회기 구성요소			
단계	회기	활동명	활동내용
긍정적 자기이해	1	나의 이해	• 프로그램 안내하기 • 자기소개하기/ 사전검사 실시 • 다문화가정 출신 유명인 하인즈 워드와 인순이 사례 영상 시청 후 감상 나누기

단계	회기	활동명	활동내용
긍정적 자기이해	2	나의 강점 찾기	• 다중지능에 대한 이해 • 내가 잘하는 것 찾기 • 다문화의 강점을 활용한 직업 발견하기 • 동영상 '천재들의 전쟁'을 활용한 다중지능 영역별 체험 활동
직업이해	3	나의 흥미 찾기	• Holland 직업흥미유형검사 • 유형별 자신의 흥미 발견 • '나'의 직업 예측하기 • 직업 동영상 게임하기
	4	직업세계 여행	• 미래 유망 직종 소개 • 직업카드 놀이를 통해 다양한 직업 탐색하기 • 직업카드 활용 빙고게임 • 변화하는 직업세계 탐구 • 미래의 직업 상상하기
	5	나의 직업 탐색	• 직업정보 사이트 활용 • 자신이 생각하고 있는 직업과 RIASEC 유형의 직업군 비교해 보기 • 자신의 특성에 맞는 직업 선택하기
진로장벽	6	진로장벽 이해	• 문장완성하기 → 자기 정서와 비합리적 생각 찾기 • 다문화 출신 래퍼 Dok2(도끼)를 통해 진로장벽 개념과 극복의지 배우기 • 다문화 출신 아역 스타(황민우, 지대한)의 꿈 도전기 들여다보기 • 성취 경험 만화 그리기
	7	진로장벽 요인점검 (ABCDE 모형이론)	• '나'의 진로장벽 체감 그래프 • 진로장벽 목록 작성하기 • 비합리적 신념과 합리적 신념을 구분 연습 • ABCDE 모형 이론을 적용한 사고전환 연습
	8	진로장벽극복 (ABCDE 모형이론)	• 다문화가정 학생으로 경험하고 있는 생활 속 비합리적 생각을 찾아 합리적 신념으로 바꾸기 • 이미지 메이킹: 역할극 • '풍선 날리기'를 통한 비합리적 생각 날려 버리기
진로계획	9	새로운 '나'를 꿈꾸기	• '나'의 진학·진로계획 세우기 • '나'의 미래 모습 상상화 그리기 • '나'만의 상상이력서(창의적 진로활동)
	10	'나'의 꿈을 향한 자신감 찾기	• '나'에게 띄우는 꿈 편지 작성하고 발표하기 • 프로그램에 대한 감상평 나누기 • 서로 응원하기 • 사후검사

출처: 김현영, 장석진(2017).

고등학교 진로 프로그램 활용 방법

1) 프로그램 선정 및 준비

(1) 프로그램 참여 대상자와 관련자들은 무엇을 원하는가?

진로 프로그램을 준비하는 초기단계에서 중요한 것 중 하나는 프로그램 대상자들의 요구를 파악하는 것이다. 프로그램에서 요구분석은 잠재적 대상자와 관련된 조직의 요구 수준을 파악하는 것이다. 프로그램 요구분석은 프로그램 기획을 위한 초석이 되고 프로그램 대상자에 대한 정보를 제공하며, 프로그램의 가치를 높이기 위해서 중요한 절차 중 하나이다(김창대, 김형수, 신을진, 이상희, 최한나, 2011). 프로그램 실시 전에 요구조사를 한 경우에 프로그램의 효과가 더욱 높아졌다는 연구 결과(이현경, 김진숙, 2018)도 요구조사의 중요성을 강조한다.

기존에 개발된 프로그램을 활용하는 경우에도 프로그램을 실제 진행하는 대상자들의 특징에 따라 이들이 원하는 것이 달라질 수 있으므로 프로그램 기획 초기에 이를 확인하여 구체적인 방향성을 설정해야 한다. 특히 학교에서 진행하는 프로그램의 경우 프로그램의 대상인 청소년뿐 아니라 학부모, 학교 등 관련 조직의 요구 역시 자세히 확인할 필요가 있다. 구체적으로 교사와 상담자는 프로그램 대상자와 관련 조직이 원하는 것이 무엇이며, 그중 우선순위가 무엇인지, 프로그램에 대한 기대와 고려해야 할 정보에는 어떠한 것이 있는지 등의 정보를 수집해야 한다.

(2) 프로그램의 목표는 무엇인가?

고등학생을 대상으로 개발되어 있는 다양한 프로그램 중 어떠한 프로그램을 사용하는 것이 좋은지에 대한 대답은 '어떠한 대상'이 경험하고 있는 '어떠한 진로주제'를 목표로 설정하는지에 따라 달라진다. 따라서 진로 프로그램을 준비하는 초기 단계에서 중요한 또 하나의 작업은 바로 해당 프로그램의 목표를 구체화하는 것이다. 고등학생들의 진로과업에는 진로결정뿐 아니라 진로탐색이나 진로준비도 향상, 진로장벽 대처, 진로효능감 증진, 자기이해나 직업세계의 이해, 혹은 진로결정을 방해하는 심리적인 문제의 해결 등 다양한 내용이 포함될 수 있으며, 이는 각 진로 프로그램의 주요 목표가 될 수 있다. 다른 형태의 진로상담·교육과 같이 진로 프로그램의 목표 역시 구체적이고 성취 가능하며 프로그램 참여 대상의 진로발달과 성숙을 위해 중요하고 필요한 것이어야 한다.

프로그램 기획 단계에서 목표와 관련된 또 하나의 계획은 바로 프로그램의 목표평가와 관련되는 것이다. 해당 프로그램을 통해서 달성하고 싶은 목표가 설정되었다면, 프로그램이 끝난 후 어떠한 기준으로 목표달성을 평가할 수 있는지 평가방법도 함께 고려될 수 있다. 예를 들어 프로그램의 목표가 고등학생들의 '진로결정 자기효능감의 증진'이라고 한다면, 진로결정 자기효능감이 높아졌다는 것이 무엇인지 구체화되어야 하고 진로결정 자기효능감 증진이라는 목표달성을 어떻게 평가할지에 대한 평가계획 역시 함께 수립되어야 한다.

(3) 어떻게 구성할 것인가?

프로그램을 통해 추구하는 구체적인 목표가 정해졌다면, 이러한 목표달성을 위해서 프로그램의 진행요소를 어떻게 구성할 것인지 결정해야 한다. 이 과정에는 프로그램의 회기 수, 각 회기당 진행 시간, 집단원의 모집과 인원 수 등의 내용이 고려된다. 이와 같은 프로그램의 구성은 사소하고 단순해 보일 수 있으나 연구들에 따르면 프로그램이 어떻게 구성되는지에 따라 그 효과가 달라질 수 있다. 따라서 프로그램의 목표와 대상의 특성에 따라 효과를 높일 수 있도록 프로그램을 구성할 필요가 있다.

이러한 과정에서 참고해 볼 수 있는 연구 결과들은 다음과 같다. 첫째, 강윤경과 선혜연(2017) 등의 메타연구들은 집단 구성원이 동질한 경우, 즉 집단 내의 수준이 유사하게 구성된 프로그램이 좀 더 효과적이라고 제언한다. 예를 들어, 남학생으로만 혹은 여학생으로만 구성된 집단이 혼합된 집단보다 더 큰 효과크기를 보인다는 것이다(임은미, 임찬오, 2003). 이는 성별뿐 아니라 학년의 경우에도 유사한데, 1학년과 2~3학년을 함께 집단원으로 구성·진행하는 프로그램보다는 같은 학년으로 구성된 프로그램의 효과가 더욱 좋을 수 있다. 터크먼(Tuckman, 1974)에 따르면 고등학교 1학년은 또래집단의 문화나 관계를 중요하게 생각하며 진로를 선택하는 '상호관계' 단계이지만, 2~3학년은 직업탐색과 자기인식을 통해 직업대안을 축소하는 '자율성' 단계로 분류된다(이현경, 김진숙, 2018 재인용). 즉 이러한 학년 간의 특성 차이가 집단프로그램 진행에도 영향을 미칠 수 있기 때문에 동질적인 집단일 경우에 효과가 좀 더 클 수 있다는 것이다.

둘째, 회기의 경우 이명희와 이제경(2012)은 10~12회기의 프로그램이 분석대상 논문의 60%로 가장 많다고 보고하였으며, 김래경과 장선철(2015)은 고등학생 진로 프로그램에서는 평균 9~12회기가 가장 많았다고 분석하였다. 회기별 프로그램의 효과를 분석한 메타연구의 경우에 9~12회기가 가장 효과가 크다는 연구(강윤경, 선혜연, 2017)와 특성화고 학생 대상 프로그램의 경우 7~9회기일 때 가장 큰 효과크기를 보인다는 연구(이현경, 김진숙, 2018)가 있다. 이러한 결과들을 고려했을 때, 기본적으로 고등학생 대상 진로 프로그램은 평균 7~12회기 사이로 구성하는 것이 적절할 수 있을 것으로 보인다.

셋째, 프로그램의 집단크기와 관련하여서는 6~9명으로 이루어졌을 때 가장 효과가 컸다는 연구(이현경, 김진숙, 2018)나 9~11명일 때 가장 큰 효과를 보인다는 연구(강윤경, 선혜연, 2017), 진로결정 자기효능감이라는 특정 주제를 대상으로 했을 때 집단원이 15명 이하일 때 가장 효과가 좋았다는 연구 결과(김영아, 김진숙, 2016) 등이 보고되었다. 이를 종합하면 고등학생 진로 프로그램은 평균 6~12명, 많아도 15명 이하의 소규모 인원으로 구성하는 것이 적절할 것으로 보인다. 그러나 20명 이하의 소집단 프로그램 다음으로는 학급단위의 진로 프로그램이 많이 이루어진다는 연구 결과(이명희, 이제경, 2012)를 고려했을 때 주제와 상황, 목표에 따라 학급단위의 진로 프로그램 구성도 하나의 대안이 될 수 있다.

따라서 고등학생 진로 프로그램을 기획하는 교사와 상담자들은 이상의 연구 결과를 토대로 프로그램 목표와 대상의 특징에 따라서 보다 효과적일 수 있는 구성을 신중히 고려할 필요가 있다. 예를 들어 심리적인 장벽이나 대인관계 패턴을 함께 다루는 진로장벽 대처 프로그램은 정보 수집이나 직업세계의 탐색에 초점을 둔 프로그램보다는 더 많은 회기로 구성될 필요가 있을 것이다. 방학이나 진로결정을 단기간에 해야 하는 특수한 상황에서는 회기 수를 줄이고 회기당 시간을 늘리는 것도 가능하다. 또한 집중력이 부족하고 중도탈락률이 높은 대상자의 경우 많은 회기보다는 단기간의 집중적인 회기로 구성하거나, 학급 단위의 프로그램보다는 소규모의 집단프로그램으로 구성할 수도 있다.

⑷ 프로그램의 내용은 무엇으로 할 것인가?

고등학생을 대상으로 개발된 다양한 진로 프로그램이 존재하므로 교사·상담자는 이미 개발된 프로그램을 활용하여 현장에 적용할 수 있다. 필요에 따라 대상이나 주제에 적절하게 여러 프로그램을 수정·통합하여 사용할 수 있으며, 대상과 목표에 맞게 프로그램을 개발하는 것도 가능할 것이다. 개발된 프로그램을 전체 혹은 부분적으로 활용하고자 할 때에는 유사한 주제를 가진 프로그램의 활동지를 단순히 모아서 활용하는 것에 그쳐서는 안 된다. 구체적으로 프로그램의 내용을 선정할 때에는 다음의 기준을 확인하는 작업이 필요하다.

① 프로그램의 목표달성에 해당 내용이 도움이 되는가?

프로그램의 회기별 주제, 활동지 등의 요소는 실제 프로그램의 목표를 달성하는 데 도움이 되어야 한다. 예를 들어, 프로그램의 목표가 '진로장벽 대처'라고 한다면, 프로그램의 내용은 청소년들이 진로장벽을 지각하고 대처하는 데 직간접적인 영향을 주는 것이어야 한다. 이때 어떠한 회기 내용이 목표달성에 도움이 되는지의 여부는 이론과 논리성에 근거하여 타당성이 있어야 하는데, 상담이론과 진로이론, 프로그램 효과를 검증한 연구들에서 이러한 근거를 찾을 수 있다.

② 프로그램 대상에 적절하게 사용될 수 있는가?

프로그램에 참여하는 학생들의 심리내적·관계적·환경적·정보적 특성들을 고려했을 때, 프로그램의 내용이 해당 학생들에게 적절하게 적용될 수 있는지 확인할 필요가 있다. 예를 들어, 20년 전 인문계 남자 고등학생들을 대상으로 만들어진 진로 프로그램을 현재 특성화고 여자 고등학생들에게 적용했을 때 그 내용이 얼마나 타당할지 확인하고, 필요하다면 현재 대상에 적합하도록 수정·보완해야 한다. 따라서 프로그램이 개발된 당시의 상황, 환경문화적 맥락, 대상과 구성요소 등을 점검하고, 그것이 현재 프로그램 대상과 어떠한 차별점과 공통점을 가지고 있는지 확인하는 작업이 이루어질 필요가 있다.

③ 프로그램 내용 간의 연계성이 적절하고 타당한가?

유사한 주제로 개발된 여러 프로그램의 내용을 통합하여 활용하고자 할 때, 회기 간의 통합성과 연계성 역시 고려될 필요가 있다. 즉, 프로그램의 모든 회기는 병렬적이고 독립적인 내용의 나열이 아니라, 순서와 진행과정, 프로그램 과정 동안의 발달사항을 고려하여 상호작용하도록 만들어져야 한다. 각 회기의 내용이 앞뒤 회기에 어떠한 영향을 미치는지 확인하고, 프로그램 목표를 달성할 수 있도록 체계적이고 연계적으로 구성하는 노력이 필요하다.

④ 창의적이고 흥미로운 활동으로 이루어져 있는가?

프로그램의 각 활동이 고등학생을 대상으로 진행되었을 때 이들의 흥미를 유발하고 참여동기를 높일 수 있는 내용으로 이루어져 있는지 확인하는 것 역시 중요한 부분이다. 고등학생들의 경우 다른 프로그램을 통해 노출이 많이 된 활동이나 유치하다고 여겨지는 활동, 답이 유도되는 질문 등에 쉽게 지루함을 느낀다. 학급 단위의 프로그램 등 참여하는 학생수가 많을수록 이러한 지루함은 가중되며, 회기가 진행될수록 열의가 식고 빨리 끝나기를 바라는 마음이 커질 가능성이 높다(윤정숙, 2008). 특히 비자발적인 청소년들의 흥미를 촉진하는 활동은 프로그램의 참여 및 효과에 중요한 영향을 줄 수 있는데, 새롭고, 유행에 적절하며, 다양한 아이디어에 근거한 활동들이 이들에게 도움이 될 수 있다. 또한 가치관 경매 활동 등 참여 집단원들의 상호작용을 높이거나 협업으로 이루어낼 수 있는 활동, 피드백을 적극적으로 나눌 수 있는 활동 역시 프로그램의 참여 동기에 중요한 영향을 미칠 수 있다.

2) 프로그램 진행

(1) 프로그램 초기 단계

① 라포형성

개인 진로상담이나 교육과 마찬가지로 집단프로그램의 경우에도 프로그램 참여 학생들과 프로그램 진행자, 혹은 프로그램 참여 학생들 간의 라포형성은 중요하다. 프로그램을 진행하는 교사·상담자는 단순히 진로정보를 제공하는 역할을 하는 것이 아니라, 참여 학생들이 성찰하고 통합하여 목표를 달성하도록 하는 촉진자의 역할을 해야 한다. 따라서 프로그램 초기 단계에 프로그램 진행자는, 프로그램 과정에서 어떠한 태도로 참여해야 하는지 역할 모델로 모범을 보이면서 이들이 어떠한 경험을 하게 될지 예측할 수 있도록 도와주어야 한다. 또한 진로 프로그램 과정을 통해 참여 학생들이 더욱 적극적으로 자신을 개방하고 상호작용할 수 있도록 돕기 위해서 집단의 응집력을 높이고 신뢰로운 분위기를 형성할 필요가 있다. "프로그램 참여자들은 집단과 자신을 적절하게 공유하고, 열정과 활력을 가지며, 개방성과 진솔성을 보여 주는 보살피는 태도에 더 잘 응답한다"(Corey, Corey, & Corey, 2016)는 제언은 라포형성을 위해 교사와 상담자가 어떠한 태도를 보여야 하는지에 하나의 답이 될 수 있다.

② 프로그램의 규칙 정하기

진로 프로그램은 여러 학생들이 함께 참여하기 때문에, 프로그램 초기에 앞으로의 과정에서 지켜야 할 규칙을 합의하는 것이 좋다. 프로그램 참여 규칙에는 적극적인 피드백과 참여 등 프로그램 효과를 촉진할 수 있는 지침부터 프로그램 진행을 방해하는 활동 등을 규제하는 지침까지 포함할 수 있다. 프로그램 규칙은 참여 학생들이 먼저 의견을 제시하고 합의한 내용으로 정하는 것이 효과적이며, 교사·상담자는 프로그램의 규칙의 중요성을 강조함으로써 규칙을 좀 더 확고히 할 수 있다. 또한 프로그램 진행 과정에서 학생들의 사적인 이야기가 개방될 수 있으므로 비밀 유지 규정 또한 중요하게 다루어야 한다.

③ 목표를 공유하고, 집단 구성원의 기대를 확인하기

프로그램 초기의 중요한 과업 중 하나는 참여자들이 프로그램에 기대하는 바가 무엇인지 확인하는 것이다. 프로그램의 주제와 대략적인 목표가 정해져 있다고 하더라도, 프로그램 참여자가 가지는 개별적인 기대와 목표에는 차이가 있을 수 있다. 프로그램 초반에 참여자들로 하여금 프로그램에 대한 기대를 명료화하는 작업은 프로그램 참여 동기를 높일 뿐 아니라 프로그램 진행 방향성을 초점화하는 데 도움이 된다.

(2) 프로그램 과도기 단계

집단프로그램 진행 과정에서 다음으로 다룰 단계는 과도기 단계이다. 프로그램의 과도기는 정해진 회기에 일정한 형태로 나타나는 것이 아니라 참여자들이 불안해하거나 저항하는 것, 집단에 의문과 불신을 가지는 것, 참여자들 사이에 갈등이 생기는 것, 교사·상담자와 갈등이 생기는 것, 프로그램 진행에 비협조적인 모습을 보이는 것 등의 다양한 형태로 나타날 수 있다(Corey et al., 2016).

집단프로그램을 진행할 때 이러한 과도기 단계를 경험하게 되면 교사와 상담자는 학생들의 부정적인 정서와 비협조적인 태도에 당황하거나 프로그램의 효과를 의심하고 실망할 수 있다. 그러나 과도기 단계에서 중요한 것은 프로그램 진행자가 이러한 상황을 모른 척하거나 학생들을 비난하지 않고, 이것을 자연스럽고 정상적인 과정으로 이해해야 한다는 것이다. 또한 프로그램 진행자는 이러한 과도기 과정에서 무슨 일이 벌어지고 있는지 참가자들과 함께 이야기해야 한다. 과도기를 다루는 것 자체가 프로그램 진행을 계속 발달할 수 있게 한다는 점(김봉환 외, 2013)을 기억할 필요가 있다.

참여 학생 중에는 또래들과 프로그램에 참여하는 것이 흥미로운 학생도 있지만, 자신의 의견과 감정을 다른 사람에게 개방하는 것이 어렵고, 그것이 제대로 전달되거나 받아들여질지, 어떠한 피드백을 받을지를 걱정하는 청소년도 매우 많다. 따라서 진로 프로그램 참여 자체가 청소년들에게 긴장되는 일일 수 있음을 이해하고 존중할 필요가 있다. 프로그램 진행자는 "솔직하고 단호하지만 돌보는 방식으로, 원하는 것과 느낌을 공유할 수 있도록"(Corey et al, 2016) 학생들을 도울 수 있다. 이러한 과정에서 경험에 대한 이해를 학생들에게 전달하고, 어떠한 일이 벌어지고 있는지 관찰하며, 참여자들과 함께 진솔하고 건설적으로 생각과 감정을 나누는 것이 중요하다. 학생들이 경험하고 있는 것을 충분히 표현할 수 있도록 격려하고, 행동 이면의 경험에 초점을 맞추어, 이들이 경험하는 부정적인 경험들을 극복할 수 있도록 돕는 작업이 진행될 수 있다.

(3) 프로그램 작업 단계

진로 프로그램 작업 단계에서는 프로그램의 목표달성에 직접적인 근거가 되는 활동들이 집중적으로 이루어지게 된다. 프로그램의 성격에 따라 조금씩 다를 수 있겠지만, 김봉환 등(2013)은 구조화된 진로 집단상담이 일반적으로 설명하기 → 시범 보이기 → 연습하기 → 집단 피드백 받기로 진행된다고 설명한다. 이 단계에서 진행자는 구조화된 활동의 목적과 내용, 방법을 학생들에게 설명하고 실제 어떻게 활동을 하면 되는지 시범을 보인다. 다음으로 프로그램 참가자들이 해당 작업을 수행해 보도록 하고, 이에 대해 공유·피드백하도록 촉진하는 개입을 한다.

프로그램의 주제, 이론적 배경, 목표에 따라 이 단계 과정에서 추구하는 경험과 프로그램 진행자의 역할은 다양할 수 있다. 그러나 중요한 것은 해당 작업을 통해서 학생들이 각자의 진로에 대해 깊이 탐색하고, 목표를 달성할 수 있도록 적극적으로 개입해야 한다는 것이다. 또한 진로 프로그램의 효과에 중요한 역할을 하는 것 중 하나는 참가자들의 적극적인 상호작용과 피드백이며, 작업 단계에서는 이러한 피드백이 가장 활발하게 이루어지기 때문에 진행자는 각 프로그램 활동이 개인 작업으로 끝나지 않고 인지·정서·행동의 변화를 촉진하는 피드백 제공으로 이어질 수 있도록 기회를 제공할 필요가 있다.

(4) 프로그램 종결 단계
① 목표달성 내용 확인

프로그램의 종결 단계에서는 프로그램에서 이루고자 했던 목표가 얼마나 달성되었는지 확인하는 작업을 진행해야 한다. 프로그램의 목표달성 평가는 프로그램 기획 단계에서부터 고려하였던 '평가계획'에 기초하여 이루어진다. 목표달성 평가가 정확하게 이루어지기 위해서는 프로그램을 통해 달성하고자 하는 목표가 구체적이어야 하며 해당 평가방법 역시 타당해야 한다. 객관적 평가방법은 신뢰도와 타당도가 확보된 척도로 참가자의 변화와 특정 변인의 증진을 객관적으로 검증할 수 있는 장점이 있다. 주관적 평가방법은 프로그램 과정에 일어나는 경험과 변화에 대한 구체적인 기제를 이해하는 데 도움이 된다. 이 단계에서는 이처럼 프로그램 기획 시의 평가계획에 따라 프로그램의 목표가 얼마나 달성되었는지 확인하고, 그러한 변화는 무엇을 통해 이루어졌는지 점검한다. 단순히 목표달성의 정도를 확인하는 것을 넘어서 구체적으로 인지·정서·행동적 측면에서 어떠한 변화가 일어났는지 확인하는 과정은 프로그램 종결 후에도 이러한 변화를 지속시키는 것에 도움이 된다. 특히 고등학교 진로 프로그램 목표는 진로결정에 국한되어 있지 않기 때문에 프로그램을 통해 반드시 참가자들의 진로결정이 이루어질 필요는 없다. 진로탐색 동기 강화, 자기와 직업세계의 이해, 유연성이나 인내심 증진 등의 변화 역시 프로그램을 통해 얻은 중요한 달성의 내용이 될 수 있다. 프로그램 과정에서의 변화의 내용이 구체적으로 확인되었다면 프로그램 진행자는 이를 격려하고 긍정적인 변화를 지속할 수 있도록 강화한다.

② 달성하지 못한 부분에 대한 점검

진로 프로그램이 효과적으로 진행되었다고 하더라도 모든 참가자들의 목표가 전부 달성되기는 어렵다. 프로그램의 마무리 과정에서는 프로그램을 통해 얻기를 기대하였으나 얻지 못한 것이 무엇인지 확인하는 작업도 필요하다. 오히려 이러한 작업을 통해 충분히 문제가 해결되지 못한 이유가 무엇인지 살펴보고, 이를 해결할 수 있는 후속작업을 마련하는 것이 때로 더 도움이 될 수 있다. 진로 프로그램은 참가 학생의 진로성장과 목표 달성에 도움이 되는 하나의 수단일 뿐이다. 그러므로 해당 프로그램을 통해 목표를 모두 달성하지 못했다고 해서 의미가 없는 것은 아니며 이러한 아쉬움을 점검하여 또 다른 효과적인 수단으로 목표에 다가갈 수 있도록 하는 것이 중요하다.

③ 앞으로의 실행계획 및 장벽 대처

학생들로 하여금 정해진 프로그램에 적극적으로 참여하도록 하는 것보다 더 중요한 것은 프로그램이 끝난 이후에 더욱 주도적이고 적극적으로 진로준비행동을 할 수 있도록 돕는 것이다. 따라서 프로그램 종결 단계에서는 프로그램이 끝난 후의 계획에 대해서 생각하고 준비시키는 것이 필수적이다. 참가 학생들이 일상생활에서 어떠한 실천적 행동을 할 수 있을지 스스로 계획하고 실행에 대한 동기를 높이는 작업이 진행될 수 있다. 또한 이러한 계획이 실행되는 과정에서 예견되는 여러 가지 난관을 예상해 보고, 대처방안을 마련하는 것도 필요하다. 학급 단위의 프로그램처럼 참가 학생들 간의 지속적인 피드백과 지지가 가능한 경우에는 서로의 상호작용을 통해 예상되는 난관을 극복할 수 있도록 돕는 계획도 고려해 볼 수 있을 것이다. 이러한 실행 행동의 구체적 계획과 난관 대처는 프로그램의 효과를 지속시키면서 장기적인 진로성숙과 발달을 촉진하는 데 직접적인 도움이 된다.

④ 종결에 대한 정서적 경험 다루기

참여 학생들의 특징과 참가인원의 규모 등 여러 가지 구성 요인에 따라 다르겠지만, 프로그램 종결은 참가 학생들에게 다양한 정서를 유발할 수 있다. 프로그램의 종결은 프로그램 진행자와 구성원, 또는 구성원들 간의 공동작업을 마무리하는 과정이기 때문에 이러한 과정이 끝나는 것과 관련한 정서적인 경험을 다루는 것도 중요하다. 학급 단위에서 담임교사가 프로그램을 실시한 경우에는 프로그램의 종결이 관계의 종결로 이어지지 않기 때문에 종결에 따른 정서 경험이 덜 발생할 수 있지만, 소규모의 프로그램이나 외부 구성원이 포함된 경우에는 보다 다양한 정서 경험이 표현될 수 있다. 프로그램을 마무리하는 과정에서 경험하는 여러 정서는 긍정적이거나 부정적인 것에 관계없이 진솔하게 이야기하고 수용받을 수 있어야 한다. 또한 학급 단위 프로그램의 경우에도 프로그램 경험과 관련한 아쉬움이나 뿌듯함, 감사함을 느낄 수 있으므로 이를 구성원들과 공유할 수 있는 기회를 제공하는 것이 좋다.

요약

고등학교 진로교육에서 진로 프로그램은 학생들이 합리적으로 자기를 평가하고 진로대안을 창출하며 기술 향상과 정보 공유를 돕는 등 학생들의 진로문제를 해결하고 탐색과 결정을 돕기 위한 목적으로 이루어진다. 진로 프로그램들은 진로이론이나 상담이론에 기반한 프로그램부터 영화나 사진 등 청소년들의 관심을 높일 수 있는 매체를 활용한 프로그램, 특정 고등학생들의 독특한 특성을 고려한 프로그램 등 다양한 내용으로 개발되어 있다. 진로 프로그램을 구성할 때는 프로그램과 관련한 참가자들의 요구가 무엇인지 확인하고 프로그램의 목표를 구체화하며, 이 목표를 어떤 프로그램 구성요소로 달성할 수 있을지에 대해 신중하게 검토해야 한다. 진로 프로그램 진행자는 초기 단계에서 라포를 형성하고 목표를 공유하며, 과도기 단계에서 나타날 수 있는 참가자들의 정서나 태도를 이해하고 다룰 수 있어야 한다. 또한 작업 단계에서 프로그램의 목표를 달성하는 데 직접적인 근거가 되는 체계적인 활동을 진행하며, 종결 단계에서 프로그램 후의 실행을 격려하고 예상장벽에 대처할 수 있도록 도와야 한다.

생각해 볼 문제

1. 비자발적인 학생들이 참여한 프로그램의 초기 단계에서 집단적인 저항 현상이 나타나는 경우에 이를 어떻게 이해하고 지도할 것인가?

2. 프로그램이 진행되는 과정에서 참여 학생들이 지루해하고 프로그램 활동에 대한 동기가 높아지지 않는다면, 이를 어떻게 이해하고 지도할 것인가?

3. 프로그램의 효과에 대한 평가 결과가 긍정적이지 않다면 후속 프로그램의 효과를 높이기 위해서 어떻게 대처할 것인가?

참고문헌

강윤경, 선혜연(2017). 진로집단상담 프로그램이 고등학생의 진로발달에 미치는 효과에 대한 메타분석. 진로교육연구, 30(1), 1-20.

공인규, 송종원(2012). Holland 진로탐색프로그램이 고등학교 학습부진아의 RIASEC 유형별 진로효능감에 미치는 효과. 중등교육연구, 60(2), 615-646.

김래경, 장선철(2015). 고등학생 진로 집단프로그램에 관한 국내 연구동향 분석. 청소년학연구, 22(1), 307-329.

김봉환, 김병석, 정철영(2006). 학교진로상담. 서울: 학지사.

김봉환, 강은희, 강혜영, 공윤정, 김영빈, 김희수, 선혜연, 손은령, 송재홍, 유현실, 이제경, 임은미, 황매향(2013). 진로상담. 서울: 학지사.

김영아, 김진숙(2016). 중·고등학생 진로집단상담 프로그램의 효과 메타분석: 진로자기효능감을 중심으로. 청소년학연구, 23(8), 359-383.

김창대, 김형수, 신을진, 이상희, 최한나(2011). 상담 및 심리교육 프로그램 개발과 평가. 서울: 학지사.

김현영, 장석진(2017). 다문화 청소년을 위한 진로집단상담 프로그램 개발 연구. 청소년시설환경, 15(4), 85-100.

백은정, 유순화, 송현아(2015). REBT를 활용한 진로탐색 집단상담프로그램이 특성화 고등학교 남학생의 진로신화와 진로결정자기효능감에 미치는 영향. 청소년학연구, 22(8), 77-104.

손은령, 이순희(2011). 국내 진로 집단지도 및 집단프로그램의 연구동향과 후속연구과제- 2001년 이후 논문을 중심으로. 교육연구논총, 32(2), 129-147.

윤정숙(2008). 진로상담 프로그램이 고등학생의 학업적 자아개념과 성취동기에 미치는 효과. 대구한의대학교 석사학위논문.

이명희, 이제경(2012). 진로 프로그램 연구에서 실험연구의 적용 가능성- 고등학교 진로 프로그램 연구를 중심으로-. 진로교육연구, 25(2), 129-158.

이정수, 김은하(2017). 사진치료 기법을 활용한 진로 집단상담 프로그램이 고등학생의 진로성숙도와 진로정체감 및 진로자기효능감에 미치는 효과. 교육치료연구, 3(1), 265-283.

이현경, 김진숙(2018). 특성화 고등학교 학생을 대상으로 한 진로집단프로그램의 효과에 대한 메타분석. 상담학연구, 19(1), 195-216.

임은미, 임찬오(2003). 국내 집단 진로지도 및 상담 프로그램의 효과에 관한 메타분석. 청소년상담연구, 11(2), 3-11.

Corey, M. S., Corey, G., & Corey, C. (2016). 집단상담 과정과 실제 (Groups Process and Practice). (김진숙, 유동수, 전종국, 한기백, 이동훈, 권경인 역). 서울: 센게이지러닝(원전은 2013년 출간).

Gysbers, N. C., Heppner, M. J., & Johnston, J. A. (2006). 진로상담의 실제 (Career Counseling: Process, issues, and techniques). (김봉환 역). 서울: 학지사(원전은 2013년 출간).

Oliver, L. W., & Spokane, A. R. (1988). Career-intervention outcome: What contributes to client gain. Journal of Counseling Psychology, 35(4), 447-462.

Tuckman, B. W. (1974). An age-graded model for career development education. Journal of Vocational Behavior, 4(2), 193-212.

12장

직업현장 체험

이은설

학습목표

1) 고등학교 직업현장 체험의 목표와 내용을 개괄적으로 논의한다.

2) 직업현장 체험의 구체적인 방법과 각 방법의 활용 방안을 살펴본다.

3) 직업현장 체험을 고등학생 진로지도에 활용하는 구체적인 과정과 방법을 소개한다.

진로상담 및 지도에서 청소년이 자신에 대한 이해와 더불어 직업세계에 대한 이해의 수준을 높이는 것은 진로발달 및 진로선택과 결정에 필수적이라고 할 수 있다. 직업세계에 대한 이해의 중요성은 파슨스(Parsons)의 요인특성이론이나 홀랜드(Holland)의 흥미이론을 포함한 대부분의 진로이론에서 강조되며 교육부에서 제시한 고등학교 진로교육의 주요 목표 중 하나로도 지목된다. 고등학생의 직업세계에 대한 이해의 증진은 여러 가지 방법을 통해 도모할 수 있는데, 앞서 4장 진로정보에서 살펴본 내용과 같이 출판물, 인터넷, 대인관계 경로 등을 통해 직업정보를 습득하는 방법과 이 장에서 살펴볼 직업현장 체험의 방법이 있을 수 있다.

직업현장 체험은 고등학생들에게 직업에 대한 다양한 정보를 제공하고, 실제 직업현장에서 직업생활에 관한 직·간접적인 경험을 통해 미래의 진로선택에 도움을 줄 수 있는 기회를 제공하는 것을 의미한다. 진로교육 및 상담에 있어서 직업체험은 체험학습의 측면에서 그 중요성이 부각되어 왔다. 직업현장 체험은 ① 고등학생들이 관심이 있는 직업 분야를 직간접적으로 경험함으로써 그 직업에 대하여 문서상으로 얻을 수 없는 생생한 정보를 얻게 되고, ② 실제 경험을 통한 자신의 흥미·적성의 이해를 포함한 자기이해 및 진로탐색 수준을 높일 수 있으며, ③ 일하는 보람과 어려움을 이해함으로써 건전한 직업관을 형성하게 되고, 마지막으로 이를 통해 ④ 진로의사결정에 도움이 되어 진로성숙 및 진로적응을 증진시킬 수 있다는 등의 장점을 가지고 있다. 직업체험과 관련된 여러 연구들에 따르면 직업체험활동은 청소년이 가장 선호하는 진로 및 직업 관련 활동으로 꼽히며 학생들에게 자신이 좋아하는 일이 무엇인지, 해야 할 일이 무엇인지를 분명히 하는 데 영향을 주어 진로추구에서 자기주도성을 고양시키는 것으로 나타난다. 그러나 기존의 학교 진로지도, 교육 및 상담은 자기이해와 진로의사결정에 치중하는 경향이 있다. 직업현장 체험이 고등학생들이 학습의 연장선상에서 삶과 진로를 느끼고, 사고하고, 계획하게 하는 체험과 실천 중심의 진로교육으로 다양한 유용성이 기대되는 바, 이 장에서는 직업현장 체험의 정의 및 종류, 직업현장 체험의 단계 및 단계별 개입 방안에 대해 논의하고자 한다.

직업현장 체험의 정의 및 종류

직업현장 체험이란 포괄적인 개념으로 직업현장에서 직접 작업을 수행하는 것뿐 아니라 직업현장을 경험할 수 있는 직업인과의 대화, 직업현장의 견학 및 체험, 직업현장 실습 등 다양한 활동을 포함한다. 직업현장 체험의 종류 및 유형의 분류는 구성, 운영방식, 내용 등에 따라 다양한 접근이 가능한데, 교육과학기술부(2012)의 경우 현장견학형, 현장 체험형, 직업인 초청형, 기관직업체험형, 시청각자료 활용형 등으로 유형을 분류하고 있고, 이와 유사하게 한국직업능력개발원에서 2017년에 개정·발간한 진로체험 매뉴얼의 경우 표 12-1에 나타나는 바와 같이 현장직업체험형, 직업실무체험형(모의 일터 직업체험), 현장견학형, 학과체험형, 진로캠프형, 강연대화형의 여섯 가지 유형으로 분류하고 있다. 현장직업체험형이나 직업실무체험형 현장체험은 직업 업무에 대한 직접 체험이 가능하고 다양한 직업세계에 관한 이해와 탐색이 이루어지며 체험처에서 만나는 직업인과의 대화를 통해 실질적이고 구체적인 정보를 얻음으로써 직업인으로서의 삶에 대해 간접 경험을 할 수 있다. 현장견학형은 직업 관련 홍보관이나 기업체 및 공공기관 등의 체험처를 견학하는 유형이며, 학과체험형은 직업교육을 실시하는 기관의 학과를 방문하는 유형으로 이 두 유형의 경우 직업 및 관련학과에 대한 구체적인 정보탐색이 가능하며 학생의 적성과 흥미에 맞는 진로정보를 수집하여 자기주도적 진로설계 수립 능력을 배양하는 데 도움이 될 수 있다. 진로캠프형의 경우 특정 장소에서 진로심리검사·직업체험·상담·멘토링·특강 등 종합적인 진로교육 프로그램을 6시간 이상 집중적으로 체험하는 유형으로 합숙여부에 따라 진로캠프와 진로박람회로 나누어 볼 수 있으며 주로 시·도교육청을 중심으로 진행된다. 이러한 활동을 통해 학생들은 진로활동에 대한 긍정적인 인식을 발달시키고 자기주도적인 진로 및 직업설계를 성취하는 데 도움을 받을 수 있다.

표 12-1 직업현장 체험의 유형 및 활동 내용

진로체험 유형		체험처 예시	주요 활동 내용
학교 안	시청각 자료 활용형	학교 교실 및 강당	시청각 자료를 통해 다양한 직업세계에 대해 알 기회를 가진다
	강연·대화형	학교 교실 및 강당	기업CEO, 현직 종사자, 전문가 등 각 분야 직업인들의 강연을 듣고 이를 통해 직업과 인생에 대해 깊이 있는 이해를 도모
학교 밖	현장직업체험형	농어촌, 사무실, 공장, 동네 사업장(음식점, 카페, 미용실)	학생이 체험처(작업현장)에 방문하여 실제 업무 체험 및 멘토 인터뷰를 통해 직업세계를 탐색하고 일하는 태도를 배움
	직업실무체험형	공공기관 체험처 등	모의 체험처에서 업무 체험 및 멘토 인터뷰를 통해 직업세계를 탐색하고 일하는 태도를 배움
	현장견학형	공공기관, 대규모 체험장, 기업홍보관, 유물·유적지, 박물관·민속마을, 미술관, 연극·영화 등	진로교육을 목적으로 학생들이 체험처(작업장), 직업 관련 홍보관, 기업체, 공공기관 등을 견학하여 본인의 직업이나 진로와 어떤 연관이 있는지 알아봄
	학과체험형	대학교, 대학원	대학교(원)를 방문함으로써 폭넓은 직업 탐색의 기회 및 직업세계에서 요구하는 기초적인 지식이나 기술을 학습하는 기회를 가짐
	진로캠프형	청소년 수련관, 공공기관의 대규모 수용 강당	특정 장소에서 진로심리검사·직업체험·상담·멘토링·특강 등 종합적인 진로교육 프로그램을 6시간 이상 집중적으로 운영

출처: 교육부, 한국직업능력개발원(2017).

　　직업현장의 체험은 이렇듯 다양한 유형으로 이루어질 수 있는데 현장성의 정도에 따라 크게 직접체험, 모의체험 및 간접체험으로 구분할 수 있다. 간접체험은 체험활동의 방식에 따라 직업정보 자료활동, 직업인의 강연 혹은 직업인과의 대화, 직업인 멘토링의 유형이 포함되고, 현장에 직접 투입되어 직업세계를 경험하게 되는 직접체험의 경우 현장 견학, 직무 관찰 및 탐방, 현장 실습, 학과 체험 등의 유형이 포함된다. 진로캠프나 모의일터체험과 같은 경우 모의체험 유형에 해당할 수 있다. 커리어넷에서는 중·고교 직업체험활동 실천 사례집을 발간하여 국내 다수의 중고등학교에서 시행한 직·간

접 및 모의 체험활동에 대한 정보를 제공하고 있는데 다음의 표 12-2는 춘·추계 소풍을 활용한 직업탐방 활동의 구체적 예를 제시한다. 직업현장 체험활동의 종류가 다양하고 유형이 구분되지만, 각 유형별로 특색과 장점이 다르기 때문에 활동 프로그램을 구상할 때 여러 가지 유형을 절충하여 진행하는 것이 효과적일 수 있다. 예를 들어, 직접체험인 현장 실습이나 직무 관찰에 해당 직업인과의 대화(인터뷰)를 결합하여 진행하면 학생들이 보다 심층적인 직업이해 및 자기이해의 기회를 가질 수 있다.

표 12-2 소풍을 통한 직업체험활동 내용

	체험분야	활동내용	장소
1	약국	약국에서 판매하는 약에 대해 알아보기	약국 2개소
2	유치원	유아 급식지도, 종이접기 활동 보조, 놀이지도	유치원 5개소
3	경찰서	현직 경찰들과 질의응답, 다른 경찰서와 무전해 보기	경찰서
4	병원	물리치료실 기구 및 기계 배우기, 외래진료실 둘러보기	병원 3개소
5	광고	현수막 제작 체험, 우편엽서 제작 체험, 포토샵 체험	광고회사
6	시청	민원실에서 여러 부서에 대한 설명 듣기, 직원과 질의응답	시청
7	법원	형사재판실 탐방, 실제 형사재판 관람	법원
8	메이크업아티스트	기초화장법 배우기, 색조화장 배우기	웨딩홀
9	복지사	복지관 노인 식사 보조하기, 복지관 청소하기	복지관
10	건축사	간단한 입체조형물 만들어보기, 도형과 전개도에 대해 배우기	신도시 건축사 사무소

출처: 교육부, 한국직업능력개발원(2013).

2 직업현장 체험의 단계 및 단계별 개입 방안

고등학생들의 직업체험활동을 실시함에 있어서 크게 직업체험 이전 단계와 직업체험 실행 단계, 직업체험 이후 단계의 세 단계로 나누어 프로그램 계획 및 개입 방안을 살펴볼 수 있다. 표 12-3에서 나타난 것과 같이 첫 번째 단계는 사전 단계 혹은 계획 단계로 직업현장 체험활동의 준비를 위해 학교와 지역사회의 실천환경이 조성되고 학생을 대상으로 사전교육이 실시된다. 다음은 실질적인 운영 단계로 기획한 직업현장 체험활동이 실질적으로 진행될 수 있는 실무적·세부적 사안들이 실시되고 점검되는 단계이다. 마지막으로 사후 단계에서는 실행한 체험활동에 대한 보고서 작성 및 나눔을 통해 직업현장 체험활동에 대한 다지기 작업이 이루어지며 체험활동 만족도 조사 등을 통해 프로그램에 대한 평가 및 향후 프로그램의 반영 등이 이루어진다. 각 단계별로 구체적인 준비 내용과 개입 방안에 대해서 살펴보도록 하겠다.

표 12-3 직업현장 체험의 단계

사전 단계	운영 단계	사후 단계
• 체험처 발굴·섭외 및 학생·교사 선호 파악 • 체험인원 및 일정과 프로그램 확정 • 체험처 사전답사 혹은 회의 • 학생사전교육 • 인솔자 배정 및 연수	• 현장 사전교육 • 체험활동 실시 • 체험활동 마무리	• 체험활동 보고서 작성 • 체험활동 발표회 • 진로포트폴리오 제작 • 체험프로그램 만족도 조사

1) 직업현장 체험의 사전 단계

(1) 직업현장 체험 운영을 위한 기초작업

직업현장 체험을 계획하게 되는 사전 단계에서는 운영을 위한 기초작업을 실시하게 된다. 가장 우선적으로 시행해야 하는 것은 학생 및 교사의 선호도를 파악하는 일이다. 학생들이 관심을 가지고 있는 직업 분야 및 체험활동의 유형에 대한 전반적인 이해가 필요하고 이에 따라 구체적인 방향을 설정한다. 이러한 과정에서 진로진학상담교사가 파악해야 하는 부분으로는 활용 가능한 시간 및 예산이 있다. 진로체험의 효과가 극대화되는 데 적절한 시간 파악 및 확보가 필요하며 진로체험 프로그램 운영에 필요한 예산(예: 이동에 따른 교통비, 학생 인솔 과정에서 소용되는 비용, 입장료, 체험에 소요되는 재료비, 강사료 등)에 대한 확인이 필요하다. 직업현장 체험은 이렇게 학교 내·외의 물질적·시간적 자원을 필요로 하고 이와 관련하여 다양한 고려 사항이 있기 때문에 직업현장 체험의 사전 단계에서 그림 12-1과 같은 플로우 차트를 사용하여 프로그램 계획 및 점검을 하면 도움이 될 수 있다.

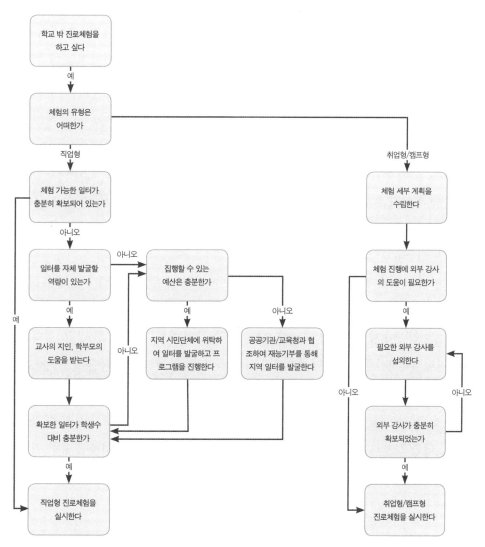

그림 12-1 진로체험과정

출처: 교육부(2012).

직업현장 체험은 지역사회의 실질적인 협력을 통해 이루어지는 경우가 대부분이기 때문에 프로그램의 유형을 선정할 때 지자체, 지역의 진로교육 지원 요소를 파악하여 활용하는 것이 필요하다. 각 시·도교육청에서는 청소년의 직업체험을 지원하기 위하여 기업, 공공기관 및 대학과의 MOU 체결, 진로캠프 운영 등의 노력을 기울이고 있으므로 진로진학상담교사는 학교가 속한 시·도교육청의 지원 프로그램을 파악하는 것이 중요하다. 직업현장 체험에 유용한 자원을 파악하는 방법 중 하나로 창의체험자원지도(creative activity resource map, CRM)를 활용하는 방안이 있다. CRM은 창의적 체험활동을 돕기 위해 지역사회의 인적·물적 자원을 학교 교육과정과 연계해 다양한 체험활동을 하도록 하는 교육과정으로, 주변의 다양한 체험 프로그램과 시설, 전문가에 대한 정보를 망라하여 학교, 학부모, 학생들이 적극적으로 활용할 수 있도록 체계적으로 모아놓은 지도이다. 이를 이용하는 방법은 창의·인성 교육넷(https://www.crezone.net)으로 접속하여 '창의적 체험활동' 카테고리에서 고등학교를 선택 후 해당 시/도, 구/군, 내용 영역을 선택하면 직업체험활동에 활용할 수 있는 프로그램이 검색된다. 검색된 내용 중 학교 여건과 직업현장 체험의 목표에 적합한 프로그램을 선택하여 정보를 수집·활용할 수 있다.

이와 유사하게 꿈길(www.ggoomgil.go.kr) 사이트는 체험처–학교 매칭을 위한 진로체험지원 전산망으로 체험처 및 체험프로그램 관리를 제공하는 유용한 자료이다. 그림 12-2는 꿈길이 활용되는 진로체험 생태계를 제시하고 있다. 또한, 한국직업능력개발원의 진로체험지원센터에서도 진로체험 상황실 및 온·오프라인 상담실을 운영하고 있으며 체험활동 활성화를 위한 지역협력체계를 구축하고 지역센터, 진로체험 유관기관 컨설팅을 제공한다. 이렇듯, 직업현장 체험 프로그램의 사전 단계에서는 활용 가능한 자원에 대한 정보 수집 및 파악이 중요한데 다음 표 12-4에는 교육기부를 통한 직업체험 프로그램이 제시되어 있다.

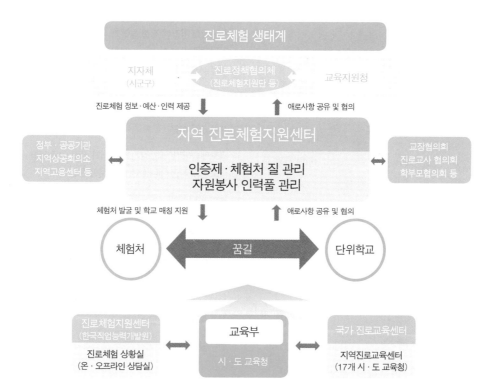

그림 12-2 진로체험 생태계

출처: 교육부, 한국직업능력개발원(2017).

표 12-4 교육기부를 통한 직업체험 프로그램

분류	기관	프로그램	내용
기업	KAI	Aviation Camp	항공우주 관련 시설을 활용한 과학·수학 관련 체험 프로그램
	에스원	응급처치와 심폐소생술	학생 대상으로 위급 상황 시 조치 사항 등 강연
	MBC플레이비	키자니아에 소외학생 초청	MBC플레이비에서 운영 중인 진로체험 프로그램, 키자니아에 소외계층 학생들 대상 무료 제공
	현대자동차	자동차는 나의 벗 (1일학교)	자동차에 대한 이해 및 교통안전 교육, 자동차 완구 만들기 등을 농산어촌 등 소외지역 학교에 제공
	SK	해피뮤지컬스쿨	경제적으로 어려운 청소년들에게 춤, 노래, 연기 등 뮤지컬을 매주 2~3회 교육하는 프로그램
	삼성	청소년 경제 증권 교실	임직원들이 직접 체험 교육을 통해 전문금융지식을 제공

기업	LG	아동화학교실	초등학교 현장에 직접 찾아가 첨단 화학실험 기자재를 갖춘 차량에서 실험 및 실습을 할 수 있는 체험 프로그램 실시
		LG사이언스홀	Fun&Fun 과학관, LG초등과학교실, LG영어과학캠프 등 학생들에게 체험 위주의 프로그램 제공
	금호 아시아나	금호아시아나 문화재단	금호예술아카데미, 작가와의 대화, 어린이 워크숍, 금호 영뮤지션 매너스쿨, 악기은행 운영 등
	제일모직	청소년패션리더 양성	패션 꿈나무 양성을 위한 청소년 Fashion Design Festival과 도전 패션리더 과정 및 방과 후 '재미있는 과학교실' 운영
	CJ	CJ 푸드시스템 공부방 요리지도	공부방 어린이들에게 직접 간식과 식사를 조리하는 방법 교육
출연 (연)	지질자원연구원	Creative Geo Camp	체험 지질여행 운영, 생활 속의 화강암 탐험, 쓰레기 섬을 자원으로 만드는 탐험 등
	해양 연구원	'Edu-Sea'를 즐겨라	연구원 승선, 바다목장 투어, 해양과학 강연 등
		울진 청소년 해양 과학체험	울진–독도 왕복, 해양과학 및 독도 탐방
	천문연구원	하늘로 가는 여행 Ⅰ-Ⅶ	전시관 견학, 강의, 해시계 직접 관찰 등
	표준과학연구원	생활 속의 표준 체험	표준 특강, 표준기기 관람, 측정 체험 등
	건설기술연구원	교량은 무엇으로 만들어지나요?	어린이 건설기술 체험교실, 교량의 원리, 종류, 재료학습, 교량 구조물 제작 실험
	원자력통제기술원	원자력 통제, 핵무기 상식	에너지와 원자력 강의, 전문가 질의응답
	생산기술연구원	로봇은 내 친구! 로봇아 놀자!	로봇 시연 및 작동 원리 습득, 키트 체험
	한국공학한림원	주니어 공학기술교실	연구원 등 기업체 임직원들이 직접 회사 인근의 초등학교를 방문, 아이들과 함께 과학실험 등 다양한 프로그램을 진행
전문 대학	동의과학대학	전문대 진로체험 캠프	공항 및 항공기내, 바리스타, 애니메이션 스토리텔링, 경호체험 및 경찰무도실습 등
	부산정보대학	전문대 진로체험 캠프	자동차정비, 아로마제품 제조, 토목설계사, 인테리어디자인, 소믈리에, 제과제빵 등
	인하공업전문대학	전문대 진로체험 캠프	기계설계자, 스튜어디스, 호텔리어, 로봇개발자, 디지털 인테리어 등

(2) 학생 사전교육

학생이 선호하고 학교의 목표에 부응하는 직업현장 체험의 유형을 결정하고 난 후 주요하게 다루어질 영역은 학생 사전교육이다. 사전교육은 체험 프로그램이 안전하게 시행되기 위해 실시하는 안전사고 예방을 위한 교육이 포함될 뿐만 아니라 (안전교육의 구체적 내용은 한국직업능력개발원에서 발간한 2017 진로체험 매뉴얼 참조) 프로그램의 효과를 극대화하기 위해 실시하는 다양한 사전학습의 내용이 있을 수 있다. 그 내용은 다음 표 12-5와 같다.

표 12-5 학생 사전교육 운영예시

차시	주제	교육 내용
1	진로적성(흥미) 및 직업선호도 조사	• 직업체험 전 진로적성(흥미) 및 직업 가치관 조사 • 선호 직업 조사
2	직업체험활동 목적 및 운영 안내	• 해당 유형 체험활동의 목적과 운영 안내 • 직업세계와 직업의 다양성 이해, 미래 직업세계 전망
3	사전 희망 체험처 조사	• 체험하고 싶은 직업 조사 (예: 우리 지역사회 간판 찍어보기, 체험 희망 직업카드 제작하기, 신생 직업 조사하기 등)
4	체험처 직업에 대한 사전조사	• 체험처 직업에 대한 사전조사 • 체험처 멘토에게 인터뷰할 내용 작성
5	그룹별 체험활동 안내	• 체험처 약도 및 준비 사항 안내 • 체험처별 구성원 역할 배정
6	체험처 안전 · 성범죄 예방 · 예절교육 및 마무리 점검 활동	• 체험처에서 학생들이 지켜야 할 기본 예절과 규칙 설명 • 체험처 안전 및 성범죄 예방 교육 • 체험활동 후 마무리 및 체험처를 떠나기 전 점검해야 하는 사항 안내

출처: 교육부, 한국직업능력개발원(2017).

직업현장 체험이 프로그램 개발 목표에 부합되고 기대효과가 달성되기 위해서는 사전 단계에서 학생들에게 직업현장 체험의 목표와 방향을 인식시키고 체험활동에 대한 동기 수준을 고취시킬 수 있는 사전작업이 이루어지는 것이 중요하다. 따라서 직업현장 체험은 앞선 장에서 다루어진 자기에 대한 이해와 인식의 정도를 높이는 데 도움이 되는 진로흥미, 적성, 성격, 가치관 등의 진로검사의 실시를 포함하여 진로결정 과정에 대한 이해가 동반된 후 이루어졌을 때, 관심을 가지고 있는 진로 분야 혹은 직업에 대한 문헌을 통한 정보탐색이 이루어진 후에 실시될 때 학생들의 자기주도적인 자기이해와 진로탐색 및 결정에 효과적일 수 있다.

체험활동 전 학생 개개인이 점검할 수 있는 사항으로는 다음의 내용을 참고한다.

- 개인의 흥미와 적성을 고려하여 자신이 평소 체험하고 싶었던 체험처를 충분히 생각해서 결정했는가?
- 체험 기간 동안 무엇을 배우고 해 보고 살펴볼지 미리 생각했는가?
- 평소 많이 생각해 보지 않았거나 익숙하지 않은 새로운 분야의 직업현장을 선택하는 것은 자신의 또 다른 모습을 발견하는 기회가 될 수 있음을 인식했는가?
- 자신이 선호하는 직업이 아닌 경우 어떤 자세로 참여할 것인가? 이 체험활동을 통해 어떤 점을 배울 수 있는가?
- 체험할 직업에 대해 미리 조사했는가?
- 체험처별 활동 시 자신의 역할을 파악했는가?

특히 직업현장 체험을 통해 학생이 원하는 진로 분야의 직업인을 만나서 인터뷰(대화)를 하게 되거나 멘토링을 받게 되는 경우에 해당 직업에 대해 학생이 문헌상으로 확인할 수 없었던 직업에 대한 질문이나 학생이 개인적으로 직업 및 진로 분야에 대해 궁금한 사항을 질문을 준비하여 목록화하는 작업을 사전에 실시하는 것이 필요하다. 예를 들어, 직업현장 체험의 여러 유형 중 직업인과의 대화형(직업인 인터뷰)을 채택하여 직업현장 체험을 실시한다고 했을 때 학생들은 사전교육 시간을 통해 인터뷰 질문 목록을 작성하게 된다. 직업인 인터뷰에서 사용할 수 있는 질문의 예시는 다음 질문지를 참고할 수 있다.

인터뷰 학생	일시		장소	
	반, 번호		이름	
인터뷰 대상자	이름		소속	
	직위		직업명	

질문내용	답변내용
① 이 직업을 선택하신 이유는 무엇인가요? 이 직업에 대해 어떻게 알게 되었고 어떻게 시작하시게 되었나요?	
② 매일 주로 하시는 일이 무엇인가요? 하루의 일과가 어떻게 되나요? 매일 혹은 매주 해야 하는 주요 업무는 어떤 것들이 있습니까?	
③ 주요 업무를 수행하는 데 필요한 지식이나 역량은 어떤 것들이 있는지요? 어떤 교육과정을 (관련 학과) 이수해야 하는지 추천해 주실 수 있는지요?	
④ (직업명)을/를 수행하면서 보람이 있거나 성취감을 느끼는 경우는 어떤 경우인가요? 이 직업의 좋은 점은 무엇인가요?	
⑤ (직업명)을/를 수행하면서 어려운 점, 극복해야 하는 점은 무엇입니까?	
⑥ (직업명)의 향후 전망은 어떻다고 보십니까?	
⑦ 실례가 되지 않는다면 연봉수준이나 인센티브, 후생복지는 어떻습니까?	
⑧ 여자의 경우 출산/육아와 관련한 어려움이 예상되나요? 지원정책은 어떠합니까?	
⑨ 저는 (직업명)을 위해 ~와 같은 준비를 하고 있습니다. 제가 좀 더 잘 준비하기 위해 어떤 것들이 더 필요할까요?	
⑩ (직업명)을/를 갖기를 원하는 사람들에게 어떤 말을 해주고 싶으신가요?	

2) 직업현장 체험의 운영 단계

직업현장 체험 프로그램이 확정되고, 프로그램 실시를 위한 사전교육이 학생, 인솔자, 교사 등의 참여 인원에게 실시되고 나면 운영 단계에 돌입한다. 직업현장 체험의 유형에 따라 운영 단계에 포함되는 고려사항은 달라지겠지만 대략적으로 아래의 실무적인 사항들이 운영 단계에서 시행되어야 하는데 특히 학교 밖에서 체험을 실시하는 경우 위험요소가 많을 수 있기 때문에 안전 관련 유의사항을 지도하고 관리하는 데 집중할 필요가 있다. 운영 단계별 주요 체크사항은 다음의 표 12-6을 참조할 수 있다.

표 12-6 운영 단계별 주요 체크사항

체험활동 운영 단계	주요 체크사항

체험활동 전 안전관리 및 오리엔테이션	• 체험처 출발 전 인원 및 준비사항 확인
	  – 학생 인원
	  – 학생 건강 상태
	  – 학생/인솔자/체험처 관계자 연락처 및 비상연락망 확인
	• 이동을 하는 경우 이동시 주의사항 교육 및 점검

체험처 도착 후 주의사항 교육	• 체험이 이루지는 경우 적절한 안전 복장과 장비(예: 모자, 장갑, 신발)를 착용하였는지 확인 • 체험과 관련하여 체험 후 질의·응답할 수 있는 시간 확보 • 학생들이 체험활동을 통해 본인의 진로와 어떤 연관이 있는지 자신에 대한 이해에 어떤 도움을 주는지 파악하는 활동이 촉진되도록 격려 및 유도
체험학습 중 현장 학생 관리	• 사고 발생 시 인솔자에게 알리도록 안내 • 직업현장에서 요구되는 질서 및 안전 수칙을 준수하는지 관리 • 직업인, 멘토 등에게 학생들이 기본 예절을 지키며 행동하도록 주의 관찰 • 체험 보고서 작성을 안내하여 직업현장 체험의 주요 목적인 학생의 자기주도성, 적극성을 유도
체험활동 후 마무리	• 활동 종료 후 학생 인원 확인, 부상자 확인(부상자가 있는 경우 적절한 조치를 취한다) • 학생 귀가 지도

위의 내용에 제시된 바와 같이 운영 단계에서는 면밀한 감독과 모니터링이 요구되는 한편 학생들이 체험활동에 대한 동기 수준을 유지하고 적극성을 띨 수 있도록 체험처 및 체험지도자(예: 직업인, 멘토)와 적극적으로 협력하는 것이 필요하다.

3) 직업현장 체험의 사후 단계

직업현장 체험을 하고 난 후 사후 단계는 학생들이 경험을 통해 배운 내용을 보고서 등의 형식을 통해 반추하고 다른 학생들과의 나눔을 통해 증폭시키는 과정 및 시행된 체험 프로그램에 대한 평가로 이루어진다. 사후 단계의 활동으로는 ① 체험활동 정리, ② 학생 사후 교육활동, ③ 체험활동 평가를 통한 체험활동 개선 및 향후 계획 수립 등이 있을 수 있다.

우선 진로체험 후 이루어지는 사후활동에 대해서 알아보자. 참가한 학생이 체험처 관리자 혹은 직업인에게 감사의 편지를 쓰도록 지도하고 진로진학상담교사 역시 감사의 인사를 전달한다. 이러한 과정을 통해 학생들은 직업인으로서의 예절을 실습하는 계기가 될 수 있으며 향후 직업 및 진로와 관련한 네트워크 형성에도 도움을 받을 수 있다. 특히, 학생 개인이 관심을 두고 있는 진로 분야의 직업인과 인터뷰 형식의 체험활동을 하는 경우 감사 편지를 통해 좋은 인상을 남겨 향후 진로 관련 지도로 이어지거나 같은 분야의 다른 직업인과의 연결 등으로 이어질 수 있다.

다음으로 체험활동이 학생 개개인의 자기이해 및 진로탐색의 계기가 되는 교육적 효과를 극대화하기 위해서는 체험 후 체험활동 결과를 정리하는 과정이 필요하다. 체험활동의 결과는 보고서 작성 및 경험 공유로 이루어질 수 있는데, 직업현장 체험의 보고서는 유형에 따라 다른 내용을 적용할 수 있으나 직업체험활동 보고서 예시(309쪽)를 참고할 수 있다. 체험 보고서 이외에도 체험활동을 통해 자신의 진로설계와 관련하여 느낀 점을 부모님께 보내는 편지로 작성하는 방법도 학생들의 경험에 대한 성찰을 촉진시킬 수 있다. 이렇게 학생 개개인이 활동에 대한 정리를 한 후에는 경험을 공유하는 과정을 통해 자신과 다른 학생들이 어떤 경험을 했는지 어떠한 생각을 했는지 알아볼 수 있다. 학생들을 소그룹으로 분류하여 (체험활동이 달랐던 경우) 자신이 경험한 내용을 요약 발표하고 활동을 통해 느낀 점과 생각, 새로 알게 된 나의 적성과 흥미, 문헌조사에서 알지 못했던 새로 알게 된 직업세계 내용에 대해 소그룹 토론을 실시할 수 있다. 보고서 작성과 보고서에 기초한 소그룹 토론을 할 때 학생들이 좀 더 구체적으로 성찰하도록 촉진질문을 사용할 수 있는데, 예를 들어 "체험활동을 통해 직업에 대해 알게 된 내용 중 기존의 문헌조사에서 알 수 없었던 부분은 무엇인가? 원하던 직업의 그러한 측면에 대해서 어떤 감정을 갖는가? 그러한 직업정보는 해당 직업에 대한 나의 선호에 어떤 영향을 주는가? 체험활동에서 경험한 직업에 대한 나의 인상은 바뀌었는가? 나의 진로 결정에 어떤 영향을 주는가? 체험활동 이후에도 여전히 궁금한 부분은 무엇인가? 실제 직업활동을 체험하고 난 후 심리검사 등을 통해 파악한 나의 적성이나 흥미가 일치하다고 생각하는가?" 등의 질문이 포함된다. 마지막으로 학생들이 이러한 경험을 작성 중인 진로포트폴리오에 통합하도록 했을 때, 직업현장 체험활동을 통한 경험이 통합되고 다져질 것으로 예상된다.

사후 단계에서는 또한, 체험활동에 대한 평가가 이루어진다. 체험 사후 관리와 관련한 체크리스트나 평가지(예: 만족도 조사, 개선방안 조사)를 활용하여 학생, 교사(인솔자)가 체험 프로그램에 대해 평가하게 하고 평가 결과를 바탕으로 프로그램 운영의 적합성을 결정하고 향후 프로그램 개선에 반영하는 작업이 이루어진다.

직업체험활동 보고서

학년   반   번   이름

체험일시:

체험직업:

체험장소:

체크리스트	예	아니요
나는 집합시간을 잘 지켰는가?		
나는 교복 등 정해진 복장을 단정하게 입고 체험활동에 응했는가?		
나는 안전사고 예방 및 대처법을 숙지했는가?		
나는 이동 중 교통법규 등의 규범을 잘 지켰는가?		
나는 체험활동에 성실히 임했는가?		
나는 체험활동 중 체험처 관리자 혹은 직업인에게 예의바르게 행동했는가?		
나는 체험활동 전 나의 진로 적성, 흥미, 가치 등을 고려하여 체험직업에 대해 충분히 생각해 보았는가?		
나는 체험활동 전 해당 직업에 대한 조사를 충분히 했는가?		
체험처별 활동 시 나의 역할을 미리 파악했는가?		

나의 경험	내가 했던 일	
	새롭게 알게 된 것	
소감문(활동 후 나의 느낌)	힘들었거나 즐거웠던 점, 진로발달에 도움이 된 점	
	아쉬웠던 점, 앞으로 더 해 보고 싶은 점, 체험활동 중 위험요소	

요약

직업현장 체험에서는 학생들이 좀 더 적극적으로 재미있게 참여할 수 있고, 직업세계에 대한 지식이 확장되며, 경험을 통해 자신의 흥미와 적성에 대한 이해의 폭을 넓힐 수 있다. 또한 학생 자신에 대한 긍정적인 자아상을 수립하거나 자아존중감 향상, 자기주도적 진로설계 능력 신장을 기대할 수 있는 효과적인 진로교육 방법 중 하나이다. 직업현장 체험은 학교의 지원, 학부모의 참여, 지역사회와의 연계가 필요한 광범위한 계획과 실행이 요구되기 때문에 다양한 노력이 필요하고 따라서 진로심리검사, 진로집단 프로그램 등에 비해 활성화가 덜 되어 있는 상태이다. 그러나 실제 진로 및 직업 결정이 이루어지는 고등학생 시기에 효과적이고 적절하기 때문에 직업현장 체험 프로그램의 활성화를 위해 다양한 자료와 자원이 공유되고 있다. 이 장에서 언급한 지역사회, 기업, 고용노동부의 자료들이 잘 활용되면 직업현장 체험이 활성화되는 데 기여할 수 있을 것이다.

생각해 볼 문제

1. 고등학교 진로교육 담당자로서 다양한 직업의 현장에 대해서 얼마나 구체적으로 이해하고 있는지 토론해 본다.

2. 직업현장 체험활동이 고등학생의 자기주도 진로설계 능력을 높이는 계기가 될 수 있는 다양한 체험 전 교육 및 체험 후 활동에 대해서 토론해 본다.

3. 직업현장 체험활동을 위한 지역사회의 진로교육 지원 자료 및 요소에 대하여 얼마나 알고 있는가? 직업현장 체험 활성화를 위한 지역사회와의 협력방안에 대해 토론해 본다.

참고문헌

교육부(2012). 학교 진로교육 운영 매뉴얼.
교육부, 한국직업능력개발원(2013). 중고교직업체험활동실천사례집-체험으로 만나는 직업의 세계.
교육부, 한국직업능력개발원(2017). 진로체험매뉴얼.

찾아보기

저자 소개

유현실
서울대학교 역사교육과 학사, 교육학과 석사 및 박사(교육상담)
미국 버지니아대학교 박사(영재교육)
(전) 단국대학교 대학생활상담센터장
단국대학교 상담학과 부교수
한국상담학회 전문상담사 1급(생애개발상담, 기업상담 전문수련감독급)
한국진로교육학회 이사

강성현
전북대학교 사범대학 교육학과 학사
전북대학교 교육대학원 교육학과 석사(교육과정)
전북대학교 일반대학원 교육학과 박사과정 수료(교육심리)
(전) 전북대학교 사범대학부설고등학교 교사
충남대학교 사범대학 교육학과 강사

안진아
덕성여자대학교 심리학과 학사
이화여자대학교 심리학과 석사(상담심리)
미국 콜로라도주립대학교 박사(상담심리)
(전) 한국외국어대학교 교육대학원 상담심리전공 강의전담교수
경남대학교 심리학과 조교수
한국상담심리학회 상담심리사 1급

이아라

이화여자대학교 심리학과 학사 및 석사(상담심리)

서울대학교 교육학과 박사(교육상담)

(전) 건양대학교 심리상담치료학과 조교수

경상대학교 심리학과 부교수

한국상담심리학회 상담심리사 1급

이은설

서강대학교 국어국문학과 학사

이화여자대학교 심리학과 석사(상담심리)

미국 일리노이대학교 박사(상담심리)

(전) 세종대학교 교육학과 조교수

인천대학교 창의인재개발학과 조교수

한국상담심리학회 상담심리사 1급

이항심

이화여자대학교 영문학과 학사

이화여자대학교 심리학과 석사(상담심리)

미국 미주리-콜럼비아주립대학교 박사(상담심리)

(전) 오클라호마주립대학교 상담심리전공 조교수

건국대학교 교육대학원 상담심리전공 부교수

한국상담학회 산하 생애개발상담학회 이사, 한국상담학회 서울인천경기지역학회 부회장